北京大學《儒藏》編纂與研究中心　編

《儒藏》精華編選刊

康齋先生文集

〔明〕吴與弼　撰
宫云維　校點

北京大學出版社
PEKING UNIVERSITY PRESS

圖書在版編目(CIP)數據

康齋先生文集 /（明）吴與弼撰；北京大學《儒藏》編纂與研究中心編.
—北京：北京大學出版社，2023.9
（《儒藏》精華編選刊）
ISBN 978-7-301-33925-1

Ⅰ.①康… Ⅱ.①吴…②北… Ⅲ.①吴與弼（1391–1469）–文集
Ⅳ.①B248.99

中國國家版本館CIP數據核字（2023）第082848號

書　　名　康齋先生文集
KANGZHAI XIANSHENG WENJI
著作責任者　〔明〕吴與弼 撰
宫云維 校點
北京大學《儒藏》編纂與研究中心 編
策劃統籌　馬辛民
責任編輯　王　琳
標準書號　ISBN 978-7-301-33925-1
出版發行　北京大學出版社
地　　址　北京市海淀區成府路205號　100871
網　　址　http://www.pup.cn　新浪微博：@北京大學出版社
電子郵箱　編輯部 dj@pup.cn　總編室 zpup@pup.cn
電　　話　郵購部 010–62752015　發行部 010–62750672
編輯部 010–62756449
印 刷 者　三河市北燕印裝有限公司
經 銷 者　新華書店
650毫米×980毫米　16開本　27.25印張　253千字
2023年9月第1版　2024年5月第2次印刷
定　　價　100.00元

目録

康齋先生文集卷之二……三七

康齋先生文集卷之三……七六

康齋先生文集卷之五 …… 一三五

康齋先生文集卷之六……一五八

東游稿……一八七

康齋先生文集卷之九……二六三

康齋先生文集卷之十……二九八

校點説明

《康齋先生文集》十二卷，附録一卷，明吴與弼撰。

吴與弼（一三九一——一四六九），初名夢祥，後改名與弼，字子傅，號康齋，江西撫州崇仁人。父溥，字德潤，號古崖，明建文帝時爲國子司業，永樂時爲翰林修撰。

吴與弼少穎敏絶人，資稟英異。十九歲時見《伊洛淵源録》，知聖賢之可學，即棄時文之學，謝絶人事，獨處小樓之上，日玩四書、諸經及洛閩諸語録，「收斂身心，沉潛義理」，不下樓者數年，「其志直欲造乎聖賢之域」（婁諒《康齋先生行狀》）。永樂九年（一四一一），因用功過苦致疾，奉父命還鄉授室，從此躬耕食力，居鄉講學。其著名弟子有胡居仁、陳獻章、婁諒、胡九韶、謝復、鄭伉等。天順元年（一四五七），以忠國公石亨之薦，徵至京師，授左春坊左諭德，與弼以衰老固辭不就，凡四具本。英宗遂遣行人送還故里，賜以銀幣，並命有司月給廪米二石，以資供贍。寵遇之隆，「國家百六十年來，秩祀名儒，僅此一見」（《重刊康齋先生文集序》）。憲宗成化五年（一四六九）十月十七日以疾卒，享年七十有九。《明史》卷二百八十二有傳。

吴與弼學宗程朱，卻不以闡述、發揮理學概念爲務，而致力於踐行理學家的道德規範，「希賢」、「希聖」。例如，關於理學家最重要的「天理」一詞，吴與弼只説：「學者須當隨事痛懲此心，剗割盡利欲根苗，純乎天理，方可語王道。」（《日録》）又説：「聖賢所言，無非存天理、去人欲。聖賢所行亦然。學聖賢者，舍是何以哉？」（同上）並未對這一概念做半點解釋和發揮，但在踐行方面，卻是竭力所爲。他認識到聖賢可以由學而達到，遂立志以聖賢爲效法對象，且終生不怠。他説：「君子之心必兢兢於日用常行之間，何者爲天理而當存，何者爲人欲而當去，涵泳乎聖賢之言，體察乎聖賢之行，優柔厭飫，日就月將，毋期其近效，毋欲其速成。由是以希賢而希聖，抑豈殊途也？」（《厲志齋記》）《明儒學案·崇仁學案》評曰：「先生上無所傳，而聞道最早。身體力驗，只在走趨語默之間。出作入息，刻刻不忘。」「一切玄遠之言，絶口不道。」他的詩文和《日録》中隨處可見關於涵養身心、學聖希賢的記載。《四庫總目提要》稱：「與弼之學，實能兼採朱、陸之長而刻苦自立。其及門弟子陳獻章得其静觀涵養，遂開白沙之宗；胡居仁得其篤志力行，遂啓餘干之學。有明一代，兩派遞傳，皆自與弼倡之，其功未可以盡没。」在明代理學史上占有重要地位。

吴與弼一生貴乎力行，不輕於著述。然「遇有會意處，即形而爲詩」，留下了不少詩句，學之所得則自集爲《日録稿》。弘治元年（一四八八），吴泰出守撫州，將與弼所遺詩文及自集的《日録》裒而成集，名《康齋先生文集》，於弘治七年刊行。這是最早的吴氏文集。是集十三卷，卷首一卷，詩七卷，奏疏、書、雜集一卷，序一卷，日録一卷，跋、贊、銘、啓一卷，墓誌、墓表、祭文一卷。是集卷九、卷十一、卷十三有多處錯簡，篇目亦較爲混亂。

正德十年（一五一五），順德知府彭杰奉侍御史洪邦正之議，重刻《康齋先生文集》。重刻《文集》並跋、贊、銘、啓、墓誌、墓表、祭文爲一卷，凡十二卷，附録一卷。這次重刻，由於彭杰「亟拜蜀藩之命」而頗爲匆忙，「雖誤字略加更定，而脱簡卒未追補」（《重刊康齋吴先生文集後識》），甚至出現了兩個卷十二、無卷十一的錯誤。不但没有留下一篇序言，在有關版本資料中，竟没有人提及這次重刻！

嘉靖初，陳洪謨巡撫江西，鑒於吴與弼「其後微，其祠毁，文亦幾乎晦」，遂會同侍御史秦懋功、陶時莊等共舉祠祀之典，並命撫州郡守林維德再刻吴氏文集。嘉靖五年（一五二六）重刻，沿用了正德彭杰刻本的基本框架，釐正了前刻本的有關訛誤，雖仍有錯訛，未臻於完美，但優於此前兩個刻本。

後又有萬曆十八年（一五九〇）劉世節刻本、崇禎壬申（一六三二）陳懋德刻本。清代則有文淵閣《四庫全書》本、道光四年（一八二四）本、道光十五年本等。其中，劉世節刻本係劉氏「取舊本屬諸文學校正付之剞氏」（劉氏本《序》），陳懋德刻本係陳氏「因（吴氏）文集久毀於火，因謀諸郡館重録」而成，二者均未明所據。乾隆時修《四庫全書》據崇禎本録入，名《康齋集》。道光四年本、十五年本據萬曆本刻補，名《吴康齋先生集》，後者甚至對文集「僭以己意，重爲編次」（劉體重《重刻吴康齋先生集序》）。

本次校點以嘉靖五年林維德刻本爲底本，以弘治七年吴泰刻本（簡稱弘治本）、正德彭杰刻本（簡稱正德本）、萬曆劉世節刻本（簡稱萬曆本）和文淵閣《四庫全書》本（簡稱四庫本）爲校本。

底本「康齋先生文集附録」一卷，原置於目録前，依慣例，改置於書末。又本書目録與正文文題有出入者，依正文文題統一，不一一出校説明。

由於本人水平有限，校點過程中難免有錯誤，敬希廣大讀者不吝指正。

校點者　宫云維

重刊康齋先生文集序

《康齋先生文集》四卷，❶刻於撫郡舊矣。初本弗善，淪於湮訛。中丞高吾陳公乃命郡守林子維德復刻之。工成，守以公命，請予敘。

夫予何人也，敢敘先生之文哉？先生之學，厲志聖賢，忘情利禄，見乎文者，率有裨於世教，論者曰儒者之高蹈，曠古之豪傑。信矣，弗俟予贅也。若文之重梓，則公之令德也，先生之榮遇也，可無言乎？先生没而其後微，其祠毀，文亦幾乎晦矣。公撫江右，聞而惜之，因憲副顧君之議，圖於侍御秦君懋功、陶君時莊，共舉祠祀之典。疏於朝，下禮官議之，荷俞允焉。若祠若號，若祀若文，咸如所疏。

祀典新而縉紳相慶，吾道之輝復振矣。蓋先生學五十餘歲而後得聘於朝，没五十餘歲而後得祭於社，以其賢也。時無諸君子相與論薦而表章之。雖賢，孰聞哉？賢而聞矣，弗遇英廟之褒徵，天下無聞也；弗遇皇上之崇祀，後世無聞也。聘且祠，儒者之榮，於斯爲極。國家百六十年來，秩祀名儒，僅此一見。若先生者，蓋得元氣之淳者歟！祠矣，祀矣，足以風天下矣。文焉弗傳，曷所於徵？是以梓其文也。

若公者，蓋曠世而相契者歟！公曰：「康齋之志甚高，守之亦固。」竊讀其文而信焉。見其所謂爲學、

❶「四卷」，當作「四册」，按：本《序》所指撫郡舊刻乃弘治本，弘治本四册十三卷。

爲教者，皆不離乎身心，一言一行，必期聖賢而後已。凡吟詠記述之間，無非道德之寓。至於十策之獻，藹然堯舜君臣之念；四疏之懇，凜然歲寒松柏之操；材識英邁，殆非嚴光之比。是雖服乎父師之訓，其神交默契，未嘗一日而忘孔孟。孔子所謂「未之逮而有志焉者乎」！然程朱之後，克任斯文，安貧樂道，以終其身者，歸先生焉。從游之徒，率多善士，能繼其志，如陳白沙、胡敬齋之輩，清風高節，人今稱之，繼往開來，蓋庶幾矣。若其不事著述者，務實學也；不赴薦辟者，養時晦也；聘而不就者，畢初志也。出處之節，誠足以廉貪而立懦，可以輕議之哉？學者志其志，學其學，必於文焉。考之茲集也，固一代文獻之徵也，與洛閩之録並傳可也。文傳，則其名無窮，公之德可述也。予也可默乎哉？可佞乎哉？

嘉靖丙戌歲季秋九日，賜同進士出身文林郎巡按江西監察御史蜀嘉徐岱謹序

康齋先生文集序

文豈易言哉！論聖賢之文，當取其道而不當泥其詞。夫文所以載道也，道苟醇而正，雖詞有未工，不失爲聖賢之文。脱或昧於道而工於詞，譬之車已虚而徒飾其轅，珠既還而惟買其櫝，秖爲文人之文而已。唐虞三代之六經，孔、曾、思、孟之四書，濂溪之《易通》，康節之《皇極經世》，二程之《遺書》，横渠之《正蒙》，紫陽之《語類》諸篇，傳之萬世而無弊者，惟取其有關於彝倫綱常之道，發揮乎真妙圓融之理故耳，詞雖工不論也。下此以文章擅名者，無慮數十百家，出則汗牛馬，入則充棟宇，曰富矣；春葩競秀，秋卉争妍，曰麗矣。富而且麗，詞亦工矣，而於道無補，後世奚取焉？知此，則可與論康齋先生之文乎！

先生撫州崇仁人，名與弼，字子傅，康齋其别號也。自少穎敏絶人，早侍先考司業公，殊無紈綺子弟氣習。甫弱冠，即棄科舉時文之學，訪求濂洛諸書讀焉，而歸宿於六經、四書。其學亦以古聖賢爲標準，其教人貴乎力行，四方之士慕先生之風者，百舍重趼而至。先生家居以道自樂，遇有會意處，即形而爲詩，而詩皆發於性情之真，點筆立就，不見有斧鑿痕。其碑、銘、序、記諸作，亦一時應酬於人。至若《日録稿》，則先生自集其學之所得，語皆平實，無艱深意。論先生之文，具隻眼者自知之，亦惟取其道焉耳矣，烏可以詞之工不工而容喙其間哉！

先生養高林壑，年幾七十矣。當睿皇重麗乾坤之日，大臣有以先生爲薦者，遂遣使賫勅幣，起先生於家。既赴闕庭，尋授以左春坊左諭德。儒者被遇之隆，近古所無，此宇宙間一大機會也。賜對便殿，從容啓沃，識者意先生當此時，必罄其平生之所學，必有大議論、大建明以聳動天聽，俾當時之民復見二帝三王之盛。而所陳者十事外，竟無餘論，豈格君之心不在多言，而告君之體固如是邪！雖然，輔導青宫，職亦尊顯，委亦隆重，凡四上章，懇辭弗就，浩然而歸，略不以是動其心。清風峻節，凜乎千古，此何可及哉！

戊申歲，予自南臺奉命來守是邦，先生墓木拱矣。召其子瑓，求遺文，得若干卷，而欲鋟梓以傳。適南海白沙陳先生書來，意復惓惓於是。嗚呼！聖賢之與天地日月相爲悠久者，固自有在，而先生之可傳者必文乎哉！矧知文爲難，顧予何人而敢謂知先生之文可垂遠而傳後，第表章先賢，以風動後人，郡守事也。遂因白沙之言，刊先生之文於郡齋，以償予夙心，用僭序其顛末云。

弘治七年甲寅五月望日，賜進士中順大夫知撫州府事前監察御史江浦吴泰書

敕諭

皇帝勅諭江西撫州府崇仁縣處士吴與弼：

朕承祖宗丕緒，求賢圖治亦有年矣。永惟勞於求賢，然後成無爲之治；樂於忘勢，迺能致難進之賢。聞爾與弼，潛心經史，博洽古今，藴經國之遠猷，抱致君之弘略，顧乃嘉遯丘園，不求聞達，朕懷高誼，思訪嘉言，渴望來儀，以資啓沃。夫古之君子隱居以求其志，行義以達其道，而獨善自安，豈其本心？諒爾於行藏之宜，處之審矣。特遣行人曹隆往詣所居，徵爾赴闕，仍賜禮幣，以表至懷。爾其惠然就道，以副朕翹待之意，故諭。

天順元年十月十三日

勅江西撫州府崇仁縣處士吴與弼：

朕惟自古英君義辟，莫不好賢求士，以臻治理，故復位以來，深思先務莫急於此。聞爾與弼，懷抱道德，嘉遯林泉，特遣行人賫捧書幣，造廬徵聘。爾乃惠然肯來，深慰朕懷，欲煩輔導東宫，特授春坊諭德。爾以衰老固辭，朕堅意不允，留之數月，果然病勢弗已，乃知本心非不欲仕，第以不能供職故耳。於是特允所辭，且以嘉猷勖朕，足見忠愛之誠，仍遣行人送還故里，賜以銀幣，用表至懷，復命有司月給廩米二石，以資供贍。爾其優游桑梓，安身樂道，以度遐齡。倘精力未衰，尚其無忘纂述，以繼前賢輔教垂世之意，故勅。

天順二年八月初七日

康齋先生文集卷之一

詩

即　事永樂庚寅，年十九。

吟斷難成調，塵編重繹尋。興亡今古事，精一聖賢心。新月何時滿，寒蛩無數吟。夜深雙過鳥，猶自戀高林。

感　懷

人歲恒難百，光陰苦易過。身心須點檢，事業莫蹉跎。豪俊今寧少，庸凡古亦多。要知賢不肖，擇術在如何。

自　警辛卯

讀書悟至言，反躬屢紬繹。頗謂無他岐，立可超凡域。云胡心自戕，作事潛乖昔。俯仰一長歎，慚惶竟何極。乃知直内功，不可弛頃刻。發憤矢自兹，羣邪當遠適。❶ 聖途雖渺茫，敢吝駑駘力？誠當通鬼神，

❶「適」，四庫本作「跡」。

志當貫金石。

族叔父仲學先生春月承訪弼時賃屋方定茲别數月矣有懷寄詩壬辰

憶昨烟花暖正繁，遠勞玉趾到山間。寓居蹤跡應方定，入道工夫總未閒。囊裏有書供月眼，樽前無酒醉春顔。别來新趣知多少，透徹靈臺第幾關。

臘月望日作

欲到大賢地，須循下學工。文章深講貫，道德細磨礱。

春　夜癸巳

十年蹤跡寓神州，故國歸來更百憂。事業有期空仰古，浮沉無計却隨流。誰憐白日難停馭，自覺秋霜易到頭。多少慇懃孤負也，欲從何處覓同游？

宿白梅洲

道傍茅屋是誰家，薄暮東來一税車。敗壁不堪題姓字，時從籬槿看秋花。

題　柏乙未

潤色還因帶雨榮，柔枝未許拂雲青。風霜莫厭多經歷，自古良材老始成。

過南康丙申

迢遞見危樓，家家枕碧流。山高雲氣近，江闊浪聲浮。事業懷先哲，英雄慨昔遊。幾多今古興，斜日滿芳洲。

寄梁訓導

未到都昌縣，相思先計程。連綿官舍飲，浩蕩故鄉情。柳色雨來長，梅香霽後清。極知期待遠，別語細丁寧。

聞笳

扁舟晴泊枉渚沙，葦苗滿目稀人家。夜江漠漠星横斜，東風吹鬢憐春華。隔江誰舫寂無譁，數聲悲響空中笳。響徹碧霄哀更加，悠悠緑水天一涯。

元日丁酉

淑氣已回春，晴光遍八垠。學須年共長，德必日俱新。自得顔淵樂，寧論原憲貧。兩間期不愧，敢負百年身？

贈别王上舍

旅館相逢日，春風二月初。看花杯共把，對月榻同鋪。禮樂沾清化，風雲快壯圖。願公多令譽，綱紀在人扶。

與友人夜話

話盡情難極，中宵眠復興。❶古人俱已逝，後進竟何成。世路應皆醉，吾儕豈獨醒？幾回静想遍，無

---

❶「復」，四庫本作「更」。

以答平生。

夢洗馬先生

先生天下士，遇我獨情親。剪燭論心夜，焚香讀《易》晨。己私須盡克，天理必全純。惆悵春宵夢，分明笑語温。

雙燕春日營巢簷間未成而去夏復成之因題絶句

憶昨初開桃李花，銜泥飛傍小窗斜。春風一去無消息，何處歸來更作家？

山中歌次王右丞韻

地寥夐兮山深，聊棲遲兮林木。欲寡過兮身輕，日往來兮幽谷。行愧今兮交疏，心悲古兮趣獨。理桔槔兮灌園，更搴蘿兮補屋。晨光澹兮觀魚，夕陽收兮飲犢。居從静兮積塵，歲願豐兮登穀。戒迂學兮徇名，❶嫌荒志兮干禄。惟造道兮是期，何富貴兮可卜？

山　行

野水荒村僻，雲林細路斜。晴松張翠蓋，秋果熟丹砂。悵望淹鄉曲，蹉跎改歲華。西風吹薄袂，興緒繞天涯。

---

❶「徇」，原作「獨」，今據弘治本、四庫本改。

訪胡徵君舘所

行客林邊至，高人籬外迎。遠乘今日興，細話舊時情。涼夜一樽酒，清秋半壁燈。相看驚老大，蹤跡共浮萍。

雨中漫述

違侍親庭遠，遷居此地新。往來多故舊，問勞總比隣。屋破長防雨，天寒早閉門。卑棲聊自慰，圖史共朝昏。

松下

倦來更向山中憩，滿逕松陰白晝長。藉地不知孤坐久，遺編又誦兩三行。

感興 戊戌

月到芭蕉影半斜，好天良夜興無涯。金風聲滿千竿竹，玉露光生一砌花。

寫懷

悠悠萬古愁，瞑坐無一語。志須自强持，仁擬誰相輔？蕭然環堵間，沉吟寸心苦。荒村秋思多，斷續芭蕉雨。

登擬峴臺

城據東南勝，臺分襄楚名。人烟縈近市，竹樹雜長汀。愁逐登臨散，神因眺望清。窮通看萬物，未易達浮生。

贈戴錦舟先生

尊酒黄城夜，交期是偶然。文章元共貫，❶談笑劇忘年。近臘梅初放，陵寒菊正鮮。同衾坐無寐，高興兩綿綿。

題四景畫

草樹風暄翠欲浮，洞門深處野花幽。素琴不許閒人聽，山自巍巍水自流。

瀑洗層崖凈世塵，陰陰苔徑足南薰。日長誰是山中伴？袖手前溪立白雲。

西風紅葉繞苔磯，水冷烟寒鴈正飛。浮慮盡消身寂寞，得魚無意起竿遲。

村雪寒凝夜色浮，清江如玉着扁舟。風流自得天然妙，心跡何曾泥去留。

墨梅寄同安李宜之

學疏才薄諒何爲，牢落塵蹤閱歲時。秪有梅花共心事，便風吹向故人知。

曉己亥

曉夢初驚覺，春禽已亂鳴。北風半夜雨，東旭一窗晴。道在心偏逸，詩成氣轉清。行藏信隨遇，庶以達吾生。

❶「貫」，四庫本作「貰」。

題歙雲詩卷

歙雲南望迴，親舍孝思深。川陸幾年客，晨昏千里心。春風隨使節，夜月照行襟。養志古來重，功名好自任。

送饒提舉之官廣東

奉節承深寵，之官過舊鄉。親闈春廣大，宦路日舒長。嶺樹連雲合，江流過雨涼。倚門應有望，鴈信好頻將。

讀　罷

隱几初收卷，巡簷更出庭。晚雲隨雨散，霽月近人清。客久無違性，吟多獨稱情。榮枯何足問，清白是家聲。

睡　覺

午枕睡熟餘，情神喜宣朗。窗含白日静，座納微颷爽。❶俯披聖賢書，遺言如指掌。至理諒易求，良心貴有養。安得同志人，輔我加勉强。

送嚴府判考滿

柳緑繞江頭，薰風快壯遊。萬山辭楚徼，一水接皇州。郡劇民俱化，銓明課最優。垂衣圖至治，清問有

❶「颷」，四庫本作「風」。

嘉猷。

簡戴錦舟先生

筆硯長爲伍，思深趣轉清。看雲閒隱几，聽雨獨挑燈。俯仰求無愧，窮通不繫情。客邊微恙在，襟抱貴和平。

山中即事

水自幽偏山自深，竹窗花牖晝沉沉。逢人若問浮生事，半是閒眠半是吟。

曉出

際曉出柴扉，清涼過雨時。落花香滿徑，芳樹緑成帷。鳥哢有餘暇，水流無盡期。值予道心長，歸詠正相宜。

遊廣壽寺後園

新竹多垂籜，高花正滿林。雲蘿穿屈曲，苔徑入幽深。翠積叢茅暗，青交雜樹陰。劇便斯結構，端稱讀書心。

秋曉

風來夜枕寒，雲生曉窗雨。旅思共秋清，遥思故山侶。

夢友

園林到何日，覊旅念離羣。擾擾一旬内，依依兩夢君。秋風黄葉下，晴色白雲屯。應有《詩》三百，心期欲細論。

柬陳進士

獨凭吟几坐清朝，閒看行雲面碧霄。忽憶故人秋寺裏，西風琪樹雨蕭蕭。

彝公房

入院先看竹，逢僧不説經。白雲方丈室，清晝一孤燈。積雨匀秋色，殘陽報晚晴。去留無定跡，香盡拂衣行。

寄湖西族叔父仲學先生

茅屋石橋西，相親記舊時。青燈近人早，明月上窗遲。物理推今古，人情較是非。笑談如昨日，寒暑幾推移。

贈別友人

惆悵一年別，慇懃百里來。冰霜苦節在，宇宙壯懷開。白雪傳新卷，青春遞客杯。紛紛楓葉下，獨伴野人回。

閱九韶吟稿

高枕微吟罷，西齋獨坐時。閒澄病中思，細看别來詩。點竄非吾事，漸磨貴自期。靈臺宜有養，孟子浩然師。

別湖西

送送長村外，新詩詠不休。浮雲日色薄，隨地露華稠。曲徑緣林轉，深溝帶葉流。家山應暫住，更得話綢繆。

同鎖秀才道中即事

桑梓常留念，蹉跎今始還。行行減客路，望望近家山。膠漆故人誼，風霜游子顔。何能謝塵鞅？高卧白雲間。

題庸軒

物理本平常，人心自渺茫。細祛今古惑，多漱聖賢芳。風月清江曲，園林古縣傍。悠悠百年興，長與此軒良。❶

禪嶺即事

傍險躋攀倦，臨高眺望賒。天連蒼野闊，樹帶小村斜。晴靄山何處，寒烟屋數家。躊躕懷往事，容易改年華。

❶「長與此軒良」，四庫本作「良與此軒長」。

與鍾生同宿東陂

日落辭蓮塘，東陂到已暝。烟霧村徑微，燈花茅齋静。❶細語夜卧遲，月華發清興。黄卷試一開，琅然共歌詠。

夜訪九韶

有客夜扣門，微吟帶星立。主人久青燈，欣然肅而入。勝境失追攀，高堂更歡集。丈夫襟抱開，塵絆嗟何及。

贈九韶

我與生契家，懇懇常告戒。退而省其私，立志能匪懈。相逢索居後，新知頗超邁。深培仁義根，勢利無芥蔕。

山居

偶坐柴門下，得與衆山友。雨後已芳潤，❷雲開更奇秀。澹然忘我形，不覺沉吟久。却憶平昔居，於兹幾翹首。

❶「花」，弘治本作「火」。
❷「後」，弘治本作「過」。

別九韶叔姪

我心日悠悠，喜與故人遇。相隨更過村，同遊讀書處。研墨倩兒童，頗得臨池趣。青山一分手，山留白雲去。

即　事

身外機事閒，心地何優遊。晴行山水曲，步遲境彌幽。歷亂高鳥過，散漫輕烟浮。遺編幸在手，微意仍相侔。

遊南坑岡

松邊涉幽徑，天青雨新霽。矯首立崇岡，疊嶂羅迢遞。塵慮都淡然，二儀足清氣。妙趣匪言傳，飄飄離人世。

夜　坐

青燈夜已分，遺編味方永。一唱而三歎，轉覺寸心炯。麗水金最精，藍田玉偏瑩。云胡苦茅塞，久未臻斯境？

即　事

風威遍野號，雪花滿空墜。誰謂惜苦寒，正喜兆豐歲。紅爐坐終日，黄卷静相對。至哉聖賢言，妙契心自醉。

感懷

孤燈讀已倦，就床聊偃仰。平生所踐履，歷歷時在想。中道立苦難，學問少勉强。古人豈易期，中宵獨惝怳。❶

讀孟子

夜氣向虚朗，剪燭更已深。大哉仁義言，沃我萌蘖心。才質各高下，性命無古今。聖賢懇垂訓，而我何陸沉？

睡起庚子

久客逢寒食，芳年損病心。幾時鳴雨歇，終日落花深。親夢疑官舍，鄉魂繞故林。晝長春睡起，寂寂寫孤吟。

閒述

静裏生詩思，閒中長道心。自應尊櫝玉，不省説籯金。芳樹流春色，空庭落午陰。日和風更澹，此樂有誰尋？

承葉别駕見訪奉柬二首

窗下書生報，門前使客臨。形容驚喜定，情話别離深。風月江山趣，冰霜松柏心。平生覓同調，幾處得

❶「惝」，原作「慠」，今據四庫本改。

知音？

白雪陽春調，長吟莫厭多。功夫既積累，律吕自諧和。江海猶疏鑿，圭璋藉琢磨。人生誰不學，志向各如何？

憶榮上舍

江舘春相遇，鄉心晚益知。青雲持節日，短褐省親時。高誼能分禄，空囊只贈詩。别來消息斷，幾欲到分宜。

買藥

生涯惟病絆，人事與心違。歲月一身晚，江湖孤夢飛。憂深多爲道，貧慣任無衣。抱布街頭去，新晴買藥歸。

即事

欲識陽和景，四時惟有春。風光三月半，霽色獨吟頻。露葉渾如醉，烟花不擇貧。人心長自小，寧解化工仁。

感懷

易白顔回髪，難升孔子堂。常時思寡過，終歲未成章。萬物人皆備，一心誰不良？如何空潦倒，甘讓昔賢芳？

絶句

新詩盡日恣冥搜，塵世悠悠任去留。興到江山隨處覽，不知身外有閒愁。

楊柳

嬋娟楊柳枝，烟雨涵芳姿。託根近孤松，蒼翠相因依。頗謂顏色好，可同歲寒期。豈知霜未墜，素葉先紛飛。

圃内

長夏日已晚，歸鳥皆投林。幽獨悦兹圃，把書行且吟。花竹流芳凈，蔬果生意深。兩間有妙趣，長契静者心。

四月四日

客牀起復眠，中心悵遐慕。嗟我庭中親，兹旦惟初度。❶豈獨别離深，鬢髮久垂素。形留空役神，迢迢滯江路。

宿章廣文舘

虚齋罷清話，拂牀事枕席。青燈滅餘燼，斜月流素壁。弟子富書聲，感之增歎息。沉痾久纏綿，那由共兹夕？

❶ 「旦」，原作「且」，今據四庫本改。

贈章廣文

俗情素寡合，獨往欲無言。伊誰寫湮鬱，喜得章澹然。絲蘿託世好，金蘭契忘年。青眼饒故意，白雲多新篇。顧茲蹉跎志，懷古共勉旃。

茂樹

古垣有茂樹，婆娑廣成帷。霜雪根本固，雨露枝葉肥。蒙密自昏曉，靜愛衆鳥歸。此物尚有容，吾心諒何爲？

月夜憶友人

階除境向寂，客思渺無依。美茲風月夕，正是懷人時。欲叙平生心，相見各未期。百年若流水，如何長別離！

題畫馬

有客遺弟子，持示雙馬圖。丹青固妙筆，所擬皆龍駒。一龍嘶青雲，一龍困鹽車。逸氣含變態，病骨森清癯。既遭伯樂顧，絶足迺得輸。❶未遇善自保，飽秣青山芻。

遊北禪寺

入門聞花香，傍砌看花色。花香細而清，花色潔以白。薰風院深沉，亭午人閒寂。悠哉羲皇上，着此忘

❶「輸」，四庫本作「紓」。

機客。

棲鳳竹

庭宇肅深沉，蒼翠交梧竹。衆鳥從紛飛，時看鳳來宿。

送人赴春闈

晝省身先達，春闈氣正豪。功名方自負，關塞豈辭勞。黄道中天近，青雲北極高。臚傳知得意，端笏繼夔皐。

柬朱學正先生

伊昔起予深，相逢久别心。老成欣德重，薄劣愧年侵。夜雨添新思，秋風憶舊吟。正期談笑密，還念欲分襟。

不寐

寒鼓三更後，孤衾未睡時。無窮身外事，逐一静中思。聖域何由入，靈臺久自私。疏櫺霜月白，愁况漫裁詩。

覽舊遊

喬樹春風花正開，芒鞋曾記屢徘徊。如今花落年光莫，寒色斜陽又獨來。

山中見梅花

茅庵深處路縈斜，老樹遥看近臘花。何事幽人吟未到，遊蜂先已得春華。

述懷辛丑

風雨春天曉，江山客夢醒。浮沉誰共慰？出處獨含情。得善慚顔氏，傳經憶伏生。經過人事略，何意釣時名？

春夜

千古興懷洙泗濱，無由一接杏壇春。自憐弱質生來晚，空作紛紛世上人。

曉立

靈臺清曉玉無瑕，獨立東風翫物華。春氣夜來深幾許，小桃又發兩三花。

憶九韶

春泥滑滑陰連朝，出門跬步難逍遥。陽和黯然舒藹藹，❶風雨倏倏來蕭蕭。客懷思見故人面，雲山阻絶誰相招？故人隱居蘿谿曲，殘書破硯甘寂寥。奉親常懼歲月速，學古不使子弟驕。躬耕秪願秋穀熟，擊壤皞皞歌唐堯。平生於我誼不薄，松柏寧向秋風凋。愧我崎嶇昧生理，託身在處雲飄飄。何時歸來葺茅屋，與子共種黄精苗？

出城

行行共吾姪，誦詩出城郭。白日皎青天，風光勝於昨。嶺外更峯巒，村邊總花萼。擾擾行路人，誰識予

---

❶「黯」，原作「䨢」，今據四庫本改。按「䨢」字不見字書，疑刻誤。

心樂？

新莊渡

渡頭舟已發，隨意坐芳洲。白石聊爲硯，題詩蘸碧流。

道中作九首

臨渠愛流水，試硯涉還歇。起看碎米花，疑殘去年雪。

眺望覺日遲，經過忘前後。牧唱兒童閒，黄牛滿丘阜。

叢竹夾桃花，清池映高下。世上有丹青，筆底誰能畫？

愛景時迥立，❶烟村澹相對。惆悵百年人，此心幾人會？

呼童汲清泚，怡然坐臨池。誰能知我懷，細雨來催詩？

人生得丈夫，萬一幸爲儒。寸心含宇宙，不樂復何如？

紙筆不暫離，琴書恒自隨。欲憂身外事，何日是閒時？

得詩萬事輕，性達頻爵躍。翹首吟未迴，松風度寥廓。

微雨已滑途，行客未堪住。遥問讀書齋，正在花深處。

❶「迥」，原作「迴」，據文義改。

友人至

獨繞烟村來，共玆玩雲月。細語夜已闌，深意殊未歇。

曉起即事二首

夜思經世務，神倦方熟眠。晨朝氣清爽，良心還炯然。

條風暖雨來，晨烟村冥漠。北牖時獨開，紛紛李花落。

録詩稿

晴日鳥相喚，輕風花亂飛。紅塵休入户，次第正抄詩。

客夜玩月❶

静來悟道機，窔奥難言説。但得此心安，從處堪乘月。

縱步

幽花發清香，芳林漲新緑。閒聽山中禽，更倚籬邊竹。

友人至二首

整屨欲有往，故人忽西來。盎然陽春懷，共向東風開。

平生慕克己，茫然靡所獲。今日欣語君，至樂頗洋溢。

❶「客夜玩月」，四庫本作「客玩夜月」。

覺後

覺來氣宇澄，開牖東林下。缺月五更頭，寒光皎清夜。

村中即事

春光被四野，行欣物華茂。寂寂竹林邊，幽禽語清晝。

胡十見訪客舘值予暫出承候迎村外遂相與叙舊同宿得詩六首

歸步夕陽遲，和風滿襟袖。矯首清溪傍，芳畦故人候。

梅花殘臘時，訪予五峯上。詎知萍梗蹤，春光此同賞。

我歸驚十年，回首如信宿。惆悵謫仙吟，人生鳥過目。

憶子有立年，曾與論耿介。吾今越斯境，事業憐安在？

既罷溪上遊，復向籬邊坐。夜景良可人，誰能即高卧？

交期相惠好，青燈共斯閣。話言雜今昔，心事兼悲樂。

晝寢覺

日净風暄清晝遲，緑陰啼鳥夢醒時。閒窗筆硯無塵雜，幽事宜人又得詩。

讀中庸

一理存乎静，萬事著於微。是以君子心，戰兢恒自持。

彈　琴

寂寥春夜間，几閣孤燈照。邈爾形役忘，絲桐正清妙。

琴　罷

琴罷詩興來，殘燈獨揮筆。因識聖人心，澹然何意必。

別鎖秀才

覓渡臨清流，故人更同舟。細語昨日詩，別懷總悠悠。送送山之麓，春花多躑躅。長揖東風前，浮生兩相勖。

夢嚴親

江山久離居，薄養那得及。髣髴何處庭，承顔夢中立。天性良固有，深愛成長泣。涕淚泫莫收，曉起衾猶濕。

牛氏東軒

名花散奇香，幽苔多凈緑。清晝軒中人，琴書自相續。

感舊遊

石橋門巷落花深，晴日光風鳥亂吟。人事暗隨春夢换，緑楊還似舊時陰。

柬徐廣文

學問無少長，立志夫何如。勉强柔即强，惰慢明亦愚。光景勿云盛，❶容易垂桑榆。年侵勿自畫，爲仁果誰歟？一私誠自窒，❷蕩蕩斯廣居。深功累日月，賢聖途豈殊？勉旃黌宮彦，勇往毋踟躕。莫嫌瑣瑣言，素心不能諛。

上頓渡舟中

驅馳年少未應勞，萬事無心任所遭。收拾琴書辭故郡，江山隨處是詩豪。

夜坐

雨滴空階響，燈懸浄壁明。掩書人獨坐，性達正惺惺。

蘄春采芹亭同羅黄二廣文登

名亭極虚敞，英友攜登臨。石池湛寒水，茂樹圍幽陰。久坐得勝趣，劇談延賞心。薄遊慶佳遇，因以書狂吟。

題一丘軒

予以客遊，因訪故人傅秉彝於驛溪，地甚幽僻，林木森蔚，翛然有塵外之趣。予極樂之，秉彝亦陶然，有

---

❶「云」，原誤作「去」，今據弘治本、四庫本改。

❷「誠」，原作「試」，今據四庫本改。

以適其居也。翼日，相與翱翔村外，既浴而歸，指其居之東曰：「平生種田，此一丘耳。」予笑曰：「一丘固善，❶宜以名軒。」秉彝亦笑而然之，且請文以申其說。鄙才不足以文，聊賦小詩以復焉。

種此一丘田，朝夕恒精虔。衆草不敢穢，瓜瓞斯綿綿。

寄胡九韶

去家已十日，作客無盡期。悟道達浮生，浩蕩隨所之。榮枯藐毫忽，得失輕銖錙。聞味聖賢道，謾吟今古詩。勝境多獨得，佳興良自知。寄言故鄉友，身心善矜持。

謁濂溪晦庵二先生祠二首

孔孟微言幾欲絶，先生千載續真傳。偶經靈宇增新感，遺緒寥寥若箇編？

平生慨慕古人深，道味先生更所欽。長恨無緣趨末席，靈祠一拜儼如臨。

夢　親

欲寫離腸苦，無言下筆難。奉歡何日遂，夢裏暫承顔。

登舟入楚

步出湓城吊古餘，前程又復即舟居。客身到處無榮辱，隨分蕭條兩篋書。

---

❶「善」，四庫本作「美」。

夢慈闈

昊天罔極裂心肝，遺塚荒涼不忍看。魂夢豈知生死隔，承顔浪喜得真歡。

即事

吟覺多情坐不眠，月光涵水水浮天。艣聲細與歌聲協，又有西來夜泊船。

觀濂洛關閩諸君子遺像

平生習迂僻，人物常懷古。自從堯舜來，歷歷固可數。降兹秦漢下，無才繼鄒魯。偉哉宋德隆，夫子生四五。日月麗中天，遠近曷不睹？人心一返正，斯道朗以溥。嗟我小子愚，私淑豈小補？偶從黄卷中，瞻像慰渴慕。因像以求心，益自陶莽鹵。不及猶恐失，誰知此心苦？會當寫斯圖，頃刻恒敬負。

讀易

夏日舒以長，齋内深更静。正襟新浴餘，肅容湛天性。悠哉四聖心，玩味頻起敬。好風生坐隅，竹色鮮相映。澹爾絶外牽，伊誰共佳興？

枕上絶句

賢聖微言玩愈精，夜分無寐獨惺惺。十年醉夢迷南北，一點寒山雪後青。

即事

環堵蕭然隔世塵，日長惟有簡編親。青衿髦士時能訪，出處諄諄話古人。

曉起即事

人心秉至靈，胡爲自狼狽？十年磨一鏡，漸覺塵埃退。清曉旭日升，竹樹欣相對。欲託丹青圖，斯意恐難會。

黄廣文爲僕趣裝

客子去莫留，故人情不淺。離合焉足論，事業宜加勉。恒令此志存，會見長材展。賢聖以爲師，任重而道遠。

黄廣文城外送别

迢遞步暑來，高情重爲别。匆匆話莫窮，努力男兒節。

宿漸嶺

漠漠暮林横緑野，澄澄秋水映紅雲。遠來客舸依沙岸，獨犬一聲何處村。

先生跋云：此辛丑歲歸自武昌詩也。閲稿見之，因感此景何處無之？然必心中無事，乃能見也。

赤壁懷古

今日題詩處，明朝迹又塵。不知江漢水，流盡幾多人。

大冶山中

客路逢人問，前程去已迷。唤回琴劍侶，斜度小橋西。

重訪盛山人

舍館曾留宿，園林今更過。米嫌秋熟少，苗歎雨傷多。寄遠書應達，移居事若何。秋風凉冷後，有待碧山阿。

謝家埠舟中即事

憶昔扁舟久寓居，客中風景日能摹。❶重來幾换人間節，佳興如今却勝初。

次梅根

風色蕭蕭生暮寒，月明催棹下奔湍。孤舟繫穩更相勞，又得長江一日安。

舟中即事

緗帙收來霜夜分，月中猶見打魚人。始知各有平生分，勤苦方能立此身。

荻港舟中

寒蘆漠漠夜澄澄，雲盡霜天月倍明。欲問箇中深淺興，青燈孤映讀書聲。

舟次蕪湖寄友

地迥天青蘆鴈呼，西風殘照泊蕪湖。遠書不盡悠悠意，努力人間大丈夫。

---

❶「日」，四庫本作「自」。

述　懷

平生蹤跡慣飄蓬，短棹從教西復東。借問鄉園從別後，一旬清思屬中庸。

偶　述

十年勤苦學求仁，品彙紛紜未識真。惟有一般堪自笑，行藏酷過古人貧。

舟中觀書憶諸生

燈火夜常半，工夫日又新。濫追先進躅，頻憶故山人。凍竹那妨雪，寒梅自有春。此生何處達，天地即吾仁。

別史儀部

清譽聞來熟，高情交更深。青燈連夜話，黄卷百年心。斯道何難入，深功貴自任。匆匆慚贈處，惆悵託狂吟。

別李鳳儀

途逢渾似夢，驚定始開襟。萬里又分袂，幾時重盍簪。詩書仍努力，窮達莫殊心。邈爾雲山外，頻頻憶舊吟。

訪葉別駕

消息猶難得，逢迎更敢期？寧知爲客際，重悉久要辭。剪燭嫌更短，連牀願別遲。欲投迂闊分，捨此復何之？

贈丁太常

別駕僑居處，頻過不覺疲。喜通儀部好，更辱太常知。賤子慚何筭，明公貴有爲。聖途如指掌，努力妙年時。

宿黃茅潭隔港

日夕北風起，停橈未有涯。橫江欣得伴，和月宿蘆花。

偶　述

欲遵君子業，名教貴昭融。能事參天地，元基慎獨功。

板橋客夜

達得浮生去住輕，江樓遇夜旅魂清。遠書作罷孤燈静，霜月淒涼鴈數聲。

除日書懷

一歲生涯不離書，明年行止更何如。男兒挺拔今猶古，百倍工夫正屬渠。

除夜次唐人詩韻

青燈幽户照無眠，高興吟哦正浩然。一歲平安私自幸，進脩踴躍入新年。

西軒即事 壬寅

凍消殘雪早春回，幽户條風任往來。黃卷玩餘閒卧後，滿窗春色數枝梅。

觀梅

梅花滿眼感懷新，正月俄驚十日春。花落更開開更落，小窗忙殺讀書人。

柬友人二首

物物由來根太極，等閒那得識其真。浮生三十端虚度，擾擾俱爲夢裏人。

貧居盡日掩柴關，黄卷青燈不敢閒。克己轉知前日妄，希賢愈覺古人難。

感興

浮生歲月易蹉跎，交誼知心苦不多。幾欲開懷難覓伴，只應懷古獨高歌。

贈黄經歷先生

竹屋長無鴈，花封偶盍簪。雨窗宵並榻，❶雪案晝同吟。往事渾如夢，清歡暫稱心。明朝踏晴色，歸思各雲林。

題琴樂軒

花縣東南里巷深，高軒清樂屬瑶琴。緑陰簾幙閒中世，明月階除静裏心。松韻正幽孤鶴唳，海濤初定老龍吟。山中亦有無絃趣，茅屋何時肯一尋？

---

❶「宵」，原作「寒」，今據四庫本改。

夢親 癸卯

夜夜春天夢，依依只在親。山中有茅屋，何日泝歸津？

題三友圖

桃李春晴錦萬堆，蕭然誰數竹松梅。不應處士開新畫，❶雪裏何從表異材。

嚴親寄家譜至

門外歡聲送喜來，天邊家譜到山開。音塵已隔半年後，樂極猶疑是夢回。

南軒夜坐

庭前詩已成，雲間月未没。入户啓南軒，無拘轉真率。草木發天香，遥夜清人骨。

奉寄黄浩中先生

十年兩度侍西軒，細語傾心夜不眠。浮世别離疲野馬，幾回懷古獨雲天。

月夜

迢迢良夜月澄秋，萬象清嚴風露幽。安得人心亦如此，廓然慾盡理周流。

題梅竹軒

蓮塘南畔碧山連，梅竹幽深着小軒。接席好風晴滿徑，隔簾香雪夜浮天。題詩興繞賡歌際，讀《易》心

❶「應」，四庫本作「因」。

遊未畫前。佳致幾時期我共，爲君細和白雲篇。

暫宿新居

青山白雲裏，曠然露平陸。峯巒森遠近，澗溪羅屈曲。辛丑杪秋中，相基蒙吉卜。明年閏月冬，於焉結新屋。癸卯建未初，移居遂所欲。藩籬雖未稠，斗室聊自足。露坐天宇涼，語笑偕僮僕。共想古昔來，誰人此曾宿？

東軒即事

公事纏彌旬，寸心靡敢放。豈惟學古難，人欲誠易蕩。昨宵擬見官，風雨不成往。偶此東窗下，暫焉閒俯仰。偏閱舊時吟，静思新志向。疑似實自蒙，伊誰一指掌？洙泗跡既陳，洛閩且絶響。安得同志人，靈臺期共養？

十一月朔旦枕上作

立志成人自稚年，中間鹵莽實堪憐。如今轉覺人須學，截日嚴程造白堅。

除夕

慷慨臨除夕，蹉跎又見春。一年非不學，何日是成人？經事才還廣，潛心理漸真。微吟增感激，名教定書紳。

傷農家甲辰

秋穀應多減，春炊固轉艱。頻聞寒雨裏，採蕨滿深山。

十二月十四日絶句四首

弊廬風雨何曾蔽，衣食田園給更慳。積病寒窗塵滿眼，始知無怨實爲難。

始知無怨實爲難，至樂誰如孔與顔？誤把古人輕易看，精脩從此可容閒？

精脩從此可容閒？勘破當年義利關。隨處動心兼忍性，何憂不到古人班？

何憂不到古人班？只把遺經子細看。學久自然查滓化，心斯廣矣體斯胖。

懼　衰

少壯空纏疾病過，光陰況復迅如梭。蹉跎容易入衰境，此德此身將奈何？

寒疾未醒兼困於瘖廢書默詠朱子及陸象山兄弟鵝湖倡和詩僭次其韻

先哲高風悉所欽，考亭朱子益留心。滄溟浩浩呑諸水，泰華巍巍失萬岑。理極研精無窔奥，形純踐履更深沉。微軀每恨生來晚，空慕聲容隔古今。

除　夜

一年程課較如何，輕薄還應感慨多。明日又逢新歲月，幾時能出舊巢窠？

元　日乙巳

回首流年一夢間，靜思身世立應難。工夫百倍須深勉，莫把光陰當等閒。

正月十九夜枕上作二首

自歎生來後聖賢，下流入道苦難前。何由養得中和性，樂以忘憂理渾然。

樂以忘憂理渾然，後生豈易造斯言？斂然下學無他法，一味深功克性偏。

書所得❶

荆棘場中二十年，中間回首實堪憐。欲從何處求心性，日用由來總是天。

舟宿陶婆灣

夜半扁舟夢不成，細將心緒繹平生。人倫有道何能盡，展轉無端感慨情。

贈九韶

綠蘿谿上舊儒家，脩竹喬松去市賒。南畝秋風多熟黍，東園夜雨總肥瓜。聖賢指示方應密，師友相期路不差。孝友一門斯是政，讀書聲裏老生涯。

夜讀康節先生詩後作

田圃工夫日破除，小窗燈火夜詩書。月華皎潔雲輕後，夏景清涼雨霽餘。百體無拘知氣泰，一塵不累識心虛。從今莫惜慇懃學，好古方能屢起予。

夢傅秉彝

一別那勝歲月深，浮沉世務阻相尋。分陰痛惜平生志，夢裏猶懸悵怏心。

❶「得」，弘治本作「作」。

午　枕

枕簟清涼午夢濃，覺來鳩語太從容。寸心似水無纖浪，認取鄒書夜氣功。

夏　夜

月色嬋娟夜正涼，偶然徐步稻花傍。籬多竹樹饒清蔭，池滿芙蕖有暗香。

寄九韶

幽窗遺籍自朝昏，盡日紅塵不到門。頑鈍淬磨還有益，新功頻欲故人聞。

月　夜

涼月清襟抱，閒吟氣正和。熟思剛暴性，旦晝梏亡多。

夜讀後對月

青燈讀倦閣遺編，見月多情又不眠。欲識此心虛妙處，沉沉户牖嫩涼天。

省　己

希賢事業愧庸才，煅煉磋磨志愈乖。世澤厚深流慶遠，道心連日得悠哉。

月　夜

雲盡天心月正圓，可人清景屬南軒。滿懷今古那能寐，緩拭枯桐理舜絃。

變化氣質消磨習俗

由來氣質已偏枯，俗染彌深愈失初。於此不加鏖戰勇，却從何處着工夫？

觀舊稿

十載飄零無定棲，兩年幸隱此山扉。詩書漸覺添新得，心性還應勝舊時。

寄題戴氏水竹居

勝日來良朋，相招出茅屋。壯觀窮名山，所歷清心目。山人白雲端，蒼翠羅脩竹。鶴髮笑相逢，坐談此君熟。苔徑遞幽陰，軒楹浄如玉。塵慮蟬已蛻，道心露新沐。主賓偶一契，題詩愜素欲。徘徊話别遲，夤緣看未足。歸卧梅窗雲，餘興猶可掬。何當載酒來，重尋詠淇澳。

有悟

困窮拂亂力難勝，天意分明增不能。思到此心收斂處，聰明睿知自然生。

除夜二首❶

不惑無聞大聖辭，如今秪有五年期。譬猶萬里關山路，駑足應須日夜馳。

駑足應須日夜馳，丁寧莫枉一男兒。工夫徹後開眉看，萬里青天月出時。

❶「二首」，原闕，今據文例補。

康齋先生文集卷之二

詩

元日宣德丙午

去年程課略加勤，今歲深期日日新。萬事何如吾道重，丁寧莫枉此生身。

遣悶

講學無功德不脩，不才甚矣可無憂。青春回首今何在，堪歎人生易白頭。

發舟弓家渡

囊書喜上省親舟，千里山川盡舊遊。家慶新歡堪計日，前程漸次減離憂。

贈傅秉彝

洗墨池邊春草長，重來懷舊意茫茫。蹉跎容易青春晚，秋鬢能禁幾點霜。

清苦吟

清苦丈夫志，風霜善自持。陽和非不愛，義命貴安之。

即　事

磊落羣峯徹曉雲，柴關閒出爲晴曛。逢人偶學占秧候，活水渠邊手自分。

晝坐外南軒

南窗北牖透晴光，花木參差日正長。舉目無非幽賞處，不知何地是仙鄉。

絶　句

竹户風光軟，花軒清晝遲。蒼苔人跡絶，净几獨吾伊。

閒　趣

野水雲山隔市塵，日憑閒散養吾真。茅廬周匝多芳樹，行處清香暗襲人。

夢覺作

静夜迢迢獨覺時，寸心凝斂絶邪思。聰明睿知何從出，作聖之功信在斯。

紗　陂

長瀦石罅冰，廣浣溪中雪。清風生夜寒，泓澄浸秋月。

大同峽

秀峙交翠屏，清泠響寒玉。谷鳥時一鳴，蒼苔此幽獨。

曉　起

夜氣春融和，曙光晴皎潔。漠漠碧雲端，斜露清霄月。

羅家園

湛湛芳草池，翛翛碧霄竹。倚竹漱春流，清氣滿幽谷。

李家山

攜琴兼載酒，童冠偕躋攀。浩歌碧雲裏，落日松風寒。

徐家山

大路臨青山，蒼苔蔭清樾。幾度縱芒鞋，送賓此爲節。

石泉

石泉千古名，悠悠四時緑。净潔乃素心，白雲一茅屋。

東陂

迢迢透長源，滔滔流晝夜。幾曾瞑目聽，應悟安行者。

東窗誦陶詩

時和風雨調，緑疇日滋長。吾意良淡然，晴窗坐虚敞。竹蔭連琴書，幽苔隔塵鞅。流誦徵君辭，伊誰嗣清響。

偶書

倦出尋常止茅屋，妄想潛消思寡欲。但恨青山雲未深，更欲移居問窮谷。

枕上作

爲學曠鋤犂，事農疏典籍。學弛心性蕪，農惰饑凍逼。二者貴兼之，庶幾日滋益。奈何疾病纏，蹉跎旦復夕。

即事

獨步孤村去，從容玩我書。稻苗時雨後，山色晚晴餘。性也何曾染，心兮此正虛。歸來帶明月，夜興更何如。

燈下作

日日勞筋骨，中心未免疑。細思貧賤理，素位合如斯。

贈黄徵士

卧痾白雲中，苦心正懷舊。忽枉故人盼，青山得攜手。晴窗坐南薰，薄言勸春酒。眷然惜離羣，問答殊未久。荒村多寂寥，還能重來否？

寫懷戊申十月服闋作❶

意緒依依萬感餘，羸軀應向死邊蘇。哀歌欲寫難成調，幾傍霜簷對月孤。

---

❶「闋」，原誤作「闕」，今據四庫本改。

冬夜枕上作

遥憶當年學立身，兢兢常恐暫埃塵。孤風自許追千古，特操何曾讓一人。因病簡編尋曠弛，離羣踐履轉逡巡。中宵忽感平生志，回首空過十七春。

與學者戴與

煢煢失怙未能言，鞠育劬勞仰母憐。稍及成童知擇善，纔隣弱冠已忘眠。鏡當塵積光難緝，車向途艱勢易顛。從此更敦千古志，躬行心得好拳拳。

自　歎

少年不學浪悠悠，老去無成空隱憂。寄語青春强健客，及時黄卷好埋頭。

寄李子儼

楊柳城頭絮亂飛，慇懃客舍再逢時。山中有約遂何日，羈思悠悠謾寄詩。

感　懷

静把平生一細思，可堪桃李不勝吹。何能挽得千溪水，净洗靈臺一片私。

龍窟渡拜先曾祖楚江先生墓

青山遠入避紅塵，遺魄千秋此水濱。荒隴凄涼重拜日，細從諸老問前因。

遷居小陂

小陂橋畔記吾廬，七載經營今始居。一片靈臺無别想，孜孜惟是聖人書。

夜坐

古道寥寥不易尋，秋風楊柳感人深。虚堂寂静無言處，黄卷青燈永夜心。

冬夜懷古三首

二帝三王隆至治，皐夔周召和應同。斯人何幸生斯世，一體君民瑞氣中。

孔孟孳孳論要道，顔曾公萬實同心。滿門師友更酬酢，此樂當時知幾深。

濂洛關閩道中興，游楊黄輔一時生。大明日月當中麗，多少祥雲與景星。

晝寢覺作己酉

病思昏昏午夢還，熟思歷試鼻應酸。欲知松柏孤高處，須向隆冬雪後看。

懷孔御史二首

曾向嚴親舊稿中，覯君尺牘語春容。知予太過深增懼，幾度相思細省躬。

幾度相思細省躬，可堪名勝耻無窮。欲求實勝何由得？黄卷須加百倍功。

晨坐東齋

寂養資良宵，清晨趣應好。芳露盈華園，碧嵐靄春阜。虚齋獨危冠，晴光爛窗牖。一玩謙亨辭，冷然滌心垢。

閒興

貧居日寡營，動息得自眕。自安自重爲眕。時課諸生餘，還共兒童哂。出門望舊山，緣籬探新筍。歸坐夕風清，閒情寄瑶軫。

次學者韻

欲説男兒事，奇功未易收。靈臺須静養，物理貴精求。歲月忽向晚，關山阻且脩。分陰宜痛惜，驅策莫遲留。

暇日偶成

寸心如水淡無波，四體安舒一氣和。有客到齋終日話，懷開應喜善人多。

病中枕上作三首❶

一念之微須致精，公私王霸要分明。毫埃絲垢宜揩盡，剛立成心大路行。

纖私滌盡未爲難，要識時中是孔顔。此箇路頭何處問，苦心空使鬢毛班。

律身須禮不容疏，公以治心其庶乎。二者歿身而已矣，不知人世有榮枯。

新居即事

幽賞平生志，安居此庶幾。青山環遠近，碧水帶東西。接舍惟樵徑，連雲只稻畦。遺經閒恣閲，心迹總高棲。

---

❶「三首」，原誤標「二首」，今據文例改。後遇此類情形，逕改，不再出校。

改　過

四十應當成德時，中心何更有他岐。其終也已宜深察，剔拔毋令利暫縻。

即　事

養病私欣得自由，日長卧看《魯春秋》。悠然詠到忘言處，一枕清涼午夢幽。

省　己

此心一失栽培力，幾向窮途不自持。静裏反躬深省處，風霜却是進脩資。

處　困

遇着艱難須用心，毋令放下便淪沉。此關若得千重透，信有人間百鍊金。

寄曰讓 祈門訓導

優游新趣佳山水，仰止前謨近聖賢。朱子父母之邦。六籍日須鞭策進，寸心幸莫利名牽。杏壇鐸曉光風滿，蕙帳琴寒霽月懸。從古男兒當自奮，賸將事業答青年。

冬夜步月懷劉悦學先生

讀罷閒吟緩出庭，月華如畫院澄澄。恍思玩《易》京師夜，曾向吾師學看星。

枕上偶成

爲學如登萬仞山，層崖須用小心攀。前頭儘有無窮趣，只是工夫不斷難。

冬至夜枕上作

深造工夫靡敢慳，近來又透一重關。心思只在聖賢上，夢寐不離文字間。斯道極知顛倒易，一身痛惜把持難。微吟又是陽生後，細省迷途駕速還。

晝寢覺作

眇然方寸經綸本，萬感誰憐此地危。常失之動。❶ 欹枕細思敦艮旨，幾人曾向吉中歸？

寄羅秀才

衰謝無才甘陸沉，何煩青眼特遥臨。驩欣便若平生好，慷慨深投半百心。莫逆尚期清夜話，有懷先寄白頭吟。卜居願與嘉謀恊，早向春風聽好音。

中堂即事

燈明几净室清幽，滿眼圖書託士流。滌硯閒書新得趣，廓然泰宇澹何憂。

除夕

擁罷寒爐小酌餘，挑燈又近古人書。一枝粗定身多幸，此地應逢兩歲除。

元日紀夢 庚戌

爲學平生慕至真，孜孜明德與新民。朝來枕上添新喜，夢裏猶深激勸人。

---

❶ 「常」，四庫本作「當」。

夜讀

疾風吹雨霰交飛，獨撥寒爐夜半時。喜得諸生清苦共，小窗之外尚吾伊。

誦晦庵詩次韻

誅茅遂幽獨，愜此林壑清。大和釀羣卉，天香滿衣纓。病軀無餘事，先人富遺經。自陪二三子，明窗共經營。

待月西齋

遠愛雲山近竹林，芸編堆裏更瑶琴。時行時止憑誰説，待月西齋自養心。

曉枕作

少年意氣凌秋霜，直欲追古豪傑參翱翔。老去何知萬事曠，空令感激增悲傷。嗚呼古人及之良不易，後生慎勿輕流光。

温楚歌

上國曾傳此調清，經年多故忘當丁。虚堂永晝重温處，吟到多情是故聲。

門外閒坐

習静生憎損病心，晚涼門外獨横琴。呼童細剔溪頭樹，爲愛青青雲際岑。

獨步偶成

暫出孤村縱野蹤，晚涼歸詠更從容。盈眸好景新晴後，人在乾坤清氣中。

題唐山書閣

流俗滔滔利是趨，君家高閣獨儲書。絶韋遠紹前人緒，麗澤頻來長者車。香雨芸窗春杳杳，清風蘭砌日舒舒。小陂茅屋應相近，時喜諸郎問魯魚。

私

一念私纔起，風波勢便增。若非鏖戰勇，方寸幾時平？

分

萬事須由命，勞勞徒喪廉。❶ 若非安得分，儘快未能厭。

名　利

眼前名利日紛紜，擾擾何由得性真。置却身心貧富外，始知世有出塵人。

苦熱觀晦庵詩集

炎熱侵陵夢少安，茅簷無地可盤桓。絶勝黄卷多冰雪，朗誦令人骨髓寒。

讀罷枕上喜而有作

讀書進處心私幸，更把精靈禱上天。願假數年無病困，尚當努力繼前賢。

---

❶ 「勞勞」，四庫本作「勞苦」。

枕上默誦中庸稍悟一書大旨喜而賦此

句習章燖幾十年，其於統會每茫然。一朝似得優游力，擊節深嗟聖嗣賢。❶

至日感懷

屢醒長更夢，頻添暮景愁。盛時剛易失，多病苦難瘳。長困荆蓁境，終非鸞鳳儔。徘徊當令節，休復慨前脩。

臨流瞑目坐辛亥

物外元無我，閒中别有天。臨流時抱膝，此意向誰言？

寄葉郎中

索居萬事愧吾徒，十載猖狂一薄夫。貧病不勝書課減，怠荒常是力行疏。愁來無地堪容足，老去何時可復初？忽辱高明千里念，題詩遥望獨長吁。

枕上作

仁者無怨尤，節士多饑寒。至理無定在，君子隨時難。

連珠求藥歸道中作

問藥歸來出白雲，輕身隨處玩餘春。會心偶記前賢詠，得自由時莫厭貧。

❶「嗟」，四庫本作「歎」。

懷舊

憶曾彌月寓東坪，童冠相親八九朋。月色滿簾天似水，書聲徹曉院如冰。賢關總擬争先入，塵鞅何期竟久縈。愧我只今空白髮，不堪回首負平生。

夜牧

涼氣蕭蕭露滿衣，碧天如洗月如規。浩歌一曲孤村寂，緑樹陰中牧犢歸。

講罷偶成

萬事應須任所遭，胼胝農圃敢辭勞。西齋講罷心如水，又對涼天霽月高。

東窗偶成

虛窗寂寂隔紅塵，蹤跡雖貧樂甚真。法帖謾陶閒裏趣，高眠時養病中神。

灌禾

田頭一一荷鋤過，自放寒流灌晚禾。隨分不辭筋力苦，坐看明月好懷多。

東齋讀晦庵先生詩次韻

朝朝黄卷自埋頭，物外從教春復秋。座接好山青繞屋，門迎活水緑平溝。舊花匝徑紅如織，新竹成林翠欲流。課罷幾回閒徙倚，誰憐心賞十分幽？

贈山中人

徐步春山日未晡，石橋流水竹扶疏。爲求桑柘乘時種，一一煩君手自鋤。

遊山自大同東坑過連珠

東風新霽好懷多，又復攜琴訪薜蘿。幽賞正宜窮窈窕，遐觀時喜陟嵯峩。寸心好共寒流淡，一氣應同淑景和。迤邐不妨歸步晚，暖烟涼月助吟哦。

遊山自大同西坑過玗溪

麗景尋幽日日宜，杳然身世在皇羲。芳林勝馥徐行際，涼石濃陰小憩時。勝地到來心自醉，吉人逢處話忘疲。夜深更酹家山月，不憚烟村歸去遲。

題桐岡茅屋

遠却囂塵製芰衣，野塘安處澹忘歸。良疇佳圃怡朝夕，白水青山省是非。醉裏乾坤類箕潁，閒中今古在皇羲。人生肥遯如斯足，多少功名與願違。

病中倦卧偶思年二十四時寓居東坪與諸生夜讀賦玩月詩微吟一過神思洒然遂次舊韻

舊吟誦罷病魂清，猶幸靈臺一點明。鍛鍊雖然愧金錫，戰兢不敢忘淵冰。未容餘日甘衰朽，尚擬諸生更老成。世澤依然詩禮在，好將塵慮静中澄。

懶吟癸丑

時止時行學養痾，人心天氣共融和。好懷却怕詩拘束，不似前時苦思多。

同士當度横琴嶺

仄徑依微落照殘，行臨絶嶺暫怡顔。他年記得耽幽處，烟樹參差遠近山。

寄士當

兩地相思渴一逢，忽從華里共春風。通家不減平生好，指掌深論別後功。翠嶺遥承扶疾送，狂言多謝放懷容。人事相應從漸省，好伸前約向《中庸》。承約來講《中庸》。

同孫脩撰曰恭賦詩留石源黄宅

野徑聯鑣日，山樓對榻時。素心同似水，清興各留詩。

贈曰恭

大地收新雨，春山張舊容。❶ 高人淹信宿，佳興共和風。麗澤資方好，離歌唱却慵。更懷賢叔氏，何日定重逢。

題友琴軒

欲將心事託雲和，高闢幽軒遠綺羅。好景洽來人似醉，纖私絶處海無波。天高地迥雲烟散，電掣雷轟風雨多。我亦平生耽此趣，把君詩卷重摩挲。

宿黄徵君舘

負炎困行邁，息肩稱幽懷。囂塵自兹隔，好景從天來。林静風荏苒，池清月徘徊。細交知己談，佳興何悠哉！

❶「張」，弘治本作「漲」。

題北溪松隱

縣北溪頭松幾株，婆娑長蔭隱君居。綠陰寂寂閒吟處，清籟悠悠醉夢餘。老幹冰霜饒凍冽，盤根雨露飽沾濡。不知桃李春風態，得擬高標萬一歟？

贈宗人士彰

筍輿遥辱到清溪，霜鬢俱憐識面遲。綠酒細論宗族誼，青燈頻析古今疑。光先事業根須厚，爲己工夫志莫移，别後分陰勤愛惜，重逢未卜是何時。

題南園

塵世誰無數畝園，箇中清致幾人憐。石橋近接雲烟墅，苔徑旁通薜荔泉。靈藥嘉蔬紛繞舍，碧桃紅杏爛遮天。幅巾方杖逍遥處，世與羲軒共杳然。

題雙貞堂

孀居重見古今悲，一室雙貞天下奇。粹玉精金同姓字，霜松雪竹表心期。高蹤合繼前賢傳，懿範宜爲後輩師。多少高談仁義者，幾人無愧《柏舟》辭？

題大和堂

天人一理費形容，須向三關透後通。一氣坱然穹壤塞，四時順布古今同。絪緼總是吾心妙，保合應須日用功。琴到無絃何所道，始知君子只中庸。

題聽松軒

曾向高軒共好音，乾坤浩蕩境沉沉。恍然指下迷宫羽，不信人間有古今。瀑澗夜寒鳴雨歇，風林晝静落花深。回看勝事已成夢，難寫淒涼一片心。

題竹所

富買江干施竹林，❶洞門苔徑蔚沉沉。略無塵土雜幽夢，時有天風來好音。千畝秋霜君子操，萬竿春雨化工心。筍輿未得乘佳興，漫向良朋寄短吟。

題翕樂堂

宜家信是順親方，歸有餘師好細詳。道要何曾離咫尺，事幾應不過平常。塤篪並入春風軟，花萼長和化雨香。至德苟能躬不怠，滿門和氣自多祥。

題琴室

一室何妨似斗寬，中含太古興瀰漫。春風几席朱絲暖，夜月軒楹玉軫寒。天聳雲峯晴簇簇，花穿香澗暗珊珊。纖埃不動沉檀細，身世分明在杏壇。

題野塘新墅

新卜衡茅面野塘，起居長在水雲鄉。庭無塵雜心應遠，架有圖書貧是常。多種桑麻承雨露，任教冰雪

---

❶ 「施」，四庫本作「脩」。

積松篁。升沉信有平生分，肯學春花遂艷陽。

宿金石山

問宿仙家陟萃微，❶石壇曠望本無期。輕烟雜樹新晴後，近水遥山薄暮時。興逐高歌春脉脉，心懸往事意遲遲。素懷欲共何人寫，獨詠東風月滿衣。

除日奉和族叔父仲學先生見寄詩韻

弱質何堪終日病，不才誤染一年塵。痛慚舊學功焉用，空感春風歲又新。困鬣正憐魚圉圉，芳心誰似木欣欣。題詩遠謝吾宗老，總抱沖襟未易伸。

除夜感懷

虚堂遥夜憶京師，十八題詩尚記之。二紀光陰何太疾，百年事業竟奚爲？良時孤負追寧及，多病侵凌悔已遲。從此殘魂須愛惜，閒人閒話不相宜。

元日即事甲寅

初晴天氣極清妍，況復琴書共晏然。心静自應春似海，身閒轉覺日如年。親賓漫得諸生應，疾病多便白晝眠。準擬花陰分半榻，無懷世上玩先天。

---

❶「萃」，四庫本作「翠」。

題雲澗幽居

一帶寒流浸白雲，千林紅葉訪徵君。小橋亂匝青霄竹，古屋多薰舊日芸。細語温淳兼對酒，素琴冲淡更論文。欲尋後會無由得，漫喜諸郎繼典墳。

寒　夜

朔風雨霰夜漫漫，病骨偏驚敗絮寒。應有賤貧寒勝我，斯人誰道一般看？

寓寶應寺二首

晝夢無人攪，春窗一味幽。芳心憐露草，清韻愛晴鳩。蹤跡何須泥，琴書且暫留。微吟時出院，隨意弄寒流。

古塔多高興，重臨又幾年。雲烟清曉際，花柳仲春天。病眼得無恙，塵襟已曠然。題詩人欲去，好鳥正蹁躚。

出城道中

行色一身輕，春山鳥亂鳴。好懷人共賦，佳興自能乘。花塢官橋曉，雲林故里情。素心無物我，取次話平生。

放　水

秋風淅淅月輝輝，又是田頭放水時。坐倚老梅怡病眼，偶逢佳興一題詩。

贈　友人

琴書深託緑蘿谿，風月何人共品題。流水舊穿幽徑轉，喬林新與碧霄齊。一犂春雨兒耕稼，百甕寒泉自灌畦。隨分無非安穩地，相逢何必問丹梯。

即　事

小春風日佳，意適渾無我。兒女笑相隨，緣山摘霜果。

懷曾祖楚江先生乙卯

先生苦學紹專門，貧賤逾知德義尊。惟是刼灰堪恨處，不餘一字示諸孫。

懷曾叔祖脩輔訓導先生

先生清苦古人儔，六籍研精仕更優。愧我癡頑成底事，幾回遥感舊弓裘。

聽小女彈琴

幽棲心跡似洪荒，花木陰陰日正長。讀罷又親窗下枕，薰風一曲午天涼。

同陳正言登李家山次朱子遊山詩韻

静來榮辱淡無驚，却喜閒身去就輕。心目開明隨地好，山川奇勝自天成。短笻密倚經行穩，磐石徐登發詠清。却憶攜琴曾此憩，塵寰寒暑幾回更。

出　遊

晴光又值小春天，兒女嬉隨度野田。香稻可人時有賴，紅塵隔我利無牽。平岡暫爲尋幽歷，細草聊因養病眠。隨處會心皆妙境，乾坤生意總悠然。

閲舊稿畢偶成丙辰

連日頻將舊稿披，恍然如夢對當時。知非已晚嗟何及，空使殘魂詠小詩。

春　日

物我悠悠付兩忘，莫春天氣體平康。奇花雜映階籬爛，佳木頻分户牖香。童冠芳盟六七輩，聖賢名教兩三行。呼兒杖策嬉遊罷，又復高眠向北窗。

枕上偶成二首

嘗聞《洪範》思能睿，只恐邪思亂性真。能於思處分真妄，便是存心格物人。

妄想能除心即清，心清一氣自和平。時行時止非人力，慎勿憧憧役此生。

偶　成

竹樹陰陰隔世塵，吾伊聲裹着斯人。饑餐渴飲聊隨分，信是閒中別有春。

宿周舍

暮色看山罷，清宵寄此樓。細思名教旨，樓有三省字。衰懶是吾憂。

宿湖田萬氏

數家書屋湖山上，我愛湖山幾度遊。下榻又從高閣卧，炎窗風雨似清秋。

木　黄　嶺

偶從佳地又開顔，久坐涼颷意轉閒。平野曠然清遠目，白雲深處指閩山。

宿　慈　明　寺

一宿蔚藍天，炎襟自洒然。五更涼夢覺，心賞淡無言。

寄宗人士彰

客路迢迢擬訪君，細論心事慰離羣。新晴無奈歸程迫，空向青山望白雲。

山　家

老兄掃徑遥迎客，令弟焚香好煑茶。自有一般淳朴處，稻花流水兩三家。

贈陳廣文承吾師楊弘濟尚書先生命來下顧不肖

偶送隣翁語隔溪，遥瞻騎從識儒衣。九天遠達尚書命，野水荒山倍益輝。

孫氏賢母詩丁巳

曾向遺經慨《小星》，《柏舟》三歎有餘馨。高蹤百世能同調，不負皇天降此生。

秋　夜　感　懷

當年曾苦讀書心，斯道寥寥强自任。不謂厄窮兼疾疹，蹉跎空得雪盈簪。

寒夜枕上作

屋弊風如箭，衾單人似冰。但憐妻子病，敢計此身寧？夙志空懷古，迂謀拙理生。羸體何所作，❶漫喜此心亨。❷

枕上絶句

風雪無眠夜，泠然細省躬。此心誠易失，物理信難窮。

小年夜俗以歲除前一夕爲小年夜

虚堂明燭小年時，子弄瑶琴父詠詩。會得心中無事旨，樂夫天命復奚疑。

溪畔偶成戊午

偶來溪畔愛陽坡，瞑坐光風養太和。幸託林泉交物少，故於情性得功多。

長塘道中

講罷歸來日向沉，潄涼徐步愛輕陰。❸芳林秀町盈眸好，誰識乾坤造化心！

月夜

月色秋邊白，人心夜半平。一塵元不涴，高枕玩虚明。

---

❶「羸體」，四庫本二字互乙。

❷「亨」，四庫本作「平」。

❸「潄」，四庫本作「嫩」。

瓃慶夜讀喜而賦此勉焉

八歲知勤學，焚膏過二更。聖功從此始，道只在人弘。

中夜偶成

病枕醒來鎮不眠，起看星象聽鳴泉。寸心斂處寧容物，始識天君本泰然。

輓梁節

潁水翺翔邁等儔，亭亭丹桂倚高秋。姓名未達黄金闕，夢寐俄驚白玉樓。堂上幸仍新滫瀡，庭前堪付舊弓裘。盈虚消息何須計，没有清芬是乃休。

夢戴時雨訓導

記得當年聽説詩，客窗幾度解人頤。清風久矣隔今古，又向良宵一夢之。

懷族叔父仲學先生

憶昨相於古市傍，❶我纔逾冠叔方强。聖賢事業心皆醉，問學工夫日共忙。信是中行難體會，也應夙志易荒唐。秋窗卧病思君處，空愧蕭蕭兩鬢霜。

蓮　塘己未

蓮没不知年，塘稱尚如昔。念我名不稱，長生諒何益。

---

❶「於」，四庫本作「論」。

何家山

翛竹淩青冥，喬林鬱蒼翠。三世託吾廬，嬉游十經歲。

坑裏

青松夾廣路，緑水連芳塘。茅屋八九家，風俗如虞唐。

南坑

田宜晚粒香，池濟秋陽曝。南坑專此嘉，吾人竟何穀。

南岡

憶年童稚時，逐侣于兹牧。賡歌忘渴饑，皡皡驅歸犢。

對門山

土鼓供兒戲，林果多珍味。風物自依然，流光换人世。

下厥山

爲童多此遊，負薪給吾爨。幾度江湖上，青山夢中看。

于家陂

兒童隨伯氏，漁此供賓庖。江湖四十載，往迹惟神交。

陀上先生别母往京

迢迢陀上路，東去通康莊。當年斷腸别，觀者同彷徨。

承臨川縣侯李降臨弊廬賜以高郵米麻姑酒喜與鄰里鄉黨共分其惠因成此句庚申

泥尊滿貯盱江緑，玉粒遥傳淮甸香。白屋榮沾花縣賜，喜從鄉黨一分嘗。

留贈湖田萬氏二首

病違佳約卧柴荆，虚辱衣冠事遠迎。緑酒喜陪今夕話，又將迂闊瀆高聽。

朝來聽取别時歌，善惡由來不共科。欲向事幾明擺析，工夫不厭讀書多。

贈故里親友

跋涉西還訪舊居，故人心緒總何如。平生拙學無他技，到處逢人勸讀書。

題　柏　堂并序

郡庠生周圻，生三歲而府君没。母黄氏，年二十六，以節自誓，嘗手植二柏於府君之墓，今木已拱而黄亦六十矣。族子民熙。縣丞公嚮爲求柏堂二篆，以表其操。自予之復歸種湖也，與圻好尤密，且桑梓相望，嘉吾鄉之有善事，故樂道而爲詩。詩曰：

靈根親傍隴頭安，翠蓋凌空已鬱盤。歲月豈勝和淚數，風霜幾向斷腸看。苦心循是天真易，峻節當兹末俗難。珍重賢郎能不匱，高堂特筆障枉瀾。

奉謝諸鄉鄰

草堂遥復種湖濱，此地相將二百春。出處無能慚德義，往來盛禮謝鄉隣。從今厚俗須交善，自古爲居必擇仁。海内喜瞻聲教遠，時雍共作太平民。

小年夜絶句

煌煌銀燭照良宵，樂此昇平荷聖朝。門户恍思前甲子，肅然餘澤感迢遥。

除　日

此地棲遲忽歲除，萍蹤如夢對琴書。宗門一一經過處，共喜雲孫復故居。

除　夜

妻子團欒身少瘥，故居風景慶時和。老年襟抱無他感，但恨讀書功不多。

寄謝楊憲副贈周禮註疏辛酉

夢寐周公制作心，遺編厚貺辱遥臨。焚香拜罷時開卷，感激於君定幾深。

題太古軒

軒前化日正遲遲，軒裏幽人自得時。一曲雲和春萬頃，杳然身世在皇羲。

種　湖

湖久難稽得種名，鄉隣聊共古今稱。我來幾度遊湖畔，何限徘徊異世情。

大　橋

鄉里流傳小小孤，衆流挾束帖如無。伊人何自卑其局，試問爲仁安屬乎？

何　陂

萬頃汪洋浸白雲，潛滋暗助發生仁。試於翹望雲霓處，始見深功信有神。

江家山

清眺長便山外山，層巒疊嶂巧回環。箇中自有無窮趣，不惜芒鞋數往還。

城上松

隱隱東南幾萬松，翠華如涌四時同。高標獨傲冰霜表，生意都歸雨露中。

讀春秋

世情詩思兩悠悠，老去何心復夢周。風雨午窗春睡足，閒將吾志向《春秋》。

自訟

徒尔昂藏生世間，可憐此志久希顔。如何白髮龍鍾際，依舊身心就檢難。

約

爲惡都緣自放多，私根隨處費消磨。從今要術須歸約，履薄臨深養太和。

陸大參賜胙

晝省頒膰到篳門，極知雅意篤斯文。獨慚淺薄將焉稱，細與鄉隣族黨論。

題石憲使慈壽堂

西山淑氣藹蓬萊，華舘春風壽域開。信是深功由我積，固應餘慶自天來。蘭階綵繡榮南服，錦卷珠璣應上台。疏簿豈勝膺授簡，日同黎庶仰崇臺。

贈王太守考滿漳州人

皂蓋朝天日，黎民卧轍時。重臨俱有望，竹馬候歸期。

示　兒

青燈父子話從容，貧賤逾知樂意濃。從此莫忘慈教旨，詩書宜早用深功。

豐安道中

宿雨初收淑氣回，春山歸興正悠哉。雲烟處處依微斂，桃李家家自在開。

即　事

養拙柴門日久沉，子勤習誦父哦吟。始知陋巷簞瓢樂，千載同符只此心。

奉寄家兄

獨居迢遞憶吾兄，猶記當年童稚情。萬事相看俱潦倒，流光如夢跡如萍。

寄胡子貞

謬爲何自可成章，半百年華感興長。惆悵故人頭總白，青山歸夢遶蓮塘。

晝寢偶成

老境日向逼，學業靡所成。空想古英哲，悵然念平生。

子貞及一舍弟送歸途中口號

久客欣逢故里遊，山中風景值清秋。怡怡切切偲偲處，指點歸途去復休。

宿　湖　頭

野境雲俱暝，江空雨未休。問程頻策馬，燈火宿湖頭。

重遊瓜石感懷

偶爾驅馳此地過，故人消息近如何？短笻白髮遥相迓，暗憶流年一擲梭。

夜宿胡氏梅竹軒九韶季恒在焉

梅竹幽棲處，良朋偶盍簪。留連清夜飲，俛仰莫年心。明日又南北，轉頭成古今。平生江海夢，偏向舊遊深。

望家山感懷

望望家山近故丘，西風疋馬悵高秋。舊遊歷歷人如夢，昨日少年今白頭。

追和劉秀野詩韻十首

十載勞經營，得卜寒泉麓。雖乏囊中資，幸安一茅屋。桃李君自花，風月吾人獨。僑居非素心，言歸事耕讀。

我居清溪曲，遶屋羅青山。白雲自來往，脩竹無柴關。翹企古人躅，逸駕容追攀。悠然一瓢飲，不知有塵寰。

莫春春服成，嬉游吾所愛。至哉浴沂心，斯言不下帶。浩蕩六合間，徹視寧有礙。何事千載餘，兹境稀能會。

夙昔聞太華，聳拔何其尊。未遑游汗漫，流傳少陵君。羣峯無遠近，環立皆兒孫。何當脱塵鞅，勝覽躋青雲。

樗散竟奚爲，無禽憐舊井。夙志成蹉跎，星流百年景。俯仰起遐思，空嗟聖途永。閉關事微陽，殘魂此其幸。

我思君子爲，洪鈞豈小補？化日舒以長，仁風被寰宇。下視驩娱如，區區焉足數。安得千載人，誰知此心苦。

王者夫如何，❶乾元物資始。亭毒一何心，家家自桃李。固不令人怒，亦不令人喜。帝力何有哉，皥皥皆仁里。

素心在丘壑，衡茅隱松蘿。時訪李鄴侯，或親郭橐駞。空谷響樵唱，緑野喧農歌。暝然日之夕，不樂復如何？

恭默觀我生，兢兢虞逐物。立志在有爲，固當有所不。圖史娱朝昏，雲霞媚巖窟。吾道卜終焉，何心於象笏。

人生何所貴？貴在爲丈夫。古今表表者，脂韋豈良圖？風霜竹凌厲，冰雪梅清癯。壯志一少懈，焉足爲有無？

❶「夫」，四庫本作「大」。

宿樓府庵中二首

客路忻同勝友行，貪看山水一身輕。幽棲遠就雲林宿，明月清風萬古情。

歇馬高林是水原，❶時從明月詠潺湲。不知浩蕩滄溟上，萬折東趨路幾千。

宿格山禪林寺

騎從勞英友，秋山共客游。禪窗無寐處，竹月涌寒流。

途中偶成

日斜馬滑驚危石，路暗人疲怯敗橋。雷電屢防風雨至，須臾明月露青霄。

奉寄黃泰莊先輩

惆悵白頭吟，雲山契闊深。何當重剪燭，細叙百年心。

秋　夜

清覺當涼夜，靈臺正静虚。寒光皎殘月，星象爛聯珠。

柬黄季恒

連日青山共好懷，勝游清話兩悠哉。詩筒又促乘流約，佳騎明朝來未來？

❶「是」，四庫本作「見」。

洪都稿

舟次打石港感懷

不出門庭十五年，舊游遥歷重凄然。昂藏徒有平生志，容易因循雪滿顛。

璿慶同余李諸友登陸游憩

童冠相呼六七朋，晴沙迤邐並舟行。箇中真意人誰會，慨想當年與點情。

獨坐偶成

曝背檣頭獨詠時，風帆遠近鳥差池。江山舉目皆真樂，底事人心苦自私。

發桂家林

故人迎候暫維舟，行李匆匆去莫留。白首相逢多病後，西風斜日兩綢繆。

宿池港

卧病衡茅久自私，懶心只與白雲宜。那知風雨江湖夜，恍似平生涉歷時。

蓬漏不堪坐起賦此以慰余李諸友

風雨疏蓬共不眠，可憐此志在希賢。誰能萬一朱夫子，林范何勞遠接聯。

次桃樹港與璿慶登岸閒眺

憶昨兒童隨伯氏，趨庭曾此繫扁舟。重來俯仰悲華髮，碌碌空過四十秋。

宿板溪三首

離却篷窗宿此溪，青燈華屋又吾伊。芳筵倦酌辭清醑，隨意閒裁聽雨詩。

詩罷吾伊尚未停，擁爐更喜共殘燈。工夫似此能無間，何患當年藝不成。

跋涉長途未覺疲，晦明不必問前期。寸心始覺元無外，萬事須知各有宜。

辭李氏宴

特感華筵美意深，不才自分實難任。平生非欲多違忤，恐負區區雅素心。

道中見梅

虬枝忽見雪交加，自在芳心閱歲華。客裏但貪春意好，短墻不必問誰家。

望豫章城懷胡祭酒先生

行行漸近豫章城，烟樹微茫兩眼青。野水平橋時獨立，肅然起敬爲先生。

璿慶失金

人亡人得不須憐，佩服嘉謨亦有年。今日失金何足較，自當觀理學前賢。

宿縣榻里有懷往事

塵世悠悠幾古今，偶投仁里一沉吟。山川孕秀知多少，何事先生得獨深。

拜胡祭酒先生

一拜膺門百感并，歸來猶自悵平生。客窗展轉難成寐，風雨蕭蕭永夜情。

留題伍氏館

琴書信宿託高軒，細接襟期意豁然。堂上塤篪春似海，階前梧竹碧參天。江山映帶供真趣，田圃縈環慶有年。不待有心行樂事，自然至樂日無邊。

客　夜

苦心遥夜獨觀生，時聽書聲雜雨聲。但得晴明遊覽畢，青山回首數歸程。

喜　晴

晨起呼童問晦明，遥天紅碧報新晴。江山豫有登臨約，何處憑高一暢情？

游孺子亭次朱子詩韻

孺子高風固莫尋，紫陽餘韻感人深。乾坤那得有今古，千載斯人只此心。

宿豫章城

白髮悲心事，青陽逼歲除。江成爲客枕，❶寒漏四更餘。

奉次胡祭酒先生詩韻

摳趨百里親先執，猶是當年老長官。絳帳春風酣德教，紅爐瑞氣盛杯盤。客邊病思饑應忘，江上歸心歲已殘。拜得新詩緣路讀，梅花冰雪爲誰寒？

❶「成」，四庫本作「城」。

問舟南浦

問舟南去急歸程，江畔晴樓偶一登。南浦西山皆在眼，微吟不盡古今情。

宿南浦❶

客裏逢人漫説詩，從教歸計尚遲遲。時將澤國天然趣，指點蒼茫一教兒。此宿南浦詩也。

發南浦示璿慶及諸生

細雨斜風竹葉舟，長簑短笠泝寒流。呼兒又喜新詩就，麗澤何妨迭倡酬。

野宿

滿江風雨泊孤舟，舴艋能生逆旅愁。佇立漸看西北好，一天明月亂雲收。

月下行舟

客衾局促難安枕，夜半孤舟帶月操。童僕總知歸去好，寒汀魚貫不辭勞。

次槎江

半月謳吟多勝賞，太平處處共時雍。江山又極登臨目，圖畫天開杳靄中。

次嵩山

長湖東北是嵩山，山下人家面碧灣。今日竹林清逸處，雲和一曲特開顔。

❶ 詩題原闕，今據目録及弘治本、四庫本補。

宿曹溪感興寺

忙衝暝色度寒汀，駐馬禪林月倍清。東道欲知迎候盛，高歌又益四三生。

早行馬上口占

斷續江村踏月行，誰家茅屋亂雞鳴？讙呼童僕愁迷道，時聽雲林遠近聲。

次　湖　莽

勝地久聞蓄俊傑，歸鞭今喜到華居。丁寧篤世無他術，禮義多循飽讀書。

崔氏默庵偶成

舊家文物總詵詵，又喜深衣與幅巾。晴色滿窗春可掬，恍然疑對葛天民。

喜晴馬上口占

客路秖愁風雨惡，馬蹄飜得踏晴沙。輕風拂面春如煦，到處江梅着好花。

宿　潼　湖

霜樹模糊烟水村，投裝遊子夜敲門。久知東道逢迎意，特解詩囊爲後昆。

舟中聽諸生歌詩

行李寧家已有期，雲帆更喜夜風吹。諸生各有平安慶，促膝閒歌往復詩。

贈同行諸生

半月追隨謁國賓，今朝分手重慇懃。還家各記丁寧教，私録工夫日日新。

次婁家洲

翱翔藝苑少年時，曾聽吾伊忘渴饑。他日橘林洲上舘，華顛惆悵舊題詩。洪都稿止此。

聽本宗諸生早讀

金雞聲亂曙光微，已喜吾伊動隔扉。自是日新宜若此，漫題詩句助箴規。

懷孔御史

當年曾辱報親書，意氣深慚過許予。夜雨空懷人似玉，華顛誰念掛鉤魚？

奉和族叔父仲學先生

江湖半月忝爲賓，浪説文章泣鬼神。自是秉彝攸好德，誰憐觀我却非仁？❶倦酣竹葉緣多病，謄賦梅花爲好春。幸免非儀全素履，未妨來往作閒人。

吊先友孫博士先生

憶瞻顔色自兒童，回首官居一夢中。試問寂寥先友記，玉山多在白雲封。

留鳳棲原周氏

中宵涼月添佳興，際曉晴山净好懷。但得主人能好客，幾時無事又重來。

---

❶「我却非」，四庫本作「過却知」。

以石竹雪竹諸字贈周余諸友

節序明朝歲已除，青衫猶辱訪僑居。預留拙筆聊相贈，點畫雖疏意有餘。

康齋先生文集卷之三

詩

元旦枕上作壬戌

升沉榮悴信由天，莫以私心攪自然。人事盡時須委命，春風隨處詠新年。

奉寄家兄

客裏屠蘇歲又周，詩成無使悵悠悠。春風偶得家山鴈，漫託鄉心達故丘。

寒食有懷九韶同不肖奔喪金陵

昨夜寒窗寐不成，荒迷却憶舊遊情。孤舟反側天涯夢，千里勞君兩眼青。

洪都抄書稿

發新莊渡

雲天雨歇亂山青，新綠添紅一棹輕。前後衣冠催上道，春風共作寫書行。

船頭與璿慶閒眺

江天暝漠艣咿啞，雲樹烟村一鳥斜。船頭驥子時同坐，久話令人忘算沙。

宿萬石渡示璿慶及諸生

枉渚平林烟雨昏，一篙春漲泊柴門。吾伊莫使新功緩，共擬青燈入夜分。

舟中小立

晴色微開遠近山，倚篷閒看鳥回還。數聲柔艣蒼茫外，又載吾伊過别灣。

鍾陵城南江畔

江城終日雨如麻，病骨侵陵暖尚賒。晴色忽驚春似錦，偶從此地看桃花。

九蓮寺即事

竹樹深深隔世機，野人心事幸無違。簡編隨意閒舒卷，盡日春窗獨掩扉。

承大司成先生惠豫章文集抄録已完偶成鄙句

閩學淵源夙所欽，遺編伏讀更沉吟。餘生苟得分毫益，總是先生嘉惠心。

南浦登舟

漫託城南十日居，禪窗松竹共清癯。桃花晴漲移歸纜，載得新抄幾卷書。

發南浦

杳藹江山遠近樓，桃花晴映緑楊洲。滿船盡是青襟客，誰道春風非勝遊？

豐城史郎中宅

桃李春風訪郄林，青燈猶記舊時吟。圖書滿目人何在，萬里淒涼瘴海心。史以參謀軍事殁于交趾。❶

宿龍潭

微雨沾鞍風滿襟，長途無使客愁侵。天光雲影投裝處，流水高山是我心。

宿吉塘

令弟遥迎自豫章，難兄緣道候行裝。春風共喜新晴好，問水看山到吉塘。

宿樟鎮靈峯寺

遥攜稚子訪名山，多謝朋游伴往還。幽意更便良夜宿，光風霽月滿禪關。

别吉塘

數家春樹鳥關關，幾處青青雨後山。勝概倚樓人欲别，詩情多在有無間。

經天井

晴指家山路，時詢天井名。春風迎馬首，投轄一生情。

重訪傅秉彝

日明風淡觽柔和，紅樹村村逐望多。笑指竹林曾宿處，遥攜愛子抱琴過。

---

❶「史以」一句，弘治本在詩題下。

宿沙溪

紅葉西風遠盍簪，高堂清夜共瑶琴。長歌不覺詩狂甚，一寫平生慷慨心。

宿龍溪

燈火歡迎不憚勞，夜深輿馬度江臯。虚窗一榻平安夢，人在春風醉碧桃。

宿金雞城前

紅葉歸心剛似飛，相逢尊酒别遲遲。衣冠淳雅江山勝，到處何妨一賦詩。

宿五峯

歇鞍遥自客游歸，賓篆蘭膏處處宜。促席細聆眉壽話，和風甘雨共忘饑。

重經彭源李原成先生之居

舊德鄉邦夙所推，争誇玉葉映金枝。風流雲散客來晚，立馬平橋獨步遲。

自赤磵先隴後嶺循北原豐稔坑以出偶成絶句

童冠嬉諧歸去遲，山風淡淡日斜暉。登臨自愜平生樂，杖策摳衣忘渴饑。

游東山原成先生老年久教授于此

貪看形勝不知疲，徐步東山話昔時。流水高山人已遠，尚餘清韻起遐思。

别湖田

際曉晴開一葉舟，故人高誼共悠悠。回頭却憶沙頭别，寒溆模糊烟樹稠。

宿山家

隔嶺望叢篁，方塘宿白雲。客心清不寐，絃誦夜深聞。

靈峯寺即事

松竹禪房深復深，雲和夜度玉泉音。泠然共得惺惺法，記取銀燈不寐心。

宿曰讓宅仲氏侍讀公偶往洪都，❶失一良會。

杖策歡迎荷老親，候門稚子總欣欣。獨憐霽月光風夜，白雪陽春憶遠人。

訪楊德全致政歸

罷郡歸時已白頭，杖藜日看橘林洲。客來若問浮生事，明月清風酒一甌。

宿厚郭胡氏

烟外微聞款語聲，馬前徐問二生名。回頭喜接平生友，擁道難勝盛族情。緑酒歌酣霜夜月，青燈人在玉壺冰。巡簷更數高居好，勝水佳山眼倍明。

留别樟溪王大邦

桑梓連陰三百春，重來謝别訪高門。白頭相眷無他屬，剩買詩書教子孫。

❶「洪」，原漫漶不清，今據弘治本補。

宿城南慈慧寺

尋梅問竹繞城南，喜得幽棲寄此龕。詩罷杳無塵土念，怡然清夢入春酣。

城南識別

滿寺衣冠霽色開，青春華髮映蓬萊。鴻爪雪泥他日夢，江雲渭樹總悠哉。

題臨江寺

霜蹄輕捷快晴光，古寺時眈野趣長。乘興不知沙徑永，題詩人在水雲鄉。

石井山家

清溪詰屈逗雲蘿，白屋青烟緑樹多。散馬平岡人待爨，閒教稚子度雲和。

夢中題畫龍

混闢乾坤，動摇山嶽。霧雨幾千年，雲雷看一躍。

秀才拜五六府君墓二首

斷續崇岡野渡傍，朔雲寒日共荒涼。刼灰容易成今古，文獻凋零事渺茫。

郭五名存事已非，斷畦荒塹二凄其。黃成雖有衡茅在，欲問前因總不知。郭五，前時吾家牧羊者，以絶。黃成係近來看山者。❶

❶「係近來」，原誤作「二」，今據四庫本改。

奉別族里

舊鄉三載賴周旋，歸興朝來已浩然。莫怪迂疏臨別語，人間萬事讀書先。

宿櫟原

移家又喜入青山，跋涉惟憐僕御難。風雨凍途簑笠僊，茅齋烟火暫開顔。

復居小陂

省墓歸來二載餘，青山綠水復相於。❶兩鄉故舊皆青眼，何處人烟不可居。

元日感懷癸亥

山川依舊歲華新，又見紛紛拜節人。昨日兒童今皓首，蹉跎羞看故園春。

偶成

病軀倦長晝，出門俯清湍。倚筇坐濃樾，支頤不勝冠。遥峯餘奇觀，給袖長飆寒。呼兒授新句，孤懷渺雲端。

遊羅山

流水濺濺石峭稜，天風嫋嫋景和平。慇懃不惜躋攀力，絶嶺須教一共登。

❶「於」，四庫本作「娱」。

宿石橋宗人家

遥遥西蜀出長垣，具宣公居西蜀，唐長垣縣男吴兢之後。奕葉青雲鄉名幾百年。❶今日石橋樓閣話，青燈緑酒悵前緣。

示　兒

病多自愈憊，夙志竟成空。所屬惟吾子，云何不着功。

次任教授見寄詩韻

獨憐樗散濫時名，何意珠璣落玉京。❷側喜滿城新教化，男兒端不負平生。

奉寄族里

琴劍南來接孟隣，四橋桑梓託情親。三年舘穀春風裏，誰道今人乏古人？

贈别周圻

欲寫離情久倦吟，一尊聊向菊花斟。懸知南北天涯夢，總是平生舊好心。

次任教授倡義哀賻葬余忠母子詩韻兼輓生焉

泮水横經屬老蒼，餘波重被困窮喪。位卑正憶兼山艮，河廣俄驚一葦航。白屋伊威從壁立，浮名蠛蠓

❶「鄉名」，原漫漶不清，今據弘治本、四庫本補。
❷「意」，原漫漶不清，今據弘治本、四庫本補。

任天荒。我歌漫答仁人利，勉爾遺孤勿太傷。

除日祀先

病骨支離不自任，强將清酌共兒斟。恍然今古淒其處，老淚難勝罔極心。

除夜獨坐

坐久寒爐頻自撥，❶倦來歲酒不成斟。細看萬事無能處，空憶平生慷慨心。

牧歸途中作 乙丑

夕陽歸馬正從容，出峽時迎入峽風。無數好峯羅遠近，朗吟身在翠屏中。

贈王九鼎丹成還郡兼柬任郡博 任以御史教授職

歸騎翩翩大藥成，野花啼鳥踏新晴。繡衣時問衡門舊，老鬢蕭疏學養生。

又贈九鼎

離坎功成協太和，微軀偏幸得春多。何由廣假回生手，遍起羣生遠近痾。

雨後神嶺晚眺

烟收雲斂夕陽殘，高下青松遠近山。白鳥自飛人自度，箇中真意澹忘還。

❶「坐久」，四庫本二字互乙。

贈鄒丘王三生

送送城西道，踟躕故意深。一杯西廨酒，聊贈白頭吟。

題牛氏慈侍堂予昔假舘牛氏皆未有子，今子且冠矣。

高堂綵戲壽如山，簾幕春風燕語閒。今日老萊頭復雪，庭前依舊舞斑斕。

重宿寶應寺彝公房

玩水看山偶獨來，西風重歷舊樓臺。光陰一紀如旋轂，又聽晨鍾動老懷。

留贈胥經歷與先君極厚，小子交亦深。

連轡錦里偶經過，華髪青燈敘舊多。更欲細聆先子夢，何時飛斾碧山阿？

贈牛昇

昨日追尋今又來，好懷端爲故人開。慇懃更有平生念，𩀱從何時訪翠崖？

徐陂道中

作客秋成百里歸，❶重岡歇馬步逶迤。觀生恰喜心無事，緩數雲峯獨詠詩。

送陳庸從軍江浦

慈母新成遊子衣，離歌欲唱意遲遲。四方總是男兒事，忠孝惟應兩勖之。

❶ 「成」，四庫本作「風」。

遊西津赤岡故郡遺址

犖峯崒嵂走銅陵，疊嶂蜿蜒落故城。城去山空年自换，十朝興廢一棋枰。

同王九鼎省石井先隴

故郡城頭話十朝，❶飄然石井又聯鑣。高吟共得清秋興，斜日不知歸路遥。

九月壬午承王九鼎同省石井先隴罷宿惠民藥局丙申夜虚堂隱几偶思及之因成此句

江山隨處倚高秋，一榻時從藥局留。明月滿城更向寂，緩攜兒子語街頭。

樟溪即事

一上層軒味自涼，虚明更得讀書窗。泠然睡起閒開卷，白雪陽春四五章。

重宿白楊寺

策馬平橋又問禪，萋萋春草月娟娟。蕭然一榻平安夢，夜半溪聲落枕邊。

宿盱江郡庠

迢迢去鄉井，長途日可畏。朝辭白楊阪，莫歷盱江涘。一枝失所託，行邁更靡靡。挹此泮宫賓，傾蓋良偶爾。舉觴叙前緣，剪燭開新製。古人誠我師，匪難固匪易。誦言曰惟熟，析理尤宜細。仁哉後獲心，正誼寧謀利。俛焉日孳孳，汩汩川自至。

❶「十」，四庫本作「几」。

自慈明寺東遊龍安鎮

面面春山涌翠華，灣灣流水漲晴沙。客懷恰喜東游好，高下樓臺遠近花。

慈明寺即事

倦客懷歸歸路難，禪房起坐養衰殘。忽驚青嶂嬋娟月，拄頰微吟獨倚闌。

宿南城邑庠

風雨長途倦，歸懷日浩然。息肩芹水上，端爲廣文賢。

寄題程氏春風堂

獨對寒檠事短吟，有懷偏向故人深。却因華扁生新感，惆悵春風萬古心。

東窗獨坐有懷先友泰莊仲綸

舊游久矣悵晨星，溪上梅花歲又更。寂寞柴門多病際，平生雙眼爲誰青？

擬錢塘懷古二首

朔漠心旌日夜懸，義旗遥駐此山川。只疑春物芳菲處，莫是人間別有天。

恩隆義重是君親，忍着南冠一水濱。頓首無衣誰者子，卧薪嘗膽逎何人。

題芸閣示小兒璿慶

幽偏特啓芸香閣，閣上工夫忙未忙。從古共憂時易失，前程誰進日無疆。光風霽月濂溪上，瑞日祥雲洛水陽。户牖盤楹思有戒，拳拳餘意託新章。

題雪窗示瑨慶

篤志宜師古，深功貴自今。弄丸元是熟，添火戒非欽。歷歷聖賢對，昭昭上帝臨。老懷何所禱，細寫雪窗吟。

題立雪齋

總總誰無無極真，可勝師道日淪湮。民生三事元如一，何訝當年立雪人。

題樟溪書屋

桑梓陰陰接種湖，湖邊心事寄俞都。從予授書。風流雲散春光莫，幾對溪頭夜月孤。

題烏岡別墅

烏岡元與柘岡連，卜得幽棲慨昔賢。棟宇謾題新歲月，烟霞仍是舊林泉。高山仰止從吾好，明德惟馨自古然。勿藥會須乘興去，爲君細和武夷篇。

題耕樂軒

風景依稀似有莘，東臯穀雨滿春田。箇中樂事人誰會，日用由來總是天。

足成夢中絶句夢中成詩，忘前聯。

放犢長村月正明，歸來暫喜病魂清。足成。一衾幽夢春風裏，又度良宵三四更。夢。

牧江家坑

殘經掛角日來游，邃谷青山處處幽。積雨草肥黄犢飽，吾伊聲裏一晴鳩。

江家坑偶成

羣芳深處緑陰涼，童冠相呼受講忙。又與山靈添故事，曾從此地説匡章。

遊　山自二峯尖黄家坪至連珠嶺

盤盤樵徑入雲叢，選勝尋幽到碧空。不意羽翰生病骨，翩翩歸袂又乘風。

東坑幽谷山翁云，日下構亭爲牧者避暑之所。❶

崖傾谷轉水濺濺，物外乾坤自杳然。待得嶺頭幽構畢，時時來伴白雲眠。

東　坑　幽　谷

東坑有幽谷，邈爾浮雲端。陰林白日静，石溜寒潺潺。蒼苔人跡罕，好鳥時綿蠻。我遊日心醉，閒謡澹忘還。

大畲岡望撫州城奉懷任潘諸廣文及五峯親舊

亭亭古木轉繁陰，拂面清風晝滿襟。坐接水雲城郭近，新詩聊爲故人吟。

題潘氏潭江先趾

時從官舍夢家鄉，先趾依稀事渺茫。欲託孝思知有在，潭江烟雨樹蒼蒼。

---

❶ 「所」，原作「作」，據四庫本改。

奉寄族叔父仲學先生

遊子歸時親倚閭，斑衣華髮近何如。生涯隨分田園好，日課諸孫讀父書。

懷晏黎二生予居種湖時，晏海黎普爲使金谿，今亡七年矣。

風雨淒其客路賒，君心無事我心嗟。玉樓人去春寥落，幾對青燈念子華。

寄黄錦章教授同安人，江夏教授。初識同安，再會江夏。

同安烟柳雜晴川，江夏清風十丈蓮。城中兩蓮池。此日相思頭總白，幾時重泛剡溪船？

悼少傅先生

少小親仁長事師，講帷無復再趨期。不眠此夜相思處，敢忘平生刻骨辭？

贈吴生歸覲鍾陵

白髮慈顔日倚閭，青燈遊子正劬書。朝來黄色眉端動，乾鵲聲中慶有餘。

郡庠潘梁二廣文辱載酒偕往石井先隴小酌金石臺而還

石井朝聯二妙來，提壺兼歷古名臺。長空冥漠收新雨，含笑江山暢一杯。

除夜書懷兼柬子貞九韶

溪上尋梅歸去遲，虛堂剪燭坐題詩。精神已是龍鍾後，涉歷翻思少小時。幸得簡編常滿眼，敢辭塵土暫侵衣。家山舊有良朋約，試向東風一問之。

戊辰元日

溪上尋梅雪乍晴，溪頭流水已春聲。呼兒旋滌芸窗硯，準擬新詩頌太平。

訪子貞九韶同話胡二宅

簾户沉沉午夢餘，新晴天氣景舒舒。和風細拂家山袂，半日清談故友廬。

追次少傅先生壽日詩韻

花盛春城錦萬枝，九天化日正遲遲。運符聖德超千古，身幸儒冠際此時。晨捧絲綸歸玉署，夕陪鴛鷺泛金巵。宿齊預擬明朝直，又悉丹誠向赤墀。

輓盛山人

當年卜築鎮關心，綠水青山幾訪尋。不有高人符往古，何由勝概見于今。圖書映帶供多趣，松竹週遭已茂林。❶ 却念驛溪雲黯淡，芒鞋何處覓登臨？

贈婁諒歸上饒并序

上饒郡庠生周文、婁諒承其府主命來學，諒得寒疾先歸，裁此且贈其行云。

雅志諄諄在廣居，賢侯盛德遠吹噓。獨憐樗散空衰邁，麗澤何時重起予？

---

❶「週遭已」，原漫漶不清，今據弘治本、四庫本補。

壁沼以禦獺諸生咸用力焉詩以紀其成

躬事胼胝少長同，忽於平地見崇墉。溶溶春碧歌於牣，不日還應懋爾功。

贈周文東歸

日講殘經味正奇，告歸情急忽依依。人生萬事無不有，細誦前賢素位辭。

程庸以種湖所書拙字及鄙句見示悵然有作

陳迹依稀慨昔游，寒窗遥夜意悠悠。他年萍水重相念，何處西風獨倚樓？

贈王九鼎還五峯

四年三度款柴荆，更篤良朋永夜情。每度九韶皆在會。別恨又添他日夢，生涯何處一浮萍。

溪上偶成

偶爾閒行繞碧溪，梅花開處詠多時。固知道理平鋪在，方寸何容半點私？

元日感懷己巳

長風半夜卷頑雲，霽色曈曨映雪分。又感一元新惠澤，微吟隨處詠洪鈞。

哭黄季恒

高誼真情三十年，老懷何忍訣終天。茫茫石馬江頭路，凍雨寒雲倍黯然。

石泉開田

風雨蕭蕭小滿天，四三蓑笠事新田。箇中會得艱難意，細和豳風《七月》篇。

病中有懷子貞九韶

老病懷思只故人，故人疾病總酸辛。如何得似平康步，選勝尋幽處處親。

訪表兄鎖秉端伯仲九韶同飲，予二人皆辛未生。

同里同年齋更同，半生多故各西東。清談偶得三人共，兩鬢蕭疏總是翁。

訪表兄章二伯仲

長憶先君念母家，慚予小子近如遐。幸陪花萼相輝好，更喜螽斯世澤賒。

小兒鳴琴

竹樹交加轉午陰，衣冠秩秩院沉沉。雪泥鴻爪他年夢，記得從容抱此琴。

贈李生歸覲并序

正統辛酉，予自鍾陵假道湖莽，歸種湖，瞻坡陀之麓，有族居焉。後七年，李生勖來，請序其族之譜，乃知其爲大陂也。回思舊游，隱約如夢。明年，李生游學歸覲，裁此以贈云。

曾於道上瞻喬木，他日遺文話大陂。吊古未遑重策馬，西風先唱覲親詞。

牧歸馬上口號

掛角殘經一解頤，秋風淅淅日斜暉。會心偶爾微吟好，又向清流飲馬歸。

九日同九韶飲子貞宅

平生佳節嗜狂吟，中歲方知學養心。不問菊花開與未，無端新興爲君深。

寄李宜之

城北南莊入夢頻，歲華偏感老懷新。孤吟展轉寒窗雨，尊酒何時共若人？

客夜述懷

展轉纔安枕屢驚，金雞忽送五更聲。江楓細雨斜風夢，總是衰齡悼古情。

大同原牧歸後坊道中口占授小兒及曾正

斜穿香稻度秋山，細講殘經午始還。幸際時雍身少恙，明朝依舊此開顔。

題小塘茅屋并序

予昔侍親太學，識李君元凱於上舍稠人中。李君罷官歸劍江，先施以朱子《感興》之詩而致其綢繆願交之意，繼以族譜之故來訪小陂，時年幾七十矣。虚心進善，每見益親，晉伯可愛，豈欺我哉？近與其族孫恪談，迺悉李君平生誤愛，且請賦其小塘茅屋焉。嘗觀其世譜，知諱琮，侍郎府君爲小塘始遷之祖。又觀其先文，知府君爲有德之士，所垂既裕，嗣之者賢，宜乎詩書其族，愈久彌彰也。詩曰：

茅屋何年占小塘，宋元甲子幾星霜？清門種德高徵士，紫誥推恩秩侍郎。快睹雲來繩步武，能令山水益輝光。一經從此尤珍重，日向蘭階迓百祥。

遊禪峯庚午

孟春時物泰，條風應新律。良辰豈重來，嘉會那可忽？膏車飭謝屐，小子伊疇匹。四人爲疇，兩人爲匹。幽賞歷嶇嶔，勝覽窮嵴崒。慕陶得自然，鄙殷躬怪咄。詠歸歡未央，重遊更何日。

遊南岡及下陂山水

朝出蘿谿坂，夕返蓮塘曲。烟樹眺參差，岡巒媚重復。道泰物本小，慮澹意自足。山人留酌斟，舊侶論心腹。歸來美清夜，雲和暢寒玉。

小憩覺溪徐氏

昔誦前賢傳，今即高人居。奉規賢子孫，努力躬三餘。

登黃柏最高峯由聶家峯、李家山而下，小兒及亨、慶、烈生從。

局促倦埃氛，遊衍稀儔侶。驥子能娛人，慕韓躭岣嶁。青天卷片雲，春山霽寒雨。杖策不知疲，魚貫何容與。遂躋凌霄峯，徘徊以延佇。長空極遐矚，松陰相款語。日昃澹忘歸，清風助高舉。

牧黃嵐坑

朝來抱微痾，殘編減新課。出門悵何之，言歸無所作。忽乘谷口興，偶此崇岡坐。契彼造化微，覺我頹齡惰。振衣一嘯歌，烟村夕陽墮。

遊黃嵐坑

桃李薰太和，晴光爛如許。寧知明日花，不有宵來雨。芳原縱遊衍，呼童供笑語。徘徊綠蘿峯，悵望清溪溆。皞皞固同胞，熙熙盡吾與。悟彼静者心，樂此動時趣。烟村歸去遲，❶暝色迷雲墅。程子云：「静後覺得

❶「去」，原漫漶不清，今據弘治本、四庫本補。

萬物皆有春意。」

遊黄嵐坑

微雨霽芳原，❶散步春溪曲。歡呼及童豎，策馬驅黄犢。入崦竹翛翛，❷面岡杉簇簇。展我懷中書，坐向林間讀。不有巢許心，那知箕潁躅。但得風日佳，朝朝來此牧。

牧轉岡頭

搴裳陟崔嵬，沉吟不知去。塵襟一蕭散，❸逸興迷雲樹。梅殘誰氏花，麥漲朝來雨。隣牧左右來，往事更相語。預期明日晴，重作青山侶。

遊龍門七寶寺

病軀愜初景，動息頗自由。不息風雨倦，來貪山水幽。穿雲路窈窕，搏空行遭週。危峯傑筆卓，疊嶂翠屏稠。契我遺世想，遂此物外遊。

題素庵并序

正統辛酉冬，予歸自鍾陵，息肩湖莽，李氏南溟餙其宗，以迓禮於從子世熙之堂。崔氏文瓛翁古服來

❶「微」，原漫漶不清，今據弘治本、四庫本補。

❷「崦竹」，原漫漶不清，今據弘治本、四庫本補。

❸「一」，四庫本作「頓」。

臨，酒數行，懽然賦詩而別。後七年，南溟脩世譜，話舊小陂，索素庵大書以歸。又二年，持以求賦。詩曰：

一點虛靈天地參，忍將至貴墮春酣。請看天澤初爻旨，是我蓍龜與指南。

題厲齋并序

予寓種湖時，將拜頤庵胡先生於豫章，李生恪在舘下，屬兒輩，致其尊府世熙及其外祖默庵崔翁願識之勤，歸途乃遂其請。明年，二公冒風雨復予劍水，至則予去矣。屢有期於小陂，而翁向耄。近世熙過我，翁則物故。俯仰疇昔，不能不爲悵然也。茲賦世熙厲齋之詞，雖以勖李氏，尚亦有激於崔云。

韋弦何用佩諸身，矯枉扶偏各有因。細向堪輿觀萬物，反躬皆足熟吾仁。

不寐

愁來不成夢，夢回心耿耿。定力嗟學微，長夜誰予警？

同熊生渤牧後坊因登絶嶺

節候適清和，田家雨新足。芳林牧馬來，露草萋以緑。乃有儒一生，吾伊蔭脩竹。暢我仁知心，躋攀散遐矚。一覽長天雲，真趣良可掬。

同諸生遊陰源

山水夙所歆，朋游固其好。風雨雖滯淫，窮源竟須到。幽意蔚沉沉，歸懷晴浩浩。良辰不可常，更擬山陰棹。

新堂即事

平生山水心，於焉得休卜。一堂雖甚卑，素意良自足。坐看風雨來，已喜無霑漉。賦詩紀吾成，古人有芳躅。

題凝翠字後

游衍趁良時，歡心慕浴沂。飽耽山水趣，書罷更留詩。

登連珠峯

閣中罷鳴琴，芳筵謝斟酌。捫蘿一搴裳，奇峯酬素約。天風起蕭條，山雨來溟漠。時馳千里目，四際雲烟薄。會當斯結亭，勝覽翔寥廓。

同諸生遊倒桐塍❶

東皋霽甘澤，我心日悠悠。出門玩時物，因之白雲丘。行行不知遠，遂歷羣峯頭。浩歌酣萬態，斜景風颼颼。眷言顧諸子，去矣仍夷猶。渺然出塵想，奇功歸一游。

沼上編茅爲亭取程子秋日之詩名曰自得夜坐其中因成此句

幽懷不能寐，攬衣造新亭。曲池湛華月，芳樹還冥冥。羣峯遠映帶，一水近回縈。坐久歡未竟，夜迴氣逾澄。寂感玄化微，伊洛歆餘馨。

---

❶「塍」，原訛爲「[illegible]」，據四庫本改。

夏日偶成

卧痾止衡門，何以娱長日？卷舒架上書，游戲閒窗筆。南畝課農餘，東園薙蔬畢。務我分宜然，無勞知難必。道泰身自亨，作德心斯逸。長歌書座隅，庶用箴吾失。

遊石牛埠

時止時行任自然，離離香稻小春天。微蹤何足符佳夢，自是民彝篤好賢。

贈别熊崇義

不憚風霜跋涉遥，翩然來訪白雲橋。嘉賓盛處歸懷好，茂對良辰話久要。冬至近。

題李章勉學齋

浮生事業易蹉跎，百歲光陰定幾何。不覺秋霜空滿鬢，玩君華扁謾高歌。

攜小兒方家坪拜先隴曾祖妣顔氏，祖妣章氏。

方家坪側接蓮塘，二代銘旌託此藏。孱薄每慚荒世德，闔儀空感孝思長。

寄朱孟直教諭❶

青春桃李憶成均，兩造高門劍水濱。聞説軒車能我顧，無端舊夢欲書紳。

❶「直」，四庫本作「真」。

楊溪故居

童稚長懷故里居，顧瞻茂草向桑榆。溪頭細接雲仍話，勉爾重新教子書。

曲岡道中

疋馬寒村偶獨過，壯懷莫景悵如何。梅花滿眼無人問，謾對虬枝一放歌。

狹原洪氏

芒鞋又作葛天民，童冠追隨五六人。緑樹池塘投轄處，梅花如雪晝如春。

雪夜偶成

四簷風雪夜漫漫，獨撥殘爐對歲寒。細憶晏庭詩思切，是知仁者敢偷安。

中原橋黄氏

憶年童稚飽經過，半百光陰奈若何。萬事悠悠空白髮，一杯慷慨爲君歌。

溪上偶成

萬緣由命不須嗟，遮莫飛騰莫景斜。偶度小橋流水曲，緩從梅下玩孤花。

康齋先生文集卷之四

詩

讀韓子 辛未

重雲密雨鎖春寒，病思無端强自寬。逝矣古人心獨在，遺編一一静中看。

寄謝王醫博高危諸醫士李王諸親友

驥子南遊學舜絃，春城淹疾友琴軒。神功深賴陽和力，杜云：「陽和醫百草。」青眼頻煩故舊憐。

題黄氏花萼樓

神京曾忝仲聯行，鄉國相於季氏良。花萼樓深春晝永，自天多福正穰穰。

題水竹居

結架媚閒曠，敻然面寥廓。水環白雲隈，竹帶青山郭。雲霞生我衣，魚鳥同人樂。曰予固静者，賁茗相賓客。意遣澹忘歸，會心彌洒落。緬懷恍如夢，賦詩酬舊約。

程庸承府主命李觀光章取則皆集小陂講顔子喟然之章賦此以勉焉❶

二生忽喜後先來，無德相資愧爾才。黄卷有師當自勉，闗閩濂洛是梯階。朱子云：「四子，六經之階梯。《近思録》，四子之階梯。」

牧大同原楊林坑即事壬申

既輟黄嵐遊，却入同原嬉。三陽時向交，暖律回春暉。人情惜舊好，物態含新輝。悠哉四聖心，静向林間窺。單騎日日來，飄飄澹忘歸。偶攜二三子，麗澤同箴規。與諸生説兑卦。

與楊珉遊大同原予遊原方憩，林薄適楊生來訪，欣然賦此。

林西日月長，講罷無餘事。東臯策吾馬，聊爾川原憩。風景惟莫春，烟芳媚初霽。理會塵外心，道酣淡中味。惠然嘉友來，共此無懷世。

枕　上　作

蕭然陋巷日希顔，獨把遺經静處攤。準擬朝來風日好，遍隨晴色踏春山。

以事入城假宿西廨彭氏癸酉

細雨斜風困馬蹄，年過六十未知非。客窗展轉難成寐，定力何能一庶幾。

---

❶「李觀光章取則」，原作「李章觀光取別」，今據四庫本改。

暫寓程庸氏屈府主王侯賁臨夜承郎君伴宿

春風堂上降鸞凰，瑞氣祥烟日正長。翠竹碧梧歌不足，高燒銀燭夜煌煌。

閒中偶述

花木沉沉庭寂寂，蒼苔盡日稀行跡。支頤窗下一沉吟，人間幾片韓山石。

絶句於三峯尖之中峯，架以小木，覆以雜薪，爲牧所之涼棚。

一棚新架白雲端，四達天風九夏寒。野性慣隨樵牧侶，時時來此獨危冠。

東坑幽澗

一水泠泠逗密林，無名花草匝幽陰。苔磯終日不知暑，滌盡平生擾擾心。

題菊窗

清霜籬落任天真，可信虚窗别有春。陶屈依稀千載後，餐英裛露豈無人？

遊金陵稿

宿熊璣氏七月

江湖遠適爲求醫，首寓高齋愜故知。良夜好天忘倦處，清風明月細談詩。

發孔家渡

茫茫新漲漾晴洲，華髮寧知非勝游。未了平生山水債，又從臨汝附扁舟。

次打石港

當年曾此泊晴灣，細讀鄒書「不立巖墻之下」章。向夜殘。始信萬緣端有命，欲爲君子却誠難。

哭傅秉彝

獨步來彝洗墨池，秋風禾黍正離離。一丘舊隱成春夢，非慟夫人而爲誰？

守風青草洲

青草洲邊幾日留，風來北極正颼颼。箇中欲問行藏意，未達中庸是我憂。日與程庸説《中庸》。

答舟人過蒙褒譽❶

徒竊虛名實陸沉，慇懃空負秉彝心。那由回得西飛馭，❷截日深功斷自今。

南康舟中

滿懷今古悵悠悠，舉目江山盡勝遊。華髮又堪來幾度，可無新句詠清秋？

志喜

裊裊風帆快客程，良朋時共話平生。忽驚蜀浪半江濁，又接淮山一帶青。

---

❶「過蒙褒譽」，四庫本作「過家」。
❷「飛」，四庫本作「風」。

重宿南莊

四十年前此寓居，華顛重宿意何如？不堪潦倒渾無似，謾託狂歌寄我吁。

龍井道中八月

石壁話龍湫，青山夢裏游。長亭新霽雨，隨處詠高秋。

次練潭

半野雲烟薄，長空新月多。息肩知有處，燈火練潭河。

横山雙港道中

晴色添詩況，山名認土音。❶無勞鄉國夢，日詠古人心。

閣中即事時作兩家文字

盡日文章慨作家，青冥樓閣寂無譁。雲山時獨攬秋色，風露誰同玩月華？

窗間獨坐

閣上詩應罷，窗間月復明。好懷未忍寐，端坐憶平生。

贈江淵

久重才華識俊明，偶從此地共茅亭。幾時更對何鄉榻，細寫江東渭北情。

---

❶「土」，四庫本作「上」。

八月十三夜何家圩玩月

訪古微私不易酬，心期江漢日悠悠。行藏信有平生分，謾向涼天詠素秋。

墻下對淮山獨坐

徐步閒來藉草吟，淮山面面感人深。若爲飛度晴嵐表，一覽中原暢夙心。

十四夜同李進士玩月

別却鄉園縱遠觀，前期浩蕩路漫漫。何知今夜高秋月，❶萬里清光此共看。

別何家圩道中口占授宜之占去聲。隱度其辭口以授人，曰口占。

昨夜巡簷同霽月，今朝聯轡共秋山。恍思三十年前夢，信是人生會合難。

寄贈李春

天柱峯前憶舊知，江湖秋興總如飛。金臺早得春消息，好寄東風汝水西。

貽南莊李氏

淮水秋風歸興濃，片帆日指大江東。滿門長幼俱青眼，華髮向時又一逢。

獨步江岸

江岸逶迤獨步來，日光恰喜密雲開。能消幾兩南風力，咫尺青宵是鳳臺。

---

❶ 「知」，四庫本作「如」。

次西梁磯屬和州

西梁磯下繫孤蓬，磯自峩峩水自東。蓂莢不知經幾換，幾人曾此詠秋風？❶

登西梁磯尾

暫縱稜層咫尺蹤，江山一覽已增雄。脱令病骨生輕翰，飛步危巔又不同。

江岸獨步

咫尺金陵到尚難，朔風猶未退狂瀾。平蕪渺渺不知處，獨數江南江北山。

具慶堂爲桐城黄金題

愛汝清溪壽二親，雲箋晴染坐生春。九天會沐思波闊，戲綵堂前百福新。

永感堂爲桐城朱善題

欲報劬勞慨昊天，青燈耿耿思綿綿。顧我舊游揮客淚，與君同廢《蓼莪》篇。

别金陵道次五顯舊游口占授章余李三友

客中欣遇二三生，送送無端故國情。佳麗山川同一覽，樓臺高下鳳凰城。

旅次曉立

江湖日夜數歸期，乾鵲聲聲曉爲誰。籬菊忽驚銀燦爛，畦蔬時接翠葳蕤。

---

❶「秋」，四庫本作「和」。

次東舘頭上元縣地

侵星問道高橋側，斜日息肩東舘頭。欲卜前程知有在，霽行潦止不須愁。

宿杜家村

杜家橋外杜家村，細雨斜風暮到門。多謝主人憐老大，盤飧杯酒夜温存。

句容樊知州宅

飽聽邦民頌去思，玉樓人去已多時。陽春白雪慚吾輩，流水高山吊子期。

宿徐村

跋涉泥途不憚劬，晚晴又得旅懷舒。清溪濯足看山罷，松竹林頭認寓居。

宿案頭丹陽地

癖性從來厭市墟，息肩時託近鄉居。金風禾黍秋連野，緑柳池塘月照廬。

發丹陽

遥牽高纜別丹陽，明日青山指浙江。謂我何求寧足校，寸心對越是蒼蒼。

舟中九日

去年九日遥思子，今日重陽子憶親。自昔懷居非達士，由來安土屬吾人。

吕城壩

雲散青霄月放明，時聞前岸浩歌聲。平生湖海希蹤跡，始向丹陽識壩名。

戚墅鋪武留地

晴穫農人喜，安流舟子閒。平林戚墅鋪，迥野浙西山。

蘇州絶句次唐詩韻二首

萬態循環故復新，塵寰知换幾回春。我來又發姑蘇詠，可信浮漚等昔人。

斜風細雨菊花天，今夜何知此水眠。他日舊鄉談舊跡，青山却意夢中船。

過吴江縣

一棹吴江上，寒烟楓落時。無才堪賦詠，聊誦古人詩。

次嘉興

程程客路問前蹤，又繫城頭儁李篷。懷古心期何處寫？一江烟浪雨冥濛。

舟中曉望

吴江欲盡越山來，東日融融霽景開。桑柘稻粱連沃壤，人烟村落在無懷。

長安壩崇德地

崇德橋頭暮剥船，❶迢迢江岸帶星牽。長安壩上停篙處，楊柳陰中伴月眠。

---

❶「剥」，四庫本作「剌」。

望越中山

牽路晴明不憚難，船頭時見越州山。前程信有自然妙，莫把天心當等閒。

平林舟中二首　杭州地

盡日舟行不見山，離離香稻與桑間。❶倚篷獨詠凝晴望，何處雲端一翠鬟？

平林山後又看山，知在錢塘勝概間。老大薄游顔獨厚，絶無新句膾人寰。

晝夢覺作

一枕平安晝夢濃，起題紅葉數青松。老於世態無心處，到處身疑是夢中。

錢塘絶句

曾擬錢塘吊古詞，薄游今乃感於斯。❷西風何恨平生思，斜日從誰一詠之？

錢塘留柬程庸

準擬名山復並游，朔風無奈日颼颼。金陵已失連枝喜，吴會仍爲落葉愁。南指片帆應迅速，北來行李莫淹留。丹楓黄菊同歸夢，定約三衢與信州。

---

❶「與桑間」，四庫本作「映柴關」。

❷「感」，四庫本作「戲」。

觀潮

先聲隱隱遠如雷，高浪排空雪作堆。欲記新題何處寫，伊誰一醉菊花杯？

發錢塘

鄉音無寐共清宵，昨夜與鄉人月下話之。得伴何妨歸路遥。夜半開頭更唤夢，月明如晝競乘潮。

即事

西風淒切濕雲多，東日朦朧午始和。佳菊叢叢誰採擷，好山處處自吟哦。

子陵釣臺

王孫舊是布衣倫，歲晚如何又屈身？不有先生高致在，滔滔俱羨拂鬚人。

即事舟人唱曲吹簫，殊勝蠻音聒噪也。

歌聲纔罷又簫聲，暢我孤篷客裏情。他日欲知牽路處，丹楓黄菊亂山青。

大浪灘洪武間，先君奉命往福建，有《大浪灘謡》。

先君遺墨識名灘，使節曾經此往還。改罷新詩吟未了，舟人又指富春山。

近衢州

水原將盡話西江，紅葉歸心日夜忙。猶愛越山看不飽，焉知孤棹尚他鄉？

過衢州

夜半朔風遒，灘聲急去舟。推篷雲月裏，髣髴看衢州。

題徐氏村居

跋涉遥尋玩易蹤，幽棲近在縣南峯。松篁共聽今宵雨，禮樂多存太古風。俯仰浮生一夢寐，相看華髮兩龍鍾。酒酣細和辛夷什，丹桂叢蘭思正濃。

别徐希仁

彼此浮生類轉篷，青山端似夢中逢。明朝努力加餐飯，又隔南雲少便鴻。

常山道中

後先已喜轎咿啞，驛路泥乾不憚賒。回首故人程漸遠，青山從此白雲遮。

玉山舟中

獨坐船頭愛日光，好風又喜片帆揚。雲山簇簇緣誰碧，岸菊叢叢爲我黄。

與周文婁諒二生

自歎虚名忝士林，慇懃孤負二生心。暮雲春樹他年夢，傑閣高軒記短吟。

發廣信

雙棹飄飄逐急流，青衫猶自立沙頭。明朝矯首東雲外，須憶雲峯是勝游。

曉　發

舟師晴喚急前程，短棹侵星帶月鳴。❶ 却憶宵來何處宿，孤衾和夢聽歌聲。

宿　横　石

横石岡頭路，人疲日又斜。平林茅屋近，有店即爲家。

次　上　清

迢遞還鄉路，程程日逐西。雞鳴時問境，十里是金谿。

野　橋　小　憩

晴日催歸路，平橋又息躬。雲峯四面碧，霜葉一溪紅。

孔　方　道　中

逆旅程難進，疲肩重日增。歸期無用數，俯首事孤征。

宿　小　嶺

旋糴山田米，來供野店炊。一枝聊暫寄，不必問爲誰。

小嶺店中即事

雲白山青路，回頭却已遥。故人應在邇，詩話定今宵。

❶「鳴」，四庫本作「明」。

童子餽蔗

童丱伊誰氏，悠然念兩翁。❶慇懃霜蔗贈，知我困途窮。

白水寺

危石疏松一水寒，軒楹正在水中間。平安半榻還鄉夢，却憶千山與萬山。

同公迪飲車氏

嚴瀨扁舟話舉林，詩情遥向故人深。一杯賓舘論文酒，細寫高山流水心。

瑶湖渡

斜日明官渡，平沙散馬蹄。一生勞面北，短卒急征西。

宿周圻氏

千里歸心逐月明，平林曲徑款柴扃。故人問藥入城郭，愛子難兄共短檠。

次種湖

鄉隣宗黨總欣欣，旋摘霜柑意甚真。送送長村不知遠，華顛應念客歸人。

還鄉道中

晴山今日是歸期，正值橙黄橘緑時。囊篋不論羞澁否，示兒聊僅百篇詩。金陵稿止此。

❶「兩」，四庫本作「爾」。似是。

寄上饒汪秀才郡中諸俊彦

客裏微軀病莫任，金蘭多負秉彝心。不眠幾動山陰興，無鴈能飛懶拙吟。汪於婁諒家求予大書「懶拙」二字。

登東坑稍箕窠最高峯

寒窗倦局促，茲晨脱樊籠。遠隨伐木伴，暘谷舒孤蹤。奇峯發高興，迤邐緣霜叢。沃噍有山果，爽袂來天風。是時雨初霽，心賞超鴻濛。

黄李四生習易小陂寒窗旬月間六經風雪賦此以勞之

新功近喜四生深，夙夜沉潛四聖心。六出六經功愈苦，凍毫特賦雪窗吟。

新正峽中作甲戌

積雨逢春却好晴，石橋又聽澗泠泠。沙頭飲馬閒停轡，時止時行理本平。

贈饒李四生雪夜勞以酒而勖以詩

緑酒酬高誼，新詩祝遠程。各堅松柏操，共固歲寒盟。

偶　述

病來文籍久相拋，閒看松篁雪後稍。懶性避人非敢傲，平生厭結口頭交。

即　事

濯罷清流似浴沂，輕風拂面課農歸。北窗一覺羲皇夢，又喜雍容事講帷。

題石泉

莫訝涓涓勢在蒙，陰崖應與八溟通。試看萬折趨東處，何險能紆遠到功？

源中即事

疋馬長源又獨來，野園時見菊將開。忽驚往歲看花處，天外孤吟越徼回。

仰止堂詩并序　乙亥

景泰癸酉，予歸自浙，擬假道塘坑，一訪饒氏迪功公故迹而弗果，華裔烈與尊公景德慨念不已，予亦爲之悵然也。暮景駸駸，斯游恐莫遂矣，姑爲賦其仰止之堂，少答誤辱之勤云。其詞曰：

紫陽餘韻著清江，主一流風有叔暘。桃李莫矜新錦繡，松筠須復舊冰霜。

題黼丘并序

李公迪，其先彭原中山人，徙居黼嶺之下，五六世矣。公迪出贅五峯，而以舊里爲號，不忘乎初也，以黼易佛，用夏變夷歟？

何處雲嵐是黼丘，中山近在屋西頭。五峯風月諳來久，誰道鄉關日在眸？

寄李全父子

董帷奕葉託情深，又喜曾玄屢盍簪。珍重前模須仰止，一經端勝滿籯金。

夢與三人觀漲擬同訪朱子丙子

曠百千秋相感深，依依不識是何心。金雞忽報春窗曙，惆悵殘魂帶病吟。

胡氏落成族譜亭

連雲芸棟夙蜚聲，又喜來仍建此亭。勖爾詩書舊箴砭，待看金石倍光晶。

題周氏竹坡

梅仙峯側緑青青，渭水瀟湘共杳冥。試借琅玕來莫倚，洞門風露接蓬瀛。

病中口占授瑞康寧壽

不覺行年七十近，忽驚卧病二旬多。絶勝明月清風夜，人在呻吟夢裏過。

贈何生濳還番禺

家慶新歡動里閭，黄花緑酒厦渠渠。客窗日月何多也，羲畫麟經伴起居。

詩罷憶陳生憲章

汝歸榮覲樂無涯，聽唱良朋契闊詩。中道若逢煩寄語，雪窗高榻待多時。

適上饒稿

飲黄衍氏

後先輿馬盛衣冠，訪古詢今到考槃。早向龍潭資麗澤，一緘爲我報平安。

宿楓山車氏莊

明月清風夜，殊非遠別時。薰衣欄食罷，❶爲爾細談詩。

楓山道中口占授車胡二生

惆悵楓山道，當年此息肩。重來如昨日，時序夢中遷。

宿南山傅氏

春閲南山文，冬訪南山屋。盤旋佳主人，蒼崖蔚松竹。

宿上清真應觀

細雨長途暝，投裝處處艱。何如高枕夜，清興在兹山。

貴溪道中口占寄車傅二生

一杯何必盡君歡，知己須將古道看。客露喜逢風雪霽，詩筒早爲寄平安。

楊　林　橋

野水平橋路，行行霽景開。地名時記取，他日或重來。

貴溪邑庠作

昨夜淒風霰鳴屋，今宵月滿清江曲。預欣明發行李輕，早趁茅簷弋陽宿。

❶「欄食」，四庫本作「茶宴」。

弋陽道中

日短前途遠，天寒問宿忙。亂雲迷望眼，細雨濕行裝。

宿晚港茅店

跋涉泥途困，棲遲茅店安。長風收細雨，淡月四更寒。

晚港鋪

四野同雲暝，長村細雨飛。橋傾人病涉，凍水漂寒肌。❶

宿宋村次唐人韻

茅店又安眠，前程聽自然。餘魂知有幾，不必問流年。

旅夜感懷

經過今古客，一日幾千强。旅店無眠夜，高山慨紫陽。

坑口鋪

回頭候火伴，遲遲行復歇。山鋪時問名，陰崖忽逢雪。

宿上饒婁氏怡老堂

梧竹交加映晚晴，清風蘭砌有餘馨。重來賓館酣春酒，高詠南山萬古情。

❶「漂」，四庫本作「慄」。

宿古梁周文氏

石徑盤盤逗碧流，喬林鬱鬱拂雲稠。幾年心事空相繫，今日題詩向此丘。

別周村

雲山端似夢中游，芸舘高情兩日留。暮景重來恐難必，臨行餘興又登樓。

西塘道中贈二周生

長途遊子急前期，晴色無心管別離。緑水青山勞遠餞，梅花新句爲君題。

上樓店即事六首❶

且淹山店雨，莫計前路岐。路岐泥潦深，跋涉令心悲。

斗室息微軀，店大圍羣僕。凍雨淒風行路難，且攤黄卷從吾欲。

僮御忡忡怯風雨，得借茅廬即堪處。但令踈食無乏供，琴劍何妨淹逆旅。

筆硯爲伍書作朋，寒簷不覺朝昏改。静中滋味將語誰，一日詩情闊於海。

一室他鄉遠，四簷寒雨聲。主人憐夜永，添火坐深更。

雨歇月朦朧，中宵卜去蹤。夙興僮御喜，争詑曉雲紅。

❶「上」，四庫本作「工」。

迷途

山路少人行，憑誰一問津。迷途應已遠，返復枉傷神。

歸興

計程不日踏鉛山，借問行人去路難。君子見幾寧有俟，浩然歸興白雲間。

宿橫峯二首

龐眉齊考兩如賓，欲把香醪慰遠人。報道聞糟也應醉，一枝聊息夢中身。

好趁瓜期雨又來，蕭蕭入夜滴羈懷。霽行潦止元無係，且賦新詩和打乖。

重經晚港鋪

官橋傾圮不知年，官渡行人苦渡錢。奉勸行人無用較，從來虧客仰誰憐？

弋陽道中望圭峯諸山

峭拔立雲端，能生逆旅歡。但惜世無摩詰手，不能移向畫圖看。

應林道中奉懷紫陽夫子

昔誦夫子詩，今履夫子路。夫子一去夜漫漫，往復行人自朝暮。

安仁道中奉懷紫陽夫子

此爲並岸東行路，❶高句藏心亦有年。今日偶來親舊跡，七閩惆悵白雲邊。

宿白沙吳瑀氏二首　時瑀任陝西都司斷事

歸坂驅馳逐落霞，筍輿迢遞到君家。春來應有西飛鴈，多病新詩不足誇。

令弟從官去，難兄好客深。青燈白沙夜，詩律細論心。

小漿鋪道中

借問歸程漸不多，烟村風景倍融和。誰家童子嬉牛背，入谷時聽放牧歌。

夢　桃　花

旅夢一枝斜，嫩紅初吐花。無端春信息，知爾報儂家。

夢　舟　得　風

何許一歸篷，停篙泝便風。草堂應咫尺，清夢月明中。

題新路口舖

我僕痛時將絶糧，長亭忽喜近黃塘。青襟胄子知無恙，準擬談詩共夜窗。

❶「並」，四庫本作「正」。

題李章芸香閣

字向金陵書，閣從五峯坐。緑酒共深更，劇談忘爾我。閣上遺經凡幾編，好惜分陰勵新課。

題程庸讀書閣

旅思摇摇倦淹泊，息肩重喜登斯閣。❶閣中無物不堪詩，舉目咫尺皆真樂。賦詩不盡析薪情，負荷丁寧二雛學。

宿山家

午爨辭景雲，夜宿投庵下。山中俗朴長幼淳，也解聞風禮賢者。自愧虛聲誑世間，到處令人誤驚詫。

訪饒烈三首

逆旅初從遠嶠回，迂途風雨爲君來。高軒一到留詩別，暮阻歸心向酒杯。

暮阻歸心向酒杯，憐君意氣更遲回。龍潭麗澤荒蕪久，好約良朋次第來。

好約良朋次第來，百年時序日相催。分陰須惜更須惜，不學何由造達才。

主翁暮歸

中心欲投轄，風雨催歸鞍。夢迫大刀頭，長歌雙玉盤。

---

❶「斯」，四庫本作「新」。

奉東塘坑諸親友

久客寧容忘式微，瓜期日念去遲遲。聞君好爵端孤負，棹雪山陰定有時。

道中口占授饒烈饒獄二首

風雨聯鑣遠送時，高談雄辨解人頤。知君自有男兒志，肯負平生師友期？

仲父前程日見功，遠追祖德爾宜同。從今好篤男兒志，莫負皇天降此衷。

經馬茨塘

雪景漸清和，琴書此地過。不須留客飲，且喜爲君歌。

宿西廨彭氏

宿雨天清路不賒，高堂緑酒映燈花。金雞聲裏微吟覺，歸夢分明先到家。上饒稿止此。

題戈氏玉溪書閣

常説螢窗在玉溪，何如今夜此題詩。相逢莫只談金好，無競維人貴有兒。

税場墟道中口占授戈英

驥子當年此載歌，金蘭氣誼感君多。西風老鬢寒山曲，斜日仍同律吕和。

早禾陂道中口占授戈英

傍午蒙開日漸融，暫停輿馬步從容。平生山水應深樂，指點遥空杳靄中。

別戈英

送送晴村兩贈詩，高歌足以慰離思。龍潭懸待春消息，早致雙魚慎勿遲。

宿嵩山

華髮蕭蕭候我勤，峩冠博帶氣温淳。兒孫競詑重遭遇，昨夜燈花報喜新。

長湖章氏絶句

金昆已矣悵鴻冥，玉季森森兩眼青。躍馬隔溪曾失意，揮毫今日却多情。

口占授章獻章朴

先後籃輿送我勤，交情歲久見漓淳。弟兄歸去皆傳語，事業應須日又新。

荷塘口占授族孫福寧

古市衝蒙濕，❶山橋踏月忙。隔林詢白塔，隱几卧荷塘。

塘坑絶句

雞鳴踏月復前期，愛日如烘霽雨時。青眼滿堂春似海，揚州詩興溢南枝。

鴈塘道中

人事周旋愧不遑，歲云暮矣趁歸忙。筍輿傲兀長鬚困，簑笠欹危度野塘。

❶「蒙」，四庫本作「雺」。

除夜次唐詩韻

銀燈守歲未應眠，一聽陽春小兒輩歌詩。自灑然。更祝明朝風日好，梅花滿眼踏新年。

丁丑元日不肖前丁丑上學，先君此年五月赴京。

往事渾如夢，春風忽又新。浮生空白髮，依舊一曹人。先君詩云：「夢郎方五歲，已解誦詩書。兄弟恩雖重，師生禮必拘。齋居應密邇，路徑不縈紆。自此能勤學，終當作大儒。」

人日贈丘孔曼

人日題詩雪滿篁，寫向伊人念舊鄉。惆悵百年前故事，高曾筆硯接南窗。先生高祖號南窗。

春夜述懷

多病無安枕，長更事短吟。園林初雨歇，花柳已春深。身世雙秋鬢，乾坤獨苦心。明朝風日好，何處快登臨？

曉枕作

四時更代謝，萬事相翕張。升沉任吾運，何須較短長。風雨塵窗不知老，日進遺編三兩行。❶

暮春行

學不講，德不脩，二者誠吾憂。日親古賢聖，殘膏賸馥供涵泳。青春告暮我不聞，落花飛絮從紛紛。

---

❶「三兩」，四庫本作「誦幾」。

喜　晴

陽春正二月，霖雨何其多。午窗斂暝色，高陸揚洪波。昨宵乃何宵，高天衆星羅。清朝太陽升，萬象成熙和。餘花須載酒，因之一長歌。

後　坊　坑

風景和明春服新，緩吟疑在魯沂瀕。行臨磐石遲回久，時有低飛鳥近人。

舊遊感興

既歷覆船岡，更嬉西岸圳。俯仰舊游心，光陰迅一瞬。

夢　中　作

烟消霧散，海闊天高。歷塊過都，乃見爾曹。

石泉望靈峯有懷周婁二生

杖策閒來步夕陽，雲峯遥望意何長。峯前二妙相睽久，魚鴈東西兩渺茫。

夕涼獨坐

緩步階除愛夕涼，微吟隱几久虛堂。行穿山月紛紛白，庭散簷花細細香。

山庭夜坐

庭樹陰陰過雨涼，冰輪正照坐中央。等閒真意須當認，莫學浮生一樣忙。

六月十七日沼上玩月

碧沼溶溶月照懷，好風時送嫩涼來。細思黄卷自警編多新益，懿行嘉謨實快哉。

予書月臺字月既畢臺字誤落筆而爲壹又書鈎以足之惜無出處也徐思曩在石泉時東窗對一鈎之月有缺月五更頭寒光皎清夜之句感懷賦此

曾對東窗月一鈎，五更心事澹如秋。蹉跎不覺空霜鬢，争奈年華似水流。

沼上對月

又對青霄月一鈎，金波玉露正宜秋。自應暮景重加勵，遮莫年華似水流。

雞鳴候曉坐對東林殘月宛然昔者之景又續鄙句

坐對東林月一鈎，寒光皎皎近清秋。當年心事今何在，碌碌那堪日下流？

避暑普濟堂

三伏炎蒸午倍瘥，長原疊嶺困經過。竹林深院宜人處，冰簟清風一氣和。

同宗人嗣祀輩拜羅原岡先隴

清風朝辭上壽坊，溽暑午拜羅原岡。岡頭卜兆三百祀，鬼神守護雷潭傍。澄空一矚醉心目，楚山崒嵂吴江長。

避暑刀峯祠

竹裏投裝暑正隆，緩尋幽事向刀峯。芃芃香稻連疇緑，瀌瀌寒流一澗通。

宿呂家壕先隴右畔李宅

眷眷先塋是夙心，肩輿又事遠追尋。行雲流水良隨遇，胡文定公云世事當如行雲流水，隨所遇而安可也。步月看星此竹林。

同族人拜呂家壕先隴

昨日虛勞遠候迎，竹間今喜款柴荊。西風一激荒山隴，何限慈孫孝子情？

宿呂坊寺

罷浴清溪步夕涼，四簷風月宿僧堂。依稀却憶高曾上，桑梓連陰是故鄉。

遊園

呼童時作後園游，淡日涼風踏素秋。花映東西紅錦爛，果連南北緑雲稠。

贈饒鎮游襄陽

湖海平生志，山林老病身。何由出南徼，同爾望西秦。

中秋夜玩月次許郢州詩韻

四海同瞻此夜圓，樓頭漸喜出雲烟。❶蟾光玉潔秋中候，桂影冰清雨後天。吟處紛紛侵卧內，夢回穆穆滿庭前。詩成惟有疏星伴，萍梗明年憶去年。

---

❶「頭」，四庫本作「臺」。

即　事

借得禪房久寓居，閒中轉覺日舒舒。二三童冠相於好，卧聽琅琅小學書。

離　寺

遥爲松楸此寓居，清風明月二旬餘。宵來紅葉催歸夢，明月青山是舊廬。

同宗人允基拜羅岡先隴

古寺相尋兩度來，孝思共寫百年懷。西風紅葉桐園曲，四望青天一快哉。

對月偶成

夕陽扶杖步前庭，歸踏繁陰霽月清。靈府偶然無一物，静中意思驗周程。

即　事

浮世升沉一聽天，竹窗養病日高眠。杖藜偶散東林步，丹桂秋香又一年。

曉　枕　作

多病蘇來體自輕，吟邊又喜氣和平。行雲流水曾聞命，何用君平卜此生？

諸生助移門樓詩以勞之

魚貫相於冠與童，浩歌聲裏氣如虹。明朝飽挹溪山勝，多賦新詩頌爾功。

牧南岸嶺次横渠先生韻

碌碌浮生一夢中，並游無侣古今同。偶因晴牧閒行好，絶壁孤吟萬壑風。

夜讀滕元發墓誌并序

尹開封時，民有王穎者，爲隣婦隱其金，閱數尹不能辯。穎憤悶至病傴，杖而訴於公。公呼隣一問，得其情，取其金還穎。穎奮身仰謝，失傴所在，投杖而去，一府大駭。

理枉能令傴者伸，古今何處覓斯人？沉吟無計起公死，徒向塵編感興新。

同晏湑游鋪前山

小春天氣暖如烘，山果漫山黑間紅。緩步崇岡清眺罷，悠然歸詠夕陽中。

游　山二首　歷獅子石、馬鞍山，至峽而止。

客歸曾此眺層巔，獨步重來十五年。人事幾多隨候革，山光水色自依然。

勝遊欲罷駕言還，山水盤迴趣更玄。試問丹青難狀處，朗吟人在白雲邊。

同小兒游山自後坊西岡嘴登山，度坳入原，歷獅子石而歸。陳達遇於原中，同行。

幸得身閒心自休，呼兒時作小春游。千山莫景難描畫，磐石何妨又少留。

游　山二首　由二峯尖至西坑原頭而歸

爲愛雲山深復深，筋骸粗健强登臨。一般真意誰能辨，矯首蒼茫獨詠心。

勝地曾經託趣深，和風晴日喜重臨。筋骸又老四三載，何限依依悵舊心？

游　山

童冠相呼作勝遊，經霜山果正優優。林泉好處將詩買，康節詩。紅日銜山詠未休。

三峯亭

一亭危構接雲烟，亭罷基存境宛然。重賦新詩留故事，清風從此更誰邊？

牧後坊

遮莫風霜暮景侵，又因晴牧事幽尋。隣童供命諸生侍，一曲真筌擊壤吟。❶

後坊牧歸

林泉隨處境幽幽，爭奈浮生不暇游。日日杖藜歸去晚，野心端被白雲留。

同諸生登聶家尖

尋常多愛此峯游，蹤跡疏來已卜秋。他日會心峯愈勝，小詩難寫興悠悠。

與諸生授康節詩道傍石

好詩歌罷樂忘憂，不管浮生歲月遒。忽意暮春曾此坐，獨吟時喜鳥相求。

曉枕作

饑寒難免切身憂，富貴由來不可求。日用信從吾所好，萬緣有命豈人謀？

曉枕感懷二十年前，嘗辱九留妄以「年彌高而德彌卲」見譽。

年高德卲是難能，曾辱良朋妄見稱。碌碌光陰空二紀，不堪惆悵憶平生。

❶「壤」，原誤作「禳」，今據四庫本改。

傷傅秉彝

竹窗琴劍寓經旬，洗墨池邊跡已陳。惆悵玉樓吟望久，眼中那復覓斯人？

曉　枕　作

窮通夭壽寧非命，消息盈虚自是天。試詠黄流歌玉瓚，諄諄箋注慨前賢。

饒烈使名長春**問訊日暮途遥旅宿無衾惻然成詩**

暝色馳驅山正深，投裝安問有無衾。解衣雖荷主人眷，寧慰風霜永夜心。

獨　坐　偶　成

爲己工夫何處尋，須知至要在于今。它山之石能攻玉，寧問陽舒陰慘心。

自　警

日日寒簷讀我書，觀生愈似掛鈎魚。人情固莫分輕重，事體焉能知卷舒？百行自應誠是本，一身端合道爲樞。聖賢龜鑑昭昭在，争奈靈臺不易虚。

閲去年日録簿此日寓婁諒氏悵然成詩

去年今日正陽生，覓句論文暫鯉庭。東鴈不來西夢切，❶杖藜何處問君平？

❶「東」，四庫本作「北」。

贈程李二友

又報衝泥二妙來，遠傳天使意悠哉。寒爐擁罷霜簷立，明月清風共此懷。

題譚大參慶壽堂

北闕恩波浸正深，南山瑞氣福駢臨。夜光明月春盈卷，總是萊衣愛日心。

奉題程僉憲清風亭

世間何沴善侵陵，强者誰歟抗鬱蒸？萬姓低垂炎海裹，洒然天表見斯亭。

康齋先生文集卷之五

詩

新正重沐縣侯賁臨茅舍敬裁二十八字充一笑耳戊寅

誤辱明時降玉音，賢勞吾宰歲寒心。前溪過雨春流駛，試問恩波深幾深。

贈太守林侯

匪才焉敢厠儒流，光寵頻煩誤我侯。從昔斗筲何足算，願均慈造遍林丘。

迎恩橋詩并序

天順丁丑十有二月甲午，郴陽曹侯奉詔枉聘與弼，辱經青石橋，門生吕邦翰屋以表焉，與弼名曰「迎恩之橋」，而詠歌以詩云。

青石流傳亦有年，迎恩於此慶堯天。山呼北闕晴雲表，玉燭祥光正煜然。

皇華亭并序

天使郴陽曹侯辱臨神嶺，閭閻老稚莫不交慶，門生金谿車用式表亭其上，僕名曰「皇華之亭」，嶺曰「皇華之嶺」，恭裁小詩以紀盛事云。

皇華勝嶺舊名神，使節遥臨雨露新。草木從今皆可敬，一亭晴映萬山春。

天使亭詩并序

天使郴陽曹侯辱臨聶家尖，門生金谿車用正表亭其上，僕名曰「天使之亭」，尖曰「天使之峯」，恭裁小詩以紀盛事云。

伊昔奇尖號聶家，名峯今喜屬皇華。誰人領得峯頭趣，舜日霓旌拂曉霞。

集慶亭并序

天使郴陽曹侯大參、山東譚侯僉憲、同安程侯旌節暫駐於大園之上，門生陳庸、李章亦侍語次，庸作亭以表必遇，僕名曰「集慶之亭」，而詩以詠歌焉。

拜罷天書使節歸，徽音暫此駐旌麾。閭閻荷慶何多也，共仰文光焕壁奎。❶

綵雲亭并序

天使郴陽曹侯辱臨馬鞍山，門生陳子球表亭其上，僕名曰「綵雲之亭」，山曰「綵雲之山」，恭裁小詩以紀盛事云。

旌旆騰輝鼓吹雄，青山盡屬綵雲紅。羣黎奔走矜奇遇，❷滿路謳歌日正中。

---

❶「壁」，四庫本作「璧」。

❷「黎」，原作「藜」，據四庫本改。

奉陪天使重游皇華亭

前日風雲擁護多，兹晨氣色倍清和。遥空一矚春無涘，共聽重歌勝嶺歌。

天使臨胡氏族譜亭喜添勝跡詩以紀焉

華亭雄構野塘濱，天秩昭昭篤大倫。品彙一經時雨化，山川出色境增新。

天使游山歸旌旆暫停戴禄氏

喧天笳鼓踏新晴，踏遍春山幾處亭。旌節暫停歸興好，梅花溪上問諸生。

天使歸五峯綵旗聯句

綸綍夙傳丹闕表，旌麾遥賁翠微中。四民瞻仰乾坤大，萬竈歌謡雨露濃。競詫皇華人似玉，頓令白屋氣如虹。祖筵簫鼓騰三市，驛道風雲壯五峯。

徐廖二友承天使命來戊寅

車輿燈火遞相譁，互認前村處士家。款款細傳天使語，春風早約上京華。

題饒氏祖德亭并序

饒安用中者，予故人也，僉憲陜西，有聲。諸孫循者，予子壻也。嘉乃祖之才，重循能仁其先，故樂爲書之。

男兒能不負儒冠，贏得功名萬古看。❶ 幾度懷人吟不寐，梅稍殘月五更寒。❷

棠溪道中

細雨新泥江路長，忙衝暝色急投裝。筍輿非忍長鬚困，争奈先塋不敢忘。

南原道中

茅屋石橋西，行行日未低。地名時問訊，春興入新題。

吕中良引拜羅原岡李氏夫人墓

馬鬛巍巍久已平，狀元空憶舊時名。若無故老慇懃意，徒有慈孫繾綣情。

葛藤科先隴

蓬科不見當時葛，馬鬛猶傳舊日名。星火程期京國夢，春風花柳故鄉情。

經方昇氏

難兄客邸共鄉心，令弟高居辱愛深。問訊若逢南鴈使，春風早寄白頭吟。

贈石井黄徐二生

愛爾黄徐二秀才，重逢故意倍悠哉。他日松楸勞夢寐，頻期魚鴈到金臺。

❶ 「贏」，原誤作「嬴」，今據四庫本改。
❷ 「稍」，四庫本作「梢」。

天使曹侯枉顧金石臺

一上名臺百慮消，況承使節在青霄。黄徐預擬忘憂物，程李同歌擊壤謡。

羅原岡詩并序

上下羅原岡，先塋所託，❶蕪没已久，得復舊物者，周氏孔文、吕氏本誠、中良邦翰數公之力也。欣幸之至，情見乎辭。

泠派衰宗各渺茫，荒山寒淑久淒涼。東風爲我回春色，衣被羅原幾處岡。

贈廖良齋崇傑行人歸樂安

馬嘶芳草正清明，高下風花遠近亭。他日金臺談舊雨，青山總是故鄉情。

贈鰲溪茂宰林侯

秋月窗前天似水，春花縣裏日如年。民謡若達觀風使，處處流傳茂宰賢。

寄張璧

雙塚遥依鳳水傍，朝烟暮靄久荒涼。維持曾荷尊公愛，又喜如今得令郎。

次白玕李大章贈行韻

髣髴當年暫接顔，忽勤縞紵辱柴關。何曾實行出人上，空惹虚名在世間。樗散豈宜私雨露，駑慵只合

❶「託」，四庫本作「記」。

老雲山。誤蒙明詔乘春去，嫩蘂濃花滿目斑。

同程庸諸生遊集慶亭

皇華嶺畔又奇峯，峯上新亭結構雄。亭子主人良得意，來遊多侶共春風。

承判簿戴侯掌教陳君下顧

聯騎儒冠顧匪才，❶春風揖別話金臺。殘書數卷青山曲，滿賴餘光燭草萊。

承天使遣胥余二生枉顧茅舍

暫坐清溪暢病身，又瞻聯轡兩儒紳。行裝白促無勞迓，定在旬餘躡後塵。

奉別鄉隣親友

流傳遐邇盡虛聲，君子從來耻過情。惜別誤蒙鄉里敬，匪才何以答昇平。

贈李晏諸生

我承明詔遠觀光，付爾琴書與雪窗。好篤男兒燈火志，莫隨浮俗一般忙。

外孫瑞康索詩

明日朝天去，今宵索我詩。莫添離別思，喜有盍簪期。

❶「騎」，四庫本作「轡」。

金臺往復稿

西津舟中口占授同宿諸生

馳驅西日四三生，❶共宿津頭風雨情。須信萬緣皆有命，肯將行止問君平？

發張家石

黄昏西北浮雲斂，清曉東南霽月明。紅日滿窗春睡穩，拍天新漲棹歌聲。

貴溪道中

懶慢宜閒不得閒，衰齡却事道途間。曉程匆遽嚴牽路，晝夢依稀在故山。

奉寄臨川傅貳令

令聞宜民夙所欽，琅玕欲報愧微吟。更煩細問南來鴈，日夜天涯念萬金。

周文斐諒徐綖棹䑶遠迓

暫親鉛槧向清流，忽遇波心蕩漾舟。老去久於浮世淡，重逢端似夢相求。

❶ 「馳驅」，四庫本作「停舟」。

草　萍　驛

暫息草萍驅，❶心安即我廬。萬山新雨霽，半枕黑甜餘。

白石鋪道中

早稻青青小麥黄，杜鵑聲裏野花香。好山遞送程程秀，咫尺雲帆是浙江。

寄龍游洪茂宰

沙頭傾蓋重青年，别後重歆單父賢。好看歲寒冰雪表，管教松柏轉巍然。

贈梁布政尊公諱潛，與先君同官翰林。

曾陪崇禮南京街名。少年游，一隔江湖五十秋。碌碌那堪今日會，空憐歲月白人頭。

寄嚴州劉太守

我愛霜松託趣深，慇懃特表歲寒心。❷贈「霜松」二大字。當年縞紵休相訝，還所贐。遥寄新詩詠斷金。

贈伍御史

與居共飲西江水，却向錢塘話舊鄉。拙筆「正直」二大字。漫持雖偶爾，男兒從古貴流芳。

❶「驅」，四庫本作「驛」。

❷「特」，原作「持」，今據四庫本改。

王憲副順德堂

錢塘江上接珠璣，顧我何堪順德題。思遍古人無健筆，斷雲殘照畫橋西。

楊太守雪艇并序

同郡楊彥魁以名御史知姑蘇之明年，予往京，❶過貴邦，辱扶疾兩顧驛舘，蓋誤知我之過者也。

一艇寒凝雪滿窗，棹歌聲裏鐵爲腸。把君詩卷摩挲久，人在冰壺月似霜。

次楊太守見贈韻

承家曾讀魯《春秋》，多病因循漫白頭。野性只應木石侶，道心深愧聖賢儔。萬緣久分同春夢，束帛何期賁晚丘。畫舫濫爲偕計客，偶陪高興一登樓。

贈畢王二進士

丹桂亭亭兩妙齡，相逢江上話詩情。冰霜自是男兒志，穩步青雲萬里程。

姑蘇驛舘即事驛官置酒鳴琴

尊酒爲歡偶共斟，江清地迥夜沉沉。感君流水高山意，暢我光風霽月心。

桐鄉舟中

兩日勞勞晝夢長，斜風細雨度桐鄉。卧薪自是男兒志，何事廖廖數越王？

---

❶「往」下，原衍「一」字，今據弘治本刪。

贈鄭御史

江上相逢話舊知，與故人徐希仁同學兼姻。姻門蘭雪予所贈徐二大字。共心期。行春大展經綸手，碌碌何煩索小詩。

陸主事紫微庵先隴所在

一庵遥託紫微坡，馬鬣巍巍事若何。惆悵孝思維則處，始終名教爲君歌。

皇華舘即事

沉沉臺舘緑陰濃，一榻高眠詠午風。時止時行皆樂地，夢魂依舊白雲中。

陸大參宅

成均高誼古人儔，江右仁風播更優。今日德門恭一拜，白雲埋玉幾春秋。

滸墅鋪舟中

一席中流快好風，平疇時喜看吴農。推篷細話林林趣，❶總在乾坤生意中。

白鶴溪鋪舟中

我愛佳名白鶴溪，客情舒處又題詩。分明畫得無懷世，楊柳家家賣酒旗。

❶「林林」，四庫本作「園林」。

次羅憲副見贈韻

蹉跎夙志久隨流，到處逢人愧白頭。濫奉天書趨魏闕，猥蒙春酒醉常州。聖門道遠良難進，賢轍風高不易儔。安得魯戈回白日，重將舊業共君脩。

邗　城

丹陽古渡接瓜洲，萬頃黄雲麥正秋。一榻午風清夢覺，又題新句過揚州。

高郵湖

圖經旋展認邗州，童稚傳聞老始游。一曲倚樓懷古調，烟空漠漠水悠悠。

渡黄河次唐人昨夜微霜初度河韻

平生從跡半樵歌，歲晚昏眸始識河。名姓誤叨天上薦，琴書端似夢中過。洲連碧水浮埃少，自瓜洲來水穢濁之甚，至清河口清矣。席滿薰風逸興多。却憶青山同學侶，可勝名教兩蹉跎。

憶　家

獨吟沂泗向黄昏，漠漠雲天遠近村。前月小陂今夜思，細分詩帖與諸孫。

杜主事榮壽堂乃尊受封贈。

堂上嚴親八十强，天恩厚處錦袍香。多才令子方騰踏，百福如川日正長。

徐　州

前月兹晨别小陂，通宵風雨泊西陲。看山問水何鄉客，帆指彭城薄暮時。

贈宋知州蘄州人，名誠，字彦實。

沙頭載酒話蘄州，勝水名亭悵舊游。聞道彭城多善政，盤根正屬有爲秋。

即　事

一灣未盡一灣連，處處垂楊蔭道邊。高纜勢寬夫力緩，行行喜帶夕風牽。

王錦衣望雲思親詩卷

使節馳驅南復南，高堂華髮夢毵毵。一杯春酒歸心切，指日雲邊落錦帆。

曹天使重慶堂

餘慶重重見老萊，斑衣華髮映春罍。青山門巷時時掃，待領天邊紫誥回。

平野望鄒魯次少陵韻問士人，北去魯城九十里。❶

古意千秋上，孤蹤九夏初。高山方仰魯，洪道已過徐。慈教三遷外，雄韜百戰餘。堪輿頻悵望，風日共躊躕。

望　魯　山

閘水仍相阻，河堧又獨行。兹山含萬態，於我故多情。

---

❶「北」，四庫本作「此」。

夢　家

百體衰慵兩眼花，雲山久已隔紛華。宵來魯水橋邊榻，一片離魂只在家。

濟　寧　道　中時阻淺登陸

一逢勝地憶平江，夾河楊柳陰陰，皆平江伯遺愛。緣道薰風滿緑楊。豈獨陰涼人共惜，助予詩興更無疆。

濟寧南城驛庭前多種椿與白楊

庭樹陰陰轉嫩涼，琴書喜傅濟寧航。短歌不盡悠悠興，泰岳峯前送夕陽。

夏　至

晝雨聊城逢夏至，暮雲江右憶儂家。東林新籜知成蔭，南畝香粳想俵花。

録　詩　後　作

無事偏宜白晝長，薰風多送午窗涼。思家恐有南飛鴈，預寫新詩待寄將。

王錦衣贈梅聖俞集

早自歐編慕聖俞，晚從汶水得明珠。慇懃欲表將軍愛，又向思親錦卷書。

端午前一日作

端午明朝是，鄉園此際思。南歸人未卜，北去日隨時。道遠諸孫弱，家貧老母慈。榮枯自有分，無使淚空垂。

寫詩後又題

新詩寫就即封題，只候河邊鴈字飛。消息定於何日達，夢魂夜夜大江西。

臨清端午王錦衣饋粽

且食將軍粽，休論故國情。離家從兩月，挈榼任諸生。碧艾仍懸户，香蒲可泛觥。稚孫嬉作隊，誰念日邊行？

盜　名

實若虚兮有若無，如斯方表聖門徒。盜名似我真堪鄙，愧爾昂藏一丈夫。

武城對月

一鈎清照故園心，獨倚薰風又一吟。惆悵麥秋今夜宿，諸生共聽玉山琴。

泊　武　城

長年捩柁棹謳停，淡月疏星泊武城。若使九原人可作，絃歌聲裏拜先生。

陪天使及王錦衣登陸閒眺取徑徐步坐滕家鋪緑陰候舟小兒陪二使習射

見説行逢對摺灣，相招取徑縱遐觀。河山指罷仍留射，好似雩壇春服還。

登德州梁家莊驛樓

一賞薰風瞰水樓，樓頭清興暫相留。明朝知隔幾程驛，緑樹人家記德州。

題德州梁家莊驛舘粉壁四牡聘賢二圖

左是皇華右聘賢，苦心於此豈徒然？　中原萬里能無孕，不在商巖即渭邊。

書姜米巷壁

雲山萬里去吾廬，萍梗那知此寓居。　晝夢每便風帳静，夜懷幾共月窗虚。　樂天知命憂何在，安土敦仁愛有餘。　他日多情時北望，慇懃却憶壁間書。

客夜即事

庭户沉沉夜未央，碧天如水月如霜。　一星爲幸何多也，獨許寒芒伴耿光。

得小陂消息

辭家三見月團團，幾望南雲路渺漫。　忽報遥臨桑梓客，曉窗徒履問平安。❶

移寓宗人建一

素佩行雲流水詞，一枝何處不堪依。　慇懃况有吾宗子，小閣虚窗懶正宜。❷

題南薰閣

玲瓏傑閣面南城，滿座薰風解我情。　玉軫珠絲秋月夕，幾回清興繞虞庭。

---

❶「徒履」，四庫本作「倒屣」。

❷「正」，原漫漶不清，今據四庫本補。

題南薰坊寓居

一柏亭亭傑閣西，婆娑厚蓋未經題。他日哦吟南斗外，時時夢想與雲濟。

贈王醫士

杏林春色滿窗紗，好是當年董奉家。我借餘光輝客邸，神功特向衆人誇。

奉呈忠國公

翠柏蒼松幾歲寒，菊窗竹牖共平安。百年勳業寰中滿，❶萬古聲名鼎上看。

奉别文安伯

彤墀執手話綢繆，雙硯慇懃誼更優。明發青山白雲裏，龍樓鳳閣夢神州。

奉别李尚書學士

神交尺牘比南金，況復雄文重盍簪。錦繡欲酬何所禱，和羹慰滿四民心。

奉别彭吕二學士

幾陪鴛鷺肆愚言，玉趾頻煩坐客氈。歸夢已隨秋興遠，寸心猶在五雲邊。

奉别主客諸公

聖賢事業細曾論，别語諄諄問所存。尚友軒中銘座處，紛紛慎勿惑多門。

❶「業寰」，原爲小字。

奉別孫黃二姻舊

客裏情親孫與黃，夜來歸夢繞秋江。西風黃菊青山曲，細把平安報舊鄉。

孫氏叢桂堂

莫説當年竇十郎，君家叢桂互流芳。靈臺更有天然妙，不待秋風也自香。

孫氏更造八里橋改名通濟

八里新更通濟名，乃知仁者用心宏。誰人更續生生德，好共千秋萬載馨。

十友餞別城東五里曹天使、孫郎中、秦員外、倪員外、張主事、陳主事、孫主事、黃員外、劉都事、王進士。

疏頑無以答昇平，況辱羣英遠餞情。明日青山回首處，五雲遥憶讀書聲。

重宿通州驛舘二首

五月篷窗觸熱多，清涼臺舘此調和。故人重進杯中物，獨酌燈花一放歌。

細數燈花事短歌，南歸魂夢白雲窩。獨憐葵藿微私切，惆悵何心製芰荷。

別二孫生

客裏過從喜二生，雲和夜夜玉壺冰。❶長河記得臨分語，莫把靈臺泥俗情。

---

❶「玉」，原作「王」，今據四庫本改。

中秋新橋驛次去年詩韻

何處中秋對月圓，新橋旅泊近人烟。西江皓彩阻千里，北闕清光隔九天。畫舫獨吟河水曲，銀燈高照驛樓前。時逢鄉友談萍梗，華髮添明又一年。

登陸偶成

曠望晴蕪外，聊爲曹濮吟。静觀浮世事，端合付無心。

奉謝都水車主事

争奈舟人貪利涉，寧知見險却當需。指麾非仗仁人力，顛沛洪濤尾盡濡。

崇武即事

一舸秋風晝枕清，樓臺時見博平城。思家款款南歸夢，戀闕依依北望情。獨倚滄浪懷古調，細詢輿地閱圖經。明朝放櫝晴嵐塢，遍憶琴書水上萍。

古城舟中

朔風微雨艣和鳴，已度鍾吾問古城。北路漸遥南路近，伊誰一寫箇中情？

贈金通判并序

名鎬，字孟周。尊公名砥，國子典籍，與先君官舍隔壁而甚相得，於不肖過蒙與進。孟周在官亦有聲，予爲大書「冰壺」二字以貽之。

少小爲隣今老夫，淮陰重喜話冰壺。男兒肯負平生志，正好明時展壯圖。

經蚌殻湖

前月玆晨濫竉嘉，恭承天語侍文華。片帆容易幾千里，獨詠西風野水涯。

高郵湖

長空漠漠水雲平，北極風高一舸輕。菊有黄花歸夢切，青山日計撫州程。

孟城驛

高柳收帆處，平蕪縱目餘。都將今古興，盡向驛樓書。

即事

船頭船尾富歡聲，高掛雲帆四體平。免牽纜之勞。時見南陲山隱約，明朝定擬到金陵。

發儀真

壩上停篙博柁樓，江邊解纜别真州。滿懷秋思無心寫，獨看岷峨萬古流。

舟中見紅樹

船頭時作望鄉吟，難寫浮生去住心。忽忽不知爲客久，誰家紅樹報秋深？

白螺磯

柔艣和鳴人力齊，急流競度肯遲遲。❶ 試將衆理依斯看，萬事心同不足爲。

---

❶ 「度」，四庫本作「渡」。

牽路宿上元地❶

江北郵程晝夜貪，寒蘆已喜屬江南。青山門巷無勞夢，消得東風幾日帆？

題淡然卷子

東風紅紫競芳菲，萬葉千葩恐後時。誰道大羹玄酒味，却能醫得兆民彝。

發石頭城

舊游歷遍問歸程，晴色東風一舸輕。楊柳堤邊吟望處，青山猶是石頭城。

板石磯

紅葉黄花歸興濃，青山夜夜夢巴峯。磯頭記得蕃昌路，西日一帆蘆荻風。

次荻港二首

漠漠寒蘆一港通，衣冠迎候禮從容。已陪徐步鳳凰嶺，更與遥談獅子峯。

晴蕪眺罷事霜毫，點染秋雲散海濤。餘興歸來眠未得，蘆花寒月滿江臯。

十里青山與廬州相對❷

羣岡聯絡接銅陵，何代流傳十里名？隔岸翠屏相映好，片帆歸詠正秋清。

---

❶「宿」，原作「已」，今據四庫本改。

❷「州」，四庫本作「山」。

銅陵舟中

歸心日日數郵程，楚水吴山次第迎。安樂有窩時在眼，❶只憐無計答昇平。

梅根次辛丑歲詩韻

輕風疏雨送微寒，淡月疏雲泝急湍。年少舊題今白髮，浮生猶幸一身安。

重脩余忠宣公墓堂詩并序

劉清廉大之參政四川也，❷經同安，付白金於懷寧丞胡詮，助脩余忠宣公之墓并敘禮之堂。詮以訟之麗乎罪者役焉，民不勞而事集云。詩曰：

薇垣參輔隆風教，花縣郎官尚典刑。顧我疏頑何似者，敢將名姓污丹青？

胡貳令索詩題尊府方伯公一曲軒

畫省高車久已懸，花封才子正青年。鑑湖一曲幽棲處，明月清風水拍天。

同安即事

幾日扁舟繫淺沙，獨吟夜夜夢燈花。青山䞇有平生侶，頻說天邊客到家。

鄱陽舟中

詩卷書來興轉佳，好風應念客天涯。明朝再假一帆力，指日琴書可達家。

---

❶「在眼」，四庫本作「有限」。

❷「大」，四庫本作「文」。

進賢道中

詩思鄉心共落霞，連村紅樹勝春花。少年髣髴曾遊處，獨立蒼茫兩鬢華。

蔗林

夢回夜半候雞聲，時聽舟人問水程。明發揚舲過百里，好山却看故鄉青。

謝家埠

連檣金鼓氣飛揚，共喜郵程近武陽。詩興無端吟不徹，霜林處處奠紅芳。

奉陪天使金陵王侯游山十首

皇華亭

皇華曾喜見名亭，使節重臨勝倍增。愧乏長才歌盛美，漫將下里頌昇平。

集慶亭

集慶當年衆所誇，四民重喜拜皇華。一壺春酒供多興，歸從如雲擁鼓笳。

天使亭

簫鼓喧騰日正融，烝黎滿路慶時雍。旌麾隱映紅雲表，天使重臨天使峯。

綵雲亭

綵雲亭子碧雲岑，舜日重霑雨露深。紅樹溪橋春似錦，高吟細寫北來心。

駐節亭

遥傳天語下青霄，使節榮瞻駐此橋。燕喜有筵供勝會，舊家文物話唐朝。

塔山

窮鄉誰道塔山名，惟是樵歌牧笛聲。豈意遠承天上使，翩然下此駐霓旌。

石溪先隴

石溪橋畔蔚松楸，疊鼓清笳導勝游。好是丹青難狀處，百年心事共春秋。

石原

清明風日小春天，旌旆翩翩會石原。借問皇華輝映處，昇平文采萬人傳。

蘿溪重慶亭

雪窗螢案飽儲書，兩沐旌麾奉使車。請賦新亭留勝跡，畫簷高映緑蘿居。

赤岡

赤岡斜抱小陂南，鄉邑流傳富美談。紅葉清霜風日媚，送迎天使此停驂。

送天使王侯回朝綵旗聯句

九重雨露堯天大，萬國衣冠舜日明。草木光華南服重，風雲慶會北歸榮。

金臺往復稿畢

康齋先生文集卷之六

詩

元生陪往寶塘小憩路口鋪己卯

晴山聯轡日遲遲，立春五日。小憩郵亭啜茗時。少長森嚴環侍好，舊鄉細誦帝鄉詩。

宿下城丘孔曼

先朝心事共春秋，此日投裝話白頭。莫把光陰牽俗態，勉教孫子繼前修。

賜金墾田

濫向文華辱賜金，側身北望五雲深。都將至渥歸南畝，瓜瓞綿綿萬古心。

親農歸途中次舊放水詩韻

迎恩橋畔獨經過，課僕西疇事早禾。却憶去年今夜興，淮陰去棹好風多。

坐沼上有懷京師冠蓋

倦抛鉛槧暫揮鋤，浴罷觀魚聽鳥呼。乘興不知吟坐久，無端秋思繞皇都。

憶去年今日八月初四

去年今日侍文華，天語諄諄過寵嘉。三度丁寧歸去後，好書多做貢皇家。

憶去年今日八月初七

去年今日拜彤墀，天語温淳賜勅歸。中使傳宣天使道，好生看顧荷皇威。

憶城東寄餞行十友

聯鑣接軫憶城東，綺席珍盤别醑濃。南北雲泥懸隔久，高情常在夢魂中。

奉寄夏官羣彦

司馬羣英嘉惠深，聯名錦軸重南金。當時愧失摳趨禮，别後難勝悵望心。

寄王經歷劉都事二鄉友爲尋妻弟善才

外氏零丁一轉蓬，欲從何處問孤蹤？盍簪得遂平生願，總屬王劉雨露功。

奉題懷寧伯雙驥圖二首

汗血俱曾成大功，丹青凛凛著英風。人間自有男兒事，傑出方名世上雄。

競功雙驥大功成，造父王良總擅名。設使當年無伯樂，何由千古著雄聲？

奉寄忠國公令郎君

僑居幾欲拜蘭階，多病因循愧夙懷。翠竹碧梧霄漢迥，五雲深處望三台。

奉寄廣寧侯二郎君

曾接親庭花萼輝，亭亭玉樹映金芝。聖明文教超千古，萬軸牙籤好及時。

寄太常高博士

傑作鋪張天地心，大音寥闊國之琛。清風明月停雲處，不信人間有古今。

寄太學鄭助教

自古文章貴作蒙，夫君當代富才華。案頭夜夜增光艷，留與兒孫仔細誇。

寄湯教諭

麗句流傳衆所歆，稱揚太過實難任。雖云甚矣吾衰也，餘齒猶宜座右箴。

奉寄南康郡侯

一接沙頭金玉相，時從舟子話龔黄。幾時一鼓滄浪棹，細和匡山白鹿章。

沼上芙蓉花開

去年花盛客天涯，今歲花開人在家。萬事只應隨分好，不須憔悴對年華。

作遠書罷卧自得亭

翬緘裁罷一身輕，又向高秋卧此亭。遥想故人天上夢，可知衰病日伶俜。

拜表歸途中作

記得重陽拜表歸，乾坤清氣映晴暉。紅黄山果驚新候，又喜題詩野水湄。

青雲亭

欲得靈臺拔俗紛，❶特將亭子倚青雲。朝朝剩汲寒泉澗，❷細點明時輔世文。

遊塔山

去歲玆晨發望江，風帆夜泊小姑傍。來歌此地懷萍梗，紅樹新晴候欲霜。

遊天使峯

天使峯頭境絶奇，重游恰近小春時。晴明風景堯天媚，安得情懷不賦詩？

遊綵雲山

選勝歸時興未闌，微吟更坐綵雲山。出塵亭子休孤負，須把遺經日此攤。

寄郡庠陳廣文并序

郡庠司訓陳先生兩辱枉顧山中，有懷成詩，敬以奉寄笑覽，幸幸。

濫竊時名負愧多，勞君兩辱碧山阿。墨池泮水宵來夢，紅樹西風寄短歌。

寄邑庠陳廣文并序

不肖將赴金臺時，承判簿戴侯、邑庠廣文陳君枉顧衡門，不肖贈詩有「滿賴餘光燭草萊」之句。別後辱

❶「紛」，四庫本作「氛」。
❷「澗」，四庫本作「潤」。

陳君兩垂青眼，久稽奉答，有懷成詩，敬以呈上笑覽，幸幸。

荐辱餘光燭草萊，瓊瑶久矣負高懷。孤吟幾對黄洲月，芹水清風不易裁。

至　日

歲華又值一陽生，豫汛庭堂賀太平。萬壑金雞天欲曙，四簷霜月雨初晴。學隨年長嗟衰邁，道與時亨荷聖明。閒傍溪梅尋嫩蕋，新詩興緒繞虞庭。

遊　三　峯　尖

晴明又喜躡雲烟，舊跡來游興浩然。心事滿懷題不盡，長吟回首五雲邊。

賀吴營元氏駐節亭成

積李崇桃燭令晨，雙溪雄峙一亭新。百年勝事光先躅，千載清芬激後人。

題　新　齋　壁

莫懷端合惜年華，莫枉閒工事筭沙。收斂寸心歸寂寞，芸編堆裹是生涯。

同丘孔曼游勝覽亭

積雨初收遠岫明，盈眸生意黍苗青。偶乘佳興良朋共，細詠新詩向此亭。

遊　霓　旌　亭

一歷青雲眼倍明，羣峯聯絡自天成。遲回盤石忘歸去，誰共斜暉俯仰情？

憶前年今日五月十六

前年今日拜宸旒，天語親承錫命優。幾度忸怩疏薄質，洪鈞浩蕩若爲酬。

憶前年今日五月十七

前年今日拜文華，疏薄何叨過寵嘉。謝病曾無一字補，可勝衰眼日添花。

憶前年今日五月二十二

前年今日説《中庸》，内閣羣英眷注濃。分惠御桃嘗主客，歸鞭姜米步從容。

七月二十六日作二首

流光一飛電，夙志良堪羞。末契何所託，塵編日遮眸。

窗得竹林幽，亭有荷池勝。淺薄諒何爲，於焉託餘命。

車泰使歸喜而作

山暝風高雨打衣，敲門知自玉墀歸。椿萱綵服千重慶，臺閣雲牋萬丈輝。

敬梅軒爲楊侍講題

雲塢虯枝處士裁，玉堂詩卷映三台。肅焉敬止哦吟處，難寫孤芳萬古懷。

憶前年今日八月十九

前年今日急郵程，時向街頭慨武城。此際獨吟仍獨卧，滿懷秋思向誰傾？

憶前年今日九月初七

前年今日達龍灣，人在滄江杳靄間。夜傍石頭城繫纜，舊游觸目是鄉關。

憶去年今日九月初九

去年今日五更興，旌旆翩翩度野亭。精白一心懸北極，肅恭拜表進虞庭。

覽戊寅日録作

竹窗時止一時行，誰共清風明月情？忽憶前年今日興，登高人在石頭城。

沼上亭玩芙蓉花

今歲花時幸粗康，雖貧却乃士之常。秋亭玩罷歸來好，竹影扶踈旭日涼。

憶前年今日戊寅十月十二日，行李自金臺抵家，天使及郡侯臨川、崇仁二縣官、郡縣師生皆會于此。

前年今日荷皇恩，冠蓋盈庭客滿門。霜鬢荐驚新歲月，涓埃未答志空存。

遊　山　詩

小春風景日清妍，游衍鄉園又一年。身幸平康心寡係，杖藜隨處詠堯天。

後遊山詩

昨日登臨興未窮，重游喜得數生同。峯頭徒倚忘歸處，詩在雲烟杳靄中。

寄萬叔璨

赤磵松楸跡久荒，荐勞青眼意何長。瓊瑶未報身衰邁，幾向南雲夢北堂。北堂，蓋指叔璨母，先生妻之姑也。

至日講堂朝賀

金雞催曙鼓聲雄，濟濟班行院肅雍。迎福共瞻剛長日，堯天歡舞萬方同。

即　事

偶傍溪頭詠落暉，烟村清眺意遲遲。低回細憶前年興，逐一閒歌驛道詩。

書鄭伉卷子畢偶成

殘經講罷慨虞唐，步月歸來興未央。詩卷寫闌吟更好，又揮餘墨兩三行。

德　政　歌并序

桐廬吕侯廷和宰洪之進賢期年矣，甚得其民。有儒一生，相厥耆老顧予請頌，歸率其子弟詠歌舞蹈於和風甘雨之中，以服侯清化美事也。重以吾邑令君李侯之命，遂走筆以復焉。陳子憲、朱文貫、吴志廣、陳子寧者，四老也。傅海者，諸生也。歌曰：

我憶絃歌武城宰，流風餘韻今安在？懷古。卓哉吕侯英妙年，碧梧翠竹何娟娟。念今。却金海隅光使節，寒露玉壺浸霜月。形容清節。牛刀小試鳴南州，長天雕鶚横高秋。丹誠烱烱慈仁父，反風滅火并伏虎。德政。琴堂有教肅簪裾，犴獄雖設期空虚。省刑。南隣北里童與冠，含哺鼓腹相泮涣。民安。春郊桑柘漲叢叢，秋原禾黍迷西東。物阜。隣封野人拜佳政，樂與輿人共涵泳。結上。桃李陰陰清晝長，牙籤玉軸森琳琅。書籍。列聖羣賢屹相向，蓍龜指南如視掌。聖賢示人之意昭然在册。河海何曾擇細流，泰山固不辭土壤。不自滿假。百尺竿頭事若何，濯纓一曲滄浪歌。務造其極。朱子云「百尺竿頭更進一步」，「自求多福」。

贈四老歸進賢

花縣仁風日念兹，黄眉衝雪到茅茨。予攸好德何能爾，信是人人共此彝。

重庵歌爲陳子憲題

借問仁者何樂山，巍峩屹立天地間。以木巽火是曰鼎，君子正位以凝命。浮生歲月疾於飛，庵中心事其奚爲。去斯二者將安歸，蕭蕭華髮映黄眉。不遠百里求新詩，詠歌付與孫與兒，奕葉仰止庵之楣。

除夜感懷

曾賦山房一味清，永樂壬辰除夜詩云：「誰家除夜無杯酒，我獨山房一味清。」沉吟舊夢轉多情。千山萬水迷歸路，羞照秋霜鬢數莖。

同胡冕陳鳳鳴宿路口鋪辛巳

鄉情詩思共悠悠，燭盡宵闌立未休。記得丁寧簷際語，好來芸舘話春秋。

晚坐自得亭

春田課僕暫親農，亭子閒來坐晚風。幸得微軀能勿藥，崇桃又見一年紅。

題程僉憲驄馬行春詩卷

行行無用避桓驄，霜雪何妨雨露功。緣道生靈迎望處，鐵冠遥在萬花叢。

題全歸詩卷爲應僉憲父題

遍歷儒冠四十年，榮膺上壽際堯天。跬步敢忘曾氏教，臨深履薄日乾乾。

送原憲使考跡赴天官

清笳急管擁崇臺，萬里風雲接泰階。花柳漫村春似海，伊誰一訪少陵才？

重宿呂坊龍歸寺

曾爲松楸此寓居，二旬風月體舒舒。天上歸來重宿處，青燈細看舊時書。

宿　楊　溪

疾風飛雨宿楊溪，虛室孤吟憶舊時。不是本原深且厚，雲仍何幸至於斯？

楊溪晚眺

一水透迤抱竹居，羣峯稠疊映天衢。遲回獨散平橋步，二百年前是我廬。

拜山泉先生墓

長從家集慨窮經，述作尤深感至情。巴岡遺隴低回處，飽挹山泉一味清。

立　　秋十七歲立秋詩「丈夫壯志須高遠，燈火辛勤貴自强」。

茅屋秋風已滿林，老懷却憶少年吟。丈夫壯志今何似，空感平生燈火心。

寄　傅　裘

洗墨池邊佳問來，月窗重感故人懷。幾時池上翬飛好，佇見新碑向竹開。裘立墨池記碑，覆以亭焉。

送傅裘北歸

扶疾秋山百里來，桑榆細寫別離懷。式微歌罷情如海，共喜新碑吉日開。

游羅原岡諸族姪咸在

上下羅原岡上路，西風斜日共躋攀。新詩付與吾兒道，奕葉當思繼述難。

重宿經舍寺

重宿招提覓舊游，百年心事在松楸。江村送客歸來好，明月清風詠素秋。

自楊溪過葛藤科

港下歸鞭問葛藤，名科山水總含情。朋游迎送秋江晚，古渡寒流月影清。

曉枕偶成

戊寅此日吟淮水，辛巳今朝病故園。時序暗隨生紀換，寸心依舊五雲邊。

枕上偶成

萬事隨緣不用憂，好將行止範前脩。當兹歲晚尤宜惜，獨對黄花詠未休。

戊寅此日九月初五

戊寅此日度真州，壩上閒書幾字留。薄暮喜投楊子宿，青山近接石城秋。

西游稿

辭家口占授諸生

我去尋師適楚邦，歸期應在日初長。殘書破硯須深護，跬步分陰好自强。先生擬拜舊師楊弘濟之墓。

狹原道中

小春風雨路初乾，又向名原話考槃。却憶十年前勝事，門前驥子蹤游觀。

宿北澤

雲塢濛濛濕不開，長途行李後先催。前山寓宿詢名姓，曾向龍潭問學來。

北澤道中

濛濛宿雨又開晴，僮御奔忙四體輕。紅樹青山溪曲屈，勝游隨處是詩情。

溢源道中

度坳躡嶺一徐行，回首雙峯獨注情。更出前村舒病眼，時從牧竪得源名。

重宿墨池傅氏

洗墨池邊正己堂，問舟西去又投裝。兒孫總解隆先執，更把前題續兩行。

宿桂林

冒雨衝泥宿桂林，卑尊奔走事師心。一壺春酒談經罷，獨詠青燈坐夜深。

次前韻寄示兒

到處虚名動士林，平生孤負秉彝心。過情却更憂吾子，新造從兹冀日深。

贈進賢吕茂宰二首

薄劣何勤誼薄雲，野橋迎候度朝曛。綿綿却憶宵來雨，誰道荒村擁令君？

西去尋師學士家，遠勞旌旆駐晴沙。分歧細話男兒事，珍重清芬百世誇。

題正心齋

涵養工夫敬是宜，鑑空之體本如斯。須知道理平鋪在，順應何容一點私。

宿三江口

雨脚朝來又似麻，問舟並午踏晴沙。平林繫纜推篷處，星月交輝雜綵霞。

舟中獨坐次邵詩韻

一棹初逢積雨晴，客邊贏得寸心清。地偏時喜北風軟，天迥獨看西日明。懷古正貪詩逸響，可人更聽艣柔聲。尋常自有無窮妙，争奈浮生識未精。

舟中即事二首

篷户青燈照夜長，觀星玩月水雲鄉。候當小雪寒猶淺，十月初旬始降霜。

風勁天高夜已霜，孤篷閒倚面朝陽。移灣細憶曾遊處，静聽吾伊書滿航。

萬石渡舟中

抄書曾作豫章行，記得扁舟夜此停。異日重來頭盡雪，不堪惆悵憶平生。

舟近豫章

雙艣和鳴暮景横，相將喜見豫章城。病軀粗健何妨老，隨處高歌頌太平。

寄家書

鄉人逢處話鄉心，明發西歸送好音。我在客邊安所遇，家庭只管惜分陰。

船頭曉立

檣頭曉對豫章城，南浦西山是舊盟。俯仰古今雲聚散，新題何處獨凝情？

奉柬大司成先生令嗣

未遂生芻一束忱，白楊幾感老懷深。金昆玉季停雲處，攀折江東渭北情。

柬伍伯遜

擬向高軒一日留，碧梧翠竹共綢繆。晚來懶慢休相訝，❶老病人扶不自由。

寫家書後作寄璿子二首

今日慈顔值令晨，滿門和氣想氤氳。江山到處逢迎好，不必多情憶遠人。

晏子傳書久達家，諸孫親果任喧譁。慇懃寄語青燈伴，逐日新功好倍加。

又柬伯遜

聞道高軒遲我過，別離偏感老懷多。片帆豈不相思切，其奈餘魂逆旅何！

---

❶「晚」，四庫本作「覺」。

不寐

展轉寒更夢不成，細思時止與時行。蹉跎徒有男兒志，枉向塵寰老此生。

發豫章

掛席西歸儒子亭，❶小陽春煦快輿情。❷滿懷今古憑誰問，獨對寒山一帶青。

昌邑山舟中

紅日銜山暮景明，揚舲共喜夜風生。中天月好長湖穩，五六雲帆作伴行。

船頭對月偶成

篤斯懿德任吾真，寧計朝晡苦與辛。黄卷兩行歌一曲，陶然日作葛天民。

夜讀

聽罷吾伊宵向殘，月明清興正相關。近貪黄卷多新益，獨對韓檠又一攤。

不寐

清夜迢迢境闃然，百年心事在韋編。可堪夙志渾孤負，空得浮生雪滿顛。

---

❶「儒」，四庫本作「孺」，當是。

❷「小陽春」，四庫本作「小春陽」。

宿珠璣湖

閒從火伴問名湖，愧乏珠璣媚此都。一水浮空帆暝漠，孤烟帶野樹糢糊。

琴罷歌邵子詩

羈思鄉心近若何，吾伊聲罷聽雲和。美兹明月清風夜，細唱陽春白雪歌。

夜　枕　作

辭家已是一旬餘，試把新詩訊起居。待足求安元有誡，日憑青簡味真腴。

舟近潯陽郭追次辛丑歲游此詩韻

霜日融融晝夢餘，身閒隨處是安居。萬緣有分無勞計，頻向麟經玩特書。

讀　春　秋

塵網那勝久陸沉，青燈遥夜照孤吟。化工妙契何由得，慷慨平生盡筆心。

舟　中　閒　眺

巑岏翠壁倚雲端，紅樹人家帶碧湍。偶爾會心爲客處，只疑身在夢中看。

次　盤　塘

整履聊爲澤畔吟，前村獨往事幽尋。衡茅細接窮閻話，又感平生生物心。

旅夜次工部落日平臺韻

旅棹無眠夜，寒衾獨詠詩。江湖今日興，宇宙昔人詩。蟣蠓身如夢，蜉蝤鬢久絲。冬來多雨雪，驥子念瓜期。

黄麋舟中

好山奇絶自天開，道上誰人入壯懷。我惜桑榆難再賦，只應圖畫共徘徊。

漁陽口追次辛丑歲詩韻

琴書又泛楚江舟，年少題詩今白頭。緑水青山新唱和，雪泥鴻爪舊朋游。

宿散花軒❶鄉人索詩❷

野水荒洲宿散花，鄉心羈思共天涯。明朝再得東風便，去住留詩屬及瓜。

夜説中庸

舊學荒涼偶一燖，悠悠空志百年心。慇懃誰向吾兒道，聖者猶聞惜寸陰。

次未起程時枕上所作韻

少日深惟道是憂，老來愈覺德難脩。幾於名教徘徊處，剔盡殘燈未忍休。

聽誦孟子三樂章

一聽鄒書三樂辭，肅容斂衽起遐思。係天人處猶能得，自致云何不念兹？

---

❶「軒」，原作「料」，今據四庫本改。

❷「鄉人索詩」四字，四庫本入題。

寄進賢吕茂宰

臺皂勞覘久，車輿出餞隆。趨承慚有道，觀感激頹風。白髮人何補，青雲氣正雄。題詩江漢上，翹首豫章東。

寄李晏諸生

湖海扁舟遠，園林數子勞。丹誠憐爾輩，玉案愧吾曹。昨夜金沙目，何時汝水舠。綵雲連集慶，細酌盍簪醪。

金沙雜詩十四首

淹泊依沙岸，棲遲枕碧湍。遥空風勢遠，竟夜雨聲寒。幸免蓬窗慮，欣投棟宇寬。明朝重汛掃，筆硯共平安。

獨撥寒更火，頻挑旅次燈。懷人方有賦，觀我澹忘形。變態能相好，鄉心不用縈。情知旋旆日，定在一陽生。

湖上風威盛，雲邊夜氣清。晚來收細雨，更盡見孤星。久客休相念，明朝定放晴。興闌眠未得，次第覓詩成。

深夜仍飛雨，詰朝未放晴。疾風吹地轉，高浪蹴雲平。翰墨充人事，琴書理性情。焉知萍梗跡，日詠此郊坰。

病後新功減，閒來舊夢清。閉門終日坐，撫景百年情。道在詩書重，身恬去就輕。寸心何所繫，潦止霽斯行。

霰雪時驚户，風濤益撼空。殘盃初泛綠，衰火恰添紅。玉軫調應罷，塵編興未窮。化工何處覓，江漢正朝宗。

平野風收怒，高天日露華。懷人阻石首，作客且金沙。店餅聊供飯，❶園蔬可當茶。擬乘明發興，訪舊遍隣家。

偶踏新晴好，寧教逸興慳。悠悠江夏水，隱隱漢陽山。野趣方延佇，柴扃未擬還。薇垣來舊侶，攜手重鄉關。

孤潔瞻新月，高明仰列星。陰霾知幾日，此去想多晴。寡欲存神妙，忘機養性靈。殘經寒漏永，❷至教在麟經。

月淡天如水，明霞露已霜。❸畦蔬舒晚翠，籬菊傲孤芳。琴劍仍文事，江山且武昌。閒窗宜養病，未用説吾鄉。

誰道心如面，今人即古人。公卿能下士，觀感盡興仁。寓跡金沙上，新亭野水濱。題詩慚鹵莽，孤負秉

---

❶「餅」，四庫本作「黍」。
❷「經」，四庫本作「編」。
❸「明霞」，四庫本二字互乙。

彝真。

共詫金沙勝，衣冠日日來。高情知好德，薄分愧非才。綠水春光動，青山霽景開。檣頭賓不顧，端似舞雩回。

綵筆晴揮罷，澄江晚眺時。生涯從作客，物態盡歸詩。鄉侶新情密，柴關獨返遲。經過多愛惜，次第見民彝。

鍾鼓候和鳴，衣冠遲夙興。鈞天萬壽日，大地一陽生。禮樂需清化，車書荷聖情。金沙留勝跡，曾此賀昇平。

晝夢覺作

時光已是陽生後，歸計應當晝夢餘。天外琴書雖樂土，山中松竹乃吾廬。

周長史崇德堂

棘垣拔秀亦云終，花萼聯輝誼正隆。不是德馨寧致此，百千似續固宜崇。

丘布政公餘十詠

冉冉晴雲漾楚天，滔滔新漲下岷川。欲知退食委蛇妙，聽唱陽春白雪篇。

劉僉憲挹清軒

載籍餘芳漱有年，臺臨麗澤更泠然。天光雲影徘徊處，擬共何人賦此軒。

廖教授求箴語

興戎出好片辭間，利害分明欲順難。從此書紳宜痛省，擴充四勿日希顏。

歸　興

覓得江頭汝水船，朝來歸興已翩翩。鄉山故舊逢迎處，細説名邦舘穀賢。

別武昌

羈懷竊幸一身强，又喜琴書別武昌。借問同舟人客姓，新晴作伴好還鄉。

曉發蘭溪

共訝宵來雨打篷，深憂舴艋困途窮。詰朝忽喜東方好，大地曈曈青滿空。

卦　口二首

流光又值大寒時，清夜閒吟卦口詩。薄莫江頭疏雨歇，雲開莫怪月來遲。

青山日日數歸期，江上扁舟去尚遲。夜半疾風雷雨作，孤衾卦口夢醒時。

宿南湖觜

共喜西風好，何嫌夜柁勞。更闌雨脚斷，雲薄月華高。慰勞頻分果，丁寧穩着篙。隣舟燈火近，杙纜向江皋。

康　山

北風條暢一帆輕，西日紅明又報晴。翹望鄉園程尚遠，康山新興共誰乘？

蔗　林

已喜歸帆逗蔗林，新晴尤愜客邊心。雲箋揮罷如椽筆，又向平沙事短吟。

發　桂　林

浮空瑞色曉皚皚，半掛雲帆帶雪開。夜夢家庭勤汛掃，亦知早晚客歸來。

鑿石潭懷廖廣文

素氊已辱温存厚，❶花被何當過愛多。微吟鑿石潭邊枕，細憶金沙洲上歌。

宿黄城艾氏

借得銀鞍冒雨行，投裝仍訪舊門生。時逢相識綿綿話，總是鄉關故國情。

黄家原道中

出得黄城望故山，皇華近在翠微間。回頭舊友遥追逐，細酌芸窗慰客顔。

歸　來

歸來松菊總平安，墻角梅花雪後看。新錦堂中武昌友人惠錦。春晝永，清談日接故人歡。

元　旦壬午

履端莫怪起來遲，老病身衰只自知。俯仰鄉關多暇日，萬方鍾鼓樂清時。

❶「素」，四庫本作「青」。

適閩稿

人日承李賈二縣侯下顧

湖海歸來百慮輕，梅花仍結歲寒盟。聯翩更辱賢侯趾，錦繡重增白屋榮。

辭家口占授小兒及諸生

適楚歸來又適閩，桃蹊柳澗踏清晨。服膺素有前賢命，流水行雲任我真。

孫坊道中

桃李漫村麥隴肥，吟邊春思轉霏微。未了平生山水債，寸心遥向七閩飛。

南原道中

出得平田問地名，望中時見舊山青。楊溪隔山水。林頭忽喜詩情好，獨樹紅芳在杳冥。❶

宿楊溪

衣冠先後辱遥迎，一笑春風故里情。生意望迷平野迥，老年人在夢中行。

晝夢覺作

冥冥細雨滯行裝，且復高眠向此窗。識得静中滋味别，始知禪客最爲忙。

❶「獨」，四庫本作「深」。

題彭原李氏門扉諸子弟不在家

宿雨初收踏好晴，匆匆行李促嚴程。東風吹我彭原袂，何限先師執友情。

小憩游頓寺

偶從花下一開吟，窗户玲瓏竹樹深。習習條風知客意，特來清我出塵心。

宿太原寺

午詠招提游頓花，太原更宿老禪家。病軀偏爱幽棲好，高枕虚堂皓月華。

宿太平寺

春風一宿太平禪，桃李芳菲霽月圓。明發青山懷雪爪，❶筍輿人在白雲邊。

宿白雲庵感懷

曾服前賢孤立辭，空山獨夜感於斯。何由得拜龍門道，一寫平生慨慕私。

杉關道中

行裝已出杉關道，閩水閩山愜素心。身幸平康僮御樂，春風桃李可無吟。

邵武道中

到處濺濺小澗通，回頭頻憶白雲蹤。每逢佳境凝眸久，細數春山遠近峯。

---

❶「爪」，原誤作「瓜」，今據四庫本改。

邵武即事

東家昨日問爲誰，西舍今朝走馬追。孤負滿城冠蓋念，只緣衰邁倦參隨。

官原道中

村村桃李謝芳菲，處處山藜雪滿枝。和氣薰人春欲暮，東風淡蕩任吹衣。

茅包錦

偶然見説茅包錦，此語端爲知者辭。慎勿妄將茅作錦，免令堪鄙又堪嗤。

歇雨鶴山廟

北落村原冒雨過，籃輿暫駐鶴山坡。呼僮啓鑰供鉛槧，旋寫新詩一共歌。❶

歇雨太白橋

一上籃輿雨又來，前程有定莫關懷。棲身喜寓長橋好，坐待高山雲霧開。

宿太白店中

泥途不必歎淒其，順應當隨逆旅時。但令努力加飧飯，毋惜琴書歸去遲。

獨樹桃花

家家桃李謝芳菲，此樹夭紅何獨遲？莫是東風不欺得，濃粧留與客題詩。

❶「一」，四庫本作「且」。

近建陽

考亭已近素懷開，不負籃輿千里來。明日青山歸興好，草堂應念遠人回。

別考亭書院

考亭拜罷賦歸歟，昨夜青山夢舊閭。沿道若逢相識問，慇懃細説建陽居。

發建陽

行裝曉發建溪陽，共喜平康返舊鄉。想見篳門迎迓處，桐花時候詠新秧。

贈文公先生令孫伯升

百里郎君躍馬來，恭承家命顧非才。南雲拜罷春如海，剩賦新詩寫永懷。

去年楚地賦家雞，今歲閩邦話本支。一一聞孫煩寄語，超羣拔俗是男兒。

界牌鋪道中

前途急急意遲遲，寧忍名邦别所思。記得嶺頭惆悵處，濛濛細雨濕征衣。

武夷道中

細數前程歸興濃，停輿更戀武夷峯。棹歌九曲今猶昔，誰和千秋萬古風？

贈崇安于茂宰

見説金臺一盍簪，偶經花縣更論心。要知禮下誠吾事，須信勞謙是乃箴。

發　崇　安

清明雨歇曙光妍，祖道衣冠謝别筵。晴塢每貪花簇簇，春流慣聽澗濺濺。

宿分水嶺

躡盡崎嶇山復山，白雲堆裏宿閩關。蕭蕭風雨清明候，千里琴書此地還。

鉛　山　道　中四首

亂石叢中一轎過，水源窮處感人多。高蹤邈矣乾坤古，白雪陽春奈若何？

平生迂拙寸心孤，何幸身親往哲途。借問山川羣草木，當年曾識晦翁無？

雲開雨歇放新晴，處處春風佩玉鳴。忽喜舊游峯在目，細將心事惜平生。

赤土亭前日欲沉，客程趁宿競分陰。筍輿傲兀歡聲動，指日行裝到故岑。

寄贈金太守

拜罷滄洲返薜蘿，道經貴郡好懷多。本圖遍覽鵝湖勝，無奈晴春歸興何。

安　仁　道　中

日麗風暄三月三，安仁登陸望龍潭。路經舊識猶能憶，不必逢人問指南。

宿三山陳氏茅店

遠客寧家已刻期，山妻稚子正相思。疏星預報朝來喜，茅店新詩夢覺時。

宿大嶺鋪

蕩石亭前風雨來，敲門大嶺夜深開。家人想見懸思久，沿道歸期日日催。適閩稿畢。

載進賢吕茂宰所贈采石春慰勞後坊塘士功之衆

花縣郎君采石春，何由得及寂寥村？士功沾惠交歡處，共説流傳子更孫。

贈别于準通判

惜别問官居，宜思位莫虚。有爲兼有守，庶以答除書。

迎恩橋口占授于準

玉壺春酒别情深，滿向迎恩橋上斟。惆悵爲君歌一曲，拳拳報國愛民心。

載宋憲侯所贈佳醞勞黄柏士功之衆

霜臺春色到荒山，共沐清風醉碧湍。碣石水留三伏跡，❶新詩細寫萬人歡。

倦寐偶成

衰齡精力有限，塵慮幸莫相干。日味二三青簡，黑甜半枕平安。

偶成

殘書破硯貧中樂，虚閣明窗静裏心。送客偶看溪上緑，還家時息竹邊陰。

---

❶ 「三」，原作「二」，今據正德本、四庫本改。

隆孫誕日四周歲矣漸解人事可愛詩以志焉

祖德多年種，孫謀奕葉貽。夢蘭游宦日，戊寅歲安庭，九月二十日，夢蘭花高哉一樹。奉勅到家時。到家生十日。❶美質衆所念，佳晨四見之。學詩兼學禮，早作好男兒。

寄饒景德

分忝絲蘿辱愛多，可勝近況抱微痾。樂天知命嘗聞教，晚節尤宜養太和。

賀聖節

茅屋雞聲夢覺時，倉惶扶病着朝衣。恍思承詔明光日，咫尺天威拜玉墀。

曉枕偶成絶句奉贈呂中良父子指示羅原岡先壠

四顧荒山總闃然，忽開雲霧覩青天。伊誰施去聲此回生力，細寫荆溪父子賢。

諸生助移大門詩以勞焉

貽厥雲仍百世謀，青山緑水興悠悠。寒泉細汲芸窗硯，各賦新章答勝游。

除夜

正愧道迷前聖統，何期朋誤遠方來？朱子門對云：「道迷前聖統，朋誤遠方來。」小陂風雪當深夜，細勸虛堂守歲盃。

---

❶「生」，四庫本作「坐」。

元　日癸未

虚度流年七十三，强顔北望又朝参。空憐蘧瑗知非晚，欲共何人話指南？

教諸孫誦詩

日親黄卷坐忘疲，夜撥寒爐卧更遲。淡淡生涯隨分足，諸孫同唱老夫詩。

小陂東橋成詩以勞衆力云

伐木年年結構勞，常懷良法在甄陶。忽看勝跡留千載，十日辛勤賴爾曹。

東游稿

余李二生來訪文昌庵七月

江湖總别四三秋，偶向文昌話舊游。好記行雲流水趣，各期努力紹前脩。

午爨平塘

停午平塘爨，森森竹樹居。欲馴僮御禮，旋戒飭襟裾。

長林道中

歇轎來磐石，支頤面好峯。道傍秋水净，嶺背夕陽紅。

宿横路

暝色迷周道，高天久露星。塤篪相和處，燈火後先迎。

午夔玉灣

曾承縞紵賁荒山，欲報瓊瑶久未閒。賤跡何堪符吉夢，蔥蔥春色藹門闌。

宿崖山貴溪地

問姓爲劉族，題名是塔橋。投裝人總喜，星象爛青霄。

新安道中見紅樹

晴轎疾於飛，平橋寓目時。忽驚新節序，紅樹又催詩。

宿漁椿弋陽地

草蹻投安夜，繩床卧穩時。一枝聊暫寄，明日不須期。

石弄晨炊

客路晨炊好，幽哉石弄居。一軒瀟洒處，净几展吾書。

午夔響石鉛山地

籃輿午暫停，幽事愜詩情。綵筆閒揮罷，悠然對翠屏。

宿安定里

昨日無所期，今宵獲安定。但教靈府虚，隨處江山勝。

齊原道中

偶逢澗石坐繁陰，愜我平生習静心。風露不知勞遠役，蜻蜓無數伴清吟。

題齊原嶺涼亭

齊原嶺上架虹梁，來往令人感意長。嗣續更期諸好事，好將名姓共流芳。

宿鵝湖寺

疲軀暫息贊公房，山雨蕭蕭午夢涼。榮辱不驚清夜枕，四更雲月吐寒光。

宿福生觀廣信城

山郭逢時雨，花軒納晚涼。芙蓉隔秋水，客子急行裝。

板橋道中玉山地

遮眼避長風，虛心省厥躬。百年須爲道，萬事貴乎中。

草萍道中常山地

晨促行裝度草萍，夜來微雨喜新晴。望中總是雲山色，吟處時聞野鳥聲。

白石道中

白石當年曾有賦，清秋此日更停輿。回頭火伴閒相語，琴劍何時返故居？

蔣蓮鋪

當年曾此課兒詩，擾擾臺輿渴飲時。物候幾經新節序，布衣猶是舊心期。

重宿徐氏村居

曾此賦村居，重來十載餘。玉樓人久化，蘭砌事堪書。

宿鄭氏村居

依稀餘墨象湖傍，堂扁拙筆存焉。鶴去山空事渺茫。嗣續喜看仁愛重，燈前聯跪告新章。

宿　毛　村衢州上流三十里

扁舟旅泊暫天涯，一夜歸心又夢家。行李但教西路穩，東籬計日詠黄花。

舟　子　索　詩蘭溪地

款款嗚橈話會溪，好留餘跡向新詩。正貪緑水青山勝，恰值風恬浪静時。

贈嚴州張太守并序　二首

天順壬午十月十五日，夜夢嚴子釣臺，春色明媚，一人軸一詩。既覺，只記結句「賦詩頻」三字。明年七月，晝寢書閣，有懷金臺舊游，因記主客張公誤知過奬之言，惕然慚忸，悵怏久之。時張久知嚴陵，雖佳問常聞，而良覿靡由，乃發興江東之行，拜我文公婺源祖居，遂一相求。八月丙申，果盍簪焉。情見乎辭，仍用夢中「賦詩頻」三字云。

江山隨處賦詩頻，況此論心共故人。遥傳尚友軒中譽，爲德兼誇更爲民。

昔年曾託霜松趣，戊寅爲前劉太守寫霜松。此日重爲雪柏吟。桃李任教春似錦，高標依舊歲寒心。

宿資福寺步月謁思范亭

亭子何年没，荆榛老衲開。羣公不日復，諸傑四時來。景行秋乘月，吟詩夜步苔。會心香妙處，晉簡文帝在華林園曰：「會心處不必在遠，翛然林水，❶便自有濠濮間趣，不覺鳥便來親。」杜詩：「心清聞妙香。」何必泥銜杯。

鍾潭鋪建德地

不必勞歸夢，琴書已離東。忽驚秋槿盛，人在萬花叢。

鍾潭嶺

東游舊友論心好，西返新詩得趣頻。又喜野花緣道涌，嫩紅滿眼似迎賓。

下崖鋪

細攬羣峯秀，閒吟一水清。當街跪亭長，新句幸留名。

蛇嶺

頻坐羊腸坂，仍思蛇嶺詩。畏途看漸減，歸計莫嫌遲。

分路鋪

午爨來分路，青山四面圍。憑詩記幽絶，千里此中歸。

宿紫蓋峯法照寺淳安地

出嶺望奇蹤，遥知刹在峯。月階秋皎潔，花砌夜玲瓏。

❶「翛然林水」，四庫本作「翳然林木」。

合橋鋪二首

我辭紫蓋峯，❶行邁從迤邐。尚懷棲鳳堂，清風洒蘭砌。❷爲寫「紫蓋峯」、「栖鳳堂」、「清風亭」額。❸

日日賦詩頻，吟邊興有神。秋花隨地好，疑是夢中春。

懷張太守二首

寄語文章守，遊人去已遥。新詩吟不徹，春興一何饒。

一見尋歌歸去來，寧能兩地不徘徊。從今遇有東飛鴈，剩寫新詩慰爾懷。

十二夜淳安邑庠彭羅二廣文對月

良時已喜中秋近，勝會難逢此夜清。極口細談先聖道，開顔共寫故鄉情。

贈淳安鄧茂宰

山川迢遞行人倦，舘穀慇懃茂宰賢。借問琴堂深淺興，雪中脩竹正蒼然。號雪竹。

宿向果寺二首

一宿招提境，歸心樂意濃。東流碧沼静，西照夕陽紅。

---

❶「我」，四庫本作「俄」。

❷「洒」，原漫漶不清，今據四庫本補。

❸「額」，原脱，今據四庫本補。

此日留新墨，他年憶舊蹤。塵奩誰是伴，明月與清風。

喜　晴

昨日雲生雨，今朝月照人。山川雖險阻，徒御少酸辛。

黄柏道中

細雨微沾處，危橋穩步時。平安人自慶，回首詠漣漪。

五城道中

曲澗泉孤溜，高山雲四垂。逢人承問訊，長者是爲誰？

磨石道中

晴色催詩興，歸期慰客懷。朱鄉看漸近，襟抱共誰開？

宿璜川

細雨朔風寒，揮毫墨未乾。中宵頻出户，微月露雲端。

塔　坑

莫道歸心切，其如度嶺難。萊衣勞夢想，行李此看山。

樟木鋪

偶從樟木詢歸路，亭長諄諄爲指南。他日有時懷勝覽，筍輿曾此駐晴嵐。

喜　晴

漠漠秋雲合，濛濛曉雨來。正愁山脚滑，俄喜日華開。

宿　曉　湖

旋浸霜毫寫曉湖，金尊美酒夜相娱。綿綿細接隣封話，明日青山指故都。

古　坑

擾擾征途客，無非利是心。嗟予何事者，端爲好賢深。

宿　白　石

出原喜近故園疆，度石來投逆旅裝。夫婦俱能崇禮義，弟兄總解重文章。

宿犍頭村茅屋

烟汀一曲淡涵秋，獨詠餘暉坐粟州。東客倦時西路近，度坳歷坂不須愁。

寄安仁李茂宰

游子歸時詩滿囊，晨風吹動桂花香。可知懷古登高處，雲白山青東路長。緣道多助夫力。

宿李章氏觀拙墨卷子

老去仍游越，歸來偶合歡。卷從燈下展，墨在夢中看。東游稿畢。

游　園

爲客他鄉遠，游園新興長。畦蔬盈嫩翠，林橘吐微黄。

題林茂宰橋東書屋

幽棲籬落野橋東，多種芸香與桂叢。童冠沂雩春杳靄，吾伊燈火夜玲瓏。一從黄榜蜚聲遠，幾度青山入夢濃。幼學壯行男子事，留傳冰蘗滿花封。

寒夜偶成示諸生

塵窗寒夜正遲遲，寂對殘燈獨詠詩。小子學詩方避席，諸生讀《易》俟摳衣。飫聞玄聖從吾好，須信文王是我師。流俗汩人非一日，昂藏莫負好男兒。

癸未除夜二首

歲月如流又一年，長更念舊轉悽然。老懷欲共何人寫，吟對燈花未忍眠。

吟對燈花未忍眠，丁寧明日早朝天。老懷有賦何多幸，四海車書正晏然。

康齋先生文集卷之七

詩

甲申元日

列炬蕭蕭宿雨鳴，開軒冉冉曉雲晴。新春又拜唐虞化，舊學重燖孔孟情。

題慈訓堂

剩採隋和詠斷機，洛陽芳躅指程子之母。孰同歸？奉盈執玉今猶昔，姓字宜垂奕葉輝。

贈程李二生赴京

老態偏於故舊深，聯翩二妙重遥臨。春風共有朝天興，穩步青雲聽好音。

即事

萬事蹉跎忝士林，虚名孤負秉彝心。寒爐剩辱花封炭，進賢吕茂宰。春廪遥承皂蓋金。廣信金郡侯。

秋夜懷舊

玉階金殿沐恩濃，舜日堯天不世逢。遲暮豈勝多病際，夜吟身在夢魂中。

芸　谷并序

車亨請大書「芸谷」以爲尊公用軾之扁，且請賦焉。詩曰：

謀生不惜滿籯金，富買羣書子孫讀。杖藜何處可娱人，時訪芸香遍幽谷。

梅　月　軒

鄱陽高致一軒開，雪砌霜簷月映梅。銀世杳然天似水，暗香疏影夢初回。

蘭　軒

羣經醲郁德惟馨，内重由來外自輕。軒即是蘭蘭即我，人誰不仰國香清？

雪　窠

桃李家家春滿林，伊誰一寫雪窠心？請看風急天寒夜，聽唱蒼松翠柏吟。

中　和　齋

堂堂大本固無偏，達道雝雝自粹然。氣質萬殊非我性，克治何惜日乾乾。

饒　循　生　辰

初度欣逢有立年，兩家具慶總怡然。黄柑緑橘開新薦，博帶峩冠秩此筵。風俗固宜由我厚，典章應只在人傳。從今日與二三子，細講高堂十七篇。

贈祁門四生

朱鄉遥憶舊年懷，今喜名邦四子來。寄語家山多俊秀，好將朱學謄栽培。

贈孔昭

橋門北舍日相親，鄉國參商四十春。偶共小陂風月夕，細談舊夢兩情真。

宿墨池傅氏

洗墨池邊又一臨，西風重感百年心。當時弟子俱華髮，細話牀頭立夜深。❶

午爨白沙寺

沿道逢人問白沙，樵蔬喜達老禪家。竹林清趣微吟罷，素壁題名日未斜。

宿桃昱寺

白沙已度詢桃昱，短景天寒日又斜。松竹園林清浄處，高眠都似未離家。

午爨壁邪寺

停午衝泥到壁邪，石壇花木又僧家。清香一炷簾櫳静，含笑揮毫向日華。

宿湖溪吴氏

書舍曾留詠，籃輿今息肩。芝蘭多繼武，金玉總怡然。

燈花

吟坐久忘眠，銀燈花燁然。明朝風雨霽，行李早言還。

❶「立」，四庫本作「雪」。

喜晴

風雨怯途窮，疲軀歸興濃。寒衾孤夢覺，旭日滿窗紅。

別謝步

遺編已返司成宅，行李言還賤士家。紅日清霜新雨後，高吟隨處看梅花。

江頭叙別口占

信宿高居賸好懷，江頭遠送合門來。雲帆若遇東流便，更有新詩爲爾裁。

宿白沙寺

壁上重歌昨日詩，古橋送客立多時。天低又恐雲生雨，半夜疏星愜素期。

書東寮壁

雲卧東寮夜，寒裝北返時。欲留他日跡，素壁更題詩。

宿北澤廟

當年歇雨暫棲遲，千里琴書適楚時。他日重經來問宿，雙峯對罷夜談詩。

宿陳鳳鳴氏

會心境界無非樂，得意軒窗即是家。霜樹模糊連碧落，雲山隱約隔紅霞。

石橋感興

石橋小立感懷多，借問當年事若何。不識天人相勝理，朔風凄烈漫長歌。

陳傅二廣文攜酒登仙游山

勝會難逢真快哉，晴明風日共登臺。玉壺細酌題詩罷，綠水青山歸去來。

留吴營元氏

花封歸轎正駸駸，駐節亭前日向沉。莫怪有孤投轄意，一詩聊慰遠迎心。

乙酉元日

銀燭煌煌壽域開，衣冠濟濟拜蓬萊。寒泉細汲春窗硯，又喜微詞頌泰階。

雪　夜

衾裯加厚尚愆和，慨彼牛衣更若何。信是萬緣皆有命，達人心事漫長歌。

東窗即事

積雪經旬倦出村，日將名教淑諸孫。疎狂每恨知非晚，性命誰人可得聞？

課寶賢隆孫新詩

改罷新詩課二雛，鴈行端拱侍寒爐。朝朝聖訓宜深服，養正工夫信在初。

感　興

問學無功行莫脩，過情聲聞負朋游。回頭難返西飛景，逐日徒增老去憂。

璿慶生辰

三樂堂中朋盍簪，玉壺清話共春襟。新功更有新詩勖，克己良規各洗心。

孫生景福復來接果不肖忽七十有五而生亦六十有五矣感思今昔遂成此句

妙手頻來奪化工，幾回笑語共春風。筋骸容易成遲暮，百歲光陰一夢中。

奉陪判簿劉侯登皇華亭

萬落千村社雨晴，人心天氣共和平。閭閻希識花封貴，争仰皇華嶺上亭。

三月十三月下感懷

戊寅此夕月華清，步月溪頭惜别情。濫沐皇恩天共闊，餘齡猶幸一身輕。成化乙酉三月十三夜，東門玩月，有懷往事，因成此句。天順戊寅，此夜諸孫同乃祖母步月東門，賤子將去京時也。

閤中感懷

一瞥浮生似夢過，男兒德業竟如何。回看夙志寧無感，萬事悠悠東逝波。

閤　夜

淡月巡簷罷，虚窗發興濃。區區一何幸，生長典墳中。

妹壻徐士英久逝多病未遑致奠春夜有懷遂成此句

欲成哀些久愆和，慘慘悲風奈若何。幾度竹窗春思亂，感君氣誼負君多。

書罷將就寢燈花燁然漫成此句

書罷倦忘眠，銀燈花燁然。道心方炯炯，詩思更綿綿。撫景時雖邁，謀生事貴專。古人如可作，日願執其鞭。

哭同窗黄于珩

憶昔官居白下窗，讀書同几坐同牀。忍看華髮交期盡，一炷清香淚幾行。

隆孫誕日賦詩爲壽十月初二

戊寅此日次南康，乙酉兹晨壽爾觴。養正工夫宜百倍，勖哉高舉早升堂。

寒夜偶成

自歎生來聞道晚，誰憐老去立身難。塵窗不寐微吟處，霜月澄澄夜未闌。

東游饒州稿

東游口占授小兒及諸生二首

推窗已喜疏星爛，隔竹猶貪缺月明。素達行雲流水趣，琴書又作小春行。

一息猶存未敢閒，幾車行李又江山。逐時舊典供朝夕，隨地新詩賦往還。

宿經舍渡

族里卑尊惕宿心，篷窗僮御課新吟。虚舟到處棲身好，依舊青燈坐夜深。

長山晏氏

問疾曾飛晏海詩，更從羣從叙宗支。它日長山疑夢處，諸生濟濟夜眠遲。

章山傅氏

常憶章山吉士情，傅剛爲庶吉士，久逝。偶乘良便造君庭。諸子來長山迎至其家。揮毫還慰平生誼，濟美堂前好弟兄。

太平寺絶句

連日禪房晝夢濃，人情物理静時功。宵來更擬尋瀟洒，浄几明窗寫訓蒙。朱子訓蒙詩。

又絶句

石炭紅生夜正遲，銀燈花爛未眠時。客身無恙心虚寂，細寫閩山性命詩。

喜晴

陰風號怒客心悲，添火加衣養病時。黄卷埋頭不知午，滿窗紅日又題詩。

寢息偶成

人事全稀心似水，書程多暇日如年。任教大野風仍壯，漫喜寒爐火正然。載渴載饑都委命，時行時止一由天。小陂程課無勞計，想見諸孫各勉旃。

離太平寺二首

十日禪房養性靈，晴光又喜一陽生。明朝何處尋梅去，時向新詩記太平。❶

---

❶「時」，四庫本作「特」。

雲牋璀璨翰如飛，剩載詩書使者歸。共喜江頭新雨霽，重臨舴艦又囊衣。❶

夜發龍頭山

正羨沙頭縮項鯿，上流忽聽夜行船。滿湖柔艣和鳴處，萬里青宵月向圓。

鄱陽懷古

西風斜日次鄱城，細憶當年仗義名。似此男兒真罕比，❷微詞何處吊芳馨？

發磨刀石

問得前程去莫遲，月篷催着夢中衣。湖山一覽陽應復，早向梅花賦《式微》。

晝寢夢小兒鳴琴

勝游欲罷動歸心，晝夢時聽驥子琴。日用只知爲善樂，平生不識滿籯金。

獅子山

獅子磯頭一棹過，客邊心事近如何？寒更往轍知非切，暖日遺編得意多。

觀語類後作

平生朱訓不離紳，舟上微言日夜親。❸又喜朱鄉山水近，幸哉亦是及門人。

❶「艦」，四庫本作「艋」，當是。
❷「比」，原作「此」，今據四庫本改。
❸「日」，四庫本作「月」。

景德舟中

幾展寒衾未忍眠，殘燈旋剔又舒編。雖云甚矣吾衰也，一息猶存合勉旃。

至　日

閉關旅食浮梁日，歸夢寒更景德舟。天心見處從羲覓，物理窺時向邵求。

晚　起

道上行人繫客心，燈花忽喜照更深。寒衾睡穩歸懷好，今日良朋定合簪。

別舊生祈門謝復謝希林饒晉

今日良朋果盍簪，還家各務惜分陰。新春有約龍潭上，好與兒曹共此心。

發景德鎮

十日窑頭繫客船，静中黄卷夜忘眠。開頭正值陽來復，水色山光媚晚天。

重經獅子山

陽復春來一棹還，簡編新課日希顔。船頭火伴時相命，掩卷推篷又看山。

獨夜懷古

懷古心期孰與論，客邊程課自朝昏。梅花溪上春光好，一味新功勵子孫。

鄱陽舟中傷九韶

時借隣舟向日吟，天涯忽動故園心。始知一失鍾生耳，宜絶當年伯氏琴。

重宿磨刀石

緣岸人家富竹林，猗猗偏稱客哦吟。若爲覓得梅花伴，好結歲寒三友心。

煑粥禦寒

五更炊黍候行舟，端爲霜嚴風更遒。但得寸心存養熟，自然天理日周流。

種湖比隣相勞

結伴歸時正快哉，娟娟新月照吟懷。慇懃更辱隣舟問，何日重過故里來？

宿檐石

團團紅日欲銜山，喜得鄉人作伴還。繫纜汀沙回首處，饒河孤棹渺茫間。

燈花

晴色歸程日向前，銀燈花復照遺編。兒孫接處無他喜，往復新詩三十篇。

宿魚門

夢裏光陰一擲梭，壯懷偏感舊游多。昂藏空有男兒志，滿鬢秋霜奈若何。

吴氏會景樓

東去書程日有功，西歸臨眺更從容。兩間真意無窮外，一點虛靈變態中。

宿漸嶺

俯仰浮生一轉蓬，不眠興緒月明中。茫茫盡是迷途轍，碌碌何時得反躬？

贈吴璽北歸并序

謝家步東溪吴璽字邦玉者，先正文正公草廬之族也。予嘗爲乃祖題「東溪書舍」焉。成化乙酉冬，璽相予東游，往復二旬，慇懃備至，又送至桂林乃别，裁此爲贈。

兩旬高誼動人多，又共西歸信宿歌。記得桂林分手語，龍潭春色早相過。

宿打石港

讀書有益專心晚，克己無功積悔多。從此更加鞭策力，餘生一味致中和。

即事

行李初從千里回，塵窗旋掃養靈臺。微言玩罷更何事，時向溪頭訪早梅。

題程希善梅月

舊舘多情坐夜闌，清晨梅月爲誰寒？載瞻負荷孜孜處，玉殿承恩始拜官。

輓李章

平生積學未經施，玉折徒增士友悲。存順没寧男子事，晨窗慰爾五峯詩。

重宿連樊橋胥氏

連樊橋畔重投裝，清夜迢迢故意長。樓閣玲瓏春滿眼，梅花新句賦晨窗。

重宿下窑寺

暝色忙衝倦客旋，寒燈又宿下窑禪。憶從天上歸來日，明月清霜夜半船。饒州稿畢。

次集慶亭詩韻

偶共朋游話五峯，乃知世上有豪雄。但憐南北雲泥迥，徒向清宵仰下風。❶

奉寄李學士

曾向韶華惜寸陰，直期心契古人心。竟無定力勝塵鞅，空有虚名玷士林。書爲病來荒素業，詩因老去倦長吟。如何黄閣仍留念，白雪陽春辱遠臨。

曉　枕　作

德性難馴學力微，空憐蘧瑗晚知非。從今何以酬餘齒，博約須令莫暫違。

寄 秦 參 政

浄几明窗尚友軒，道情詩思共悠然。春宵幾度相思夢，霽月光風各一天。

小 兒 初 度

家幸平康爲樂天，世遵清白矢心堅。園林百果春如海，几閣羣書日似年。

贈别程庸牛演庸任雲南同知，演任贛州千户。

雲南萬里之新任，贛上千山復舊官。武略共瞻中土重，文韜總喜遠隅安。壺漿柳陌春風軟，燈火芸窗夜雨寒。慎勿輕爲兒女態，功名留與後人看。

❶「清宵」，四庫本作「青霄」。

下窑寺贈牛演丙戌

晴山聯騎度花陰，駐勒頻傾故舊心。彼美禪關清夜宿，玉壺春酒又同斟。

宿桂家洲

疾風吹浪蹴雲浮，捩柁停橈泊桂洲。巨舫得依深繫纜，孤篷高枕夜無憂。

吴氏南軒

寢息隨時忘陸沉，銀箋揮罷自長吟。庭前花草宜人處，生意新霑雨露深。

枕上偶成

静夜迢迢客夢回，高吟清興正悠哉。窺窗更喜銀河爛，定有晴光燭九垓。

重宿九蓮寺

曾寓禪房十日居，重來不見舊時書。閒窗一榻春宵夢，細憶流年二紀餘。

分枇杷絲頭柑歸種

曉露春泥劚石苔，遠分蒼翠入雲栽。靈根細沃南歸處，杖策扶兒日日來。

夜興

晝寢房中應接稀，青燈夜雨獨吟時。但令心廣身長泰，不管東皐歸去遲。

喜晴

極目長天宿雨收，客窗春興轉悠悠。滿庭花草同人意，流水行雲任去留。

大司成頤庵先生二郎君懷珠玉下顧次韻奉酬

客窗重篤弟兄忱，竹樹交加午院深。喜極翻令清淚墮，凄風折盡百年心。

曉　枕

一榻平安客慮稀，夢迴春漏正遲遲。東阡西陌嬉遊處，欹枕孤吟記此詩。

游　園

杖策游園處，乘風坐沼時。生涯從淡淡，歸計任遲遲。萬事信隨遇，一身當自持。熟思今古轍，至善是吾師。

對　月

照户東升月，隨緣北住人。寸心元似水，兩鬢任如銀。得失幾無定，榮枯事有因。素諳名教旨，敢不日書紳？

九蓮寺南軒

食罷閒來對橘化，❶春風庭院寂無譁。浮雲流水何心計，幽興饒時即是家。

對　竹

生涯忘旅泊，出户又斜曛。雪檻沉吟久，青青對此君。

---

❶ 「化」，四庫本作「花」。

即事

送别禪關話别遲，舊生重誦舊吟詩。相看霜鬢空衰謝，從古深功貴及時。

客夜

徐步吟苔砌，遥空對塔燈。禪扃終日卧，病骨暫時輕。寵辱元無繫，詩書素有情。心隨身共止，庶以達吾生。

饒氏東閣

香南山上僑居日，金鳳橋西小憩時。虚閣明窗清晝永，雲箋留字更留詩。

即事

舊舘欣重宿，新晴愜令晨。塵紛無所繫，花鳥自相親。嘉惠諸生盛，清樽院主頻。素聞亨困旨，貴在熟吾仁。

對雨書懷

形容雖老矣，蹤跡任飄然。夏雨淹三市，春風憶九蓮。豫章寺名。觀生時學《易》，習静日同禪。利用崇吾德，忘機不識圓。

寶應雜詩四首

萍梗何勞計，簞瓢且寓居。清心宜雨樹，供病慶時蔬。身憊多便枕，神疲少近書。故人頻問訊，吾道近何如？

隨遇安時命，尋幽養性靈。登臨多旨意，講誦有儒生。所貴知通塞，尤宜適寢興。當爲斯是理，不必計枯榮。

遠近摶空翼，高低接樹花。曉烟香正妙，新霽日初斜。積學如攻木，無謀似筭沙。知非吾輩晚，堪鄙又堪嗟。

隱几焚香罷，巡簷待月來。客懷不落莫，詩興頗悠哉。處世憐無賴，爲儒愧匪才。先師去日遠，蒙吝藉誰開？

覩桐林書屋余知州規❶**與友琴軒**李州判勉**小簡藹然故意感而有作**

一簡諄諄辱愛多，知君微恙少愆和。佇看勿藥來新喜，重向桐林共放歌。

橙

葱蒨亭亭愛一橙，日供清趣映簷楹。明朝回首懷萍梗，記得沉吟此際情。

偶過北院

講罷殘經思已荒，徐經別院暫徜徉。静來春意君知否，晝寢房櫳日正長。

寢　起

不堪人事日匆匆，老病惟便一味慵。徙倚閒庭高枕後，遥看西塔夕陽紅。

❶「規」，原漫漶不清，今據四庫本補。

重過北院

幽僻禪房又獨來，窗邊襟抱静中開。薰風爽氣飄晴幔，緑樹濃陰轉午臺。

甥舘 五月初四日

端午懷甥舘，蒲觴兩度斟。徘徊經茂草，誰共黍離心？

初五日

賓應逢重午，甥門憶往年。形容愁裏異，時序夢中遷。如玉人何在，❶爲箕事渺然。客窗吟不寐，展轉曙鍾天。

坐膝間看耕

出户頻頻候月升，扶筇款款看秋耕。世間萬事惟勤好，只恐兒孫未我聽。

新移蜜檀柑金橘皆已結實日供清趣

蜜柑二顆逢時雨，金橘盈枝更可人。借問山家那有此，新年分得下窑寺名春。

飼魚

碧沼澹怡神，遺編暫一伸。病軀何所事，時作飼魚人。

---

❶「如」，四庫本作「依」。

紀　夢

二妙聯英清且閒，高蹤那得到柴關。哦吟曉枕思君處，簷雨蕭蕭秋夢還。

沼上獨坐

病眼昏花少近書，時從碧沼坐觀魚。支頤細憶平生志，行止何能與道俱。

自　訟

平生立志在希顔，逸駕那知不易攀。餘生碌碌嗟何及，羞看青編凡聖關。朱子云：「物格知至處，便是凡聖之關。」《語類》。

仙　游　山

訪古餘情詠緑陰，金風滿徑滌煩襟。静觀萬物生生意，契我虚靈無事心。

小憩下窑寺竹裏

嶰谷沉沉足午涼，郄枝寂寂散秋香。會心不覺孤吟久，信是閒中日月長。

塔下小立候小兒輩

寢起乘風步屧遲，緑陰清晝獨吟時。遥空極目青雲表，乾鵲聲聲爲阿誰？

題鳳橋書屋并序

臨川饒大誠世爲南塘大族，先考士榮遷五峯之金鳳橋，今爲五峯人，予既賦其東閣，復屬筆于西塾云。

衆理森嚴盡在書，朝經暮史志何如。須將萬事皆依理，先聖前賢定不迂。

贈余知州

昨日高談聽友琴，李州判號友琴軒。今朝細語向桐林。余有桐林書屋。幾時更遂龍潭約，浄几明窗叙夙心。

奉寄舊侯鶴州周使君

英辭頻辱賁荒墟，逆旅曾勞枉使車。閩嶠阻深龜鶴遠，時看玉珮與瓊琚。

和康節清風吟

長短高詞播大篇，誰知妙處在無言？微涼一動煩歊外，流水桃花共杳然。

夢黄季恒

別却安樂窩，遠爲羈旅客。夢我平生人，形容宛如昔。

饒貳令淡庵

解組歸來老布衾，遐齡細和淡庵吟。菜根釅醋男兒事，車馬輕裘故舊心。

杏林清趣爲過省躬題

昨夜東風動九垓，董林生意滿根荄。欲知化育功深淺，細看嬌紅次第開。

憶家

小陂晴色映佳晨，和氣融融近小春。遥想諸孫稱慶處，相看俱念客邊人。

分棲鳳竹

吴氏南軒棲鳳竹，雨餘膏沐帶花分。明朝冉冉龍潭上，佇見千兒與萬孫。

發漸嶺

寸心無怨亦無尤，何處棲身不自由。焉有閒情牽瑣瑣，逡巡學德是吾憂。

泊周家渡

朔風微雨月朦朧，周渡相將夜落篷。内省秪應隨遇好，前程不必計窮通。

不寐

客夢醒時宵向分，欲將行止共誰論？黄流褻味君休問，只管吾心存不存。

舟中即事

紅葉連村歸興濃，黄柑帶雨更玲瓏。倚篷小立蒼茫外，詩在雲烟杳靄中。

重宿下窑寺

入院閒吟對雨時，夢醒貪看月流輝。驅馳倦客西歸晚，不待雞鳴急早炊。

盱江謝郡侯遣鍾掄潘玉來習鄉射禮二生歸裁此以贈之

彌月龍潭講禮回，從容行李不須催。黄堂風采超今古，何處閭閻不看來。

贈陳崇書教諭考績赴天官❶

芸閣蘭燈利斷金，驪駒朝唱白頭吟。恩波闊處多魚鴈，細寫歲寒松柏心。

❶「績」，原作「跡」，今據四庫本改。

至日次杜韻

翼翼趨朝候鼓催，共瞻小往大應來。新功煅煉當如錫，❶夙志驍騰孰肯灰？欲見天心時訪柳，閒窺物理獨尋梅。❷平生几案惟書册，談笑何曾到酒杯？

曉枕作

黄卷新功日又加，愈知聖道浩無涯。長更寧忍貪高枕，争奈昏昏兩眼花。

夜枕作

一德蹉跎不易成，空憐兩鬢久星星。雪窗欹枕無眠夜，誰共新功覯我生？

雪夜晚眺

寶鏡團團掛碧霄，翠屏隱隱隔平橋。回頭更會梅邊境，緩步微吟擊壤謡。

即事

又出柴關踏雪晴，養心隨處抱遺經。含英咀實嘗聞命，莫向塵寰枉此生。

夜枕作

脚板何曾夢孔顔，百川東逝可西還。須當痛惜桑榆日，莫把光陰當等閒。

---

❶「如錫」，四庫本作「思奮」。

❷「閒」，原作「聞」，今據四庫本改。

勇

驅山塞海未是勇，借問如何學日新。斂收不可斂之氣，伏櫪安流勇乃真。

宿西廨彭氏二首

詩成頻聽曙雞聲，却喜靈臺一點明。須識宴安真鴆毒，足知憂患乃吾生。

平生雅志在希顔，歲晚工夫始識難。但保寸心長似鐵，何妨萬水與千山。

次桂家林

繫纜沙頭朋盍簪，新吟兼唱舊時吟。懷開不覺笑談久，總是平生鐵石心。

責躬

中歲知非已過時，老來空賦責躬詩。一生總被虚名誤，千慮難逃實德疵。無計可回前日月，有功終作後男兒。戰兢盡此桑榆力，衛武朝朝是我師。

重宿太平寺

琴書欣有託，故舊念重逢。蹤跡炎涼異，心期禮樂同。

寒夜獨坐

夜半殘燈坐不眠，孤吟霜月小寒天。昏昏病眼時無恙，又託精誠向簡編。

獨坐

尋得幽偏養性靈，衰年惟喜少逢迎。簡編隨意閒舒卷，盡日禪房一味清。

省　躬

一身衰謝渾無賴，萬事蹉跎總不能。何以激昂偷惰氣，博文約禮是餘生。

觀語類爲政以德章感程子而作

尤人只見無虛日，罪己何曾有實功。莫把寸心矜立雪，但專一味慕春風。

喜　晴

偶來知己話忘疲，撥盡寒爐別去遲。開户忽驚晴送喜，旋添雪水寫新詩。

雪　夜

雪滿園林風滿軒，聖賢對語夜忘眠。新知滋味私欣處，何幸蒼蒼假我年。

宿朱坊

華顛客子已還家，夜讀扁舟燈又花。料得餘生無別喜，聖經賢傳是生涯。

宿沙河

夢回試省有何思，只念因循學過時。幾向平常猶易失，志當造次愈難持。

次桂家林夜宿江岸傅氏避風雨

已喜琴書達桂林，却愁風雨打寒衾。漫移棲息投安處，又稱青燈夜讀心。

次松林渡宿江岸吴氏

蒼山古渡認松林，寓宿江臯舍舘深。少長肅雍揮翰罷，銀燈花映讀書心。

次小陂頭登陸

寒衢暝色小陂頭，烈火黄柑禮數優。歸去摩挲青玉案，獨慚鐵畫與銀鈎。

曉　枕　作

義利須明判兩途，斬釘截鐵是嘉謨。不於生死路頭悟，何以能爲大丈夫！

夜　枕　作

四簷風雪夜漫漫，今古興懷事幾般。數口幸然無凍餒，羣生寧免少饑寒。

夜　枕　作

失便宜是得便宜，倚伏循環不必疑。俯仰但令無愧怍，前程一聽老天爲。

賀彭九彰落成新居

穆卜高居諧吉兆，翬飛華棟恊清朝。三陽交處天心泰，百福臻時瑞氣饒。

讀易絶句丁亥

消息盈虚萬不齊，等閒誰識此心微。春窗燈火無言處，剛悔因仍學《易》遲。

病　後　作

老來日月信無多，擬向春風詠太和。局促塵窗淫雨裏，一年桃李病中過。

病起游園

並游無侣又春風，況復兼旬百病攻。幸有餘芳晴爛漫，微吟緩步太和中。

客夜

黄州橋畔閣澄澄，近水遥山映晚晴。高枕不知行李倦，清風明月是平生。

即事

曉牧清溪課二雛，從來養正在於初。詠歸虚閣閒眠處，又喜新知叶聖謨。

即事

浴罷歸來月滿林，又從虚閣學澄心。萬緣有命宜隨遇，不用逢人話陸沉。

寢起

寢息將興日射窗，又憑吟几納微涼。乾坤闊遠身心寂，信是閒中興緒長。

偶題

無事時來自得亭，秋風淅淅晝陰清。尋常在世無它技，精白于天是此生。

辰孫誕日

鳳閣歸來歲二更，庚辰之載汝纔生。又逢初度裁新什，祝爾詩書與日增。

寧壽同日同時生

辰孫既有新詩律，寧壽那無善祝規。流俗浮情休借問，先民遺範是依歸。

即事

濯罷時蔬又坐亭，游魚潑潑沼澄澄。天光雲影徘徊處，誰共當年一鑑情？

卧自得亭

養病時來沼上眠，託身物外自悠然。區區爲幸誠多也，隨處先師有格言。

曉　枕

萬事悠悠東逝波，秋風摇落興如何？曉窗寂歷無言處，獨唱蒼松翠柏歌。

陳僉憲輓章高第弟子項判府命賦

絳帳當年交有道，青衿遺愛感無窮。門生故吏今重見，誰共摩挲慨古風？關西楊焕然每見漢碑有門生故吏之稱，輒摩挲興歎。

與豫章吴生沼上亭子話舊

兩地關心久别情，相招亭子話平生。青藜緩步歸來好，細詠新詩對短檠。

曉　枕　作

危者平兮易者傾，聖謨宜敬不宜輕。獨憐暮景無多子，❶篤實新功敢暫停？

數日桂花香

丹桂秋香又一年，老懷不必思華顛。聞香隨處堪乘興，浮世升沉一聽天。

❶「子」，四庫本作「了」。

沼上芙蓉花開

玩《易》亭中歸去遲，芙蓉忽喜映清池。流年自換人依舊，爲己工夫日百之。

次己卯歲芙蓉花詩韻

忽驚花吐興無涯，認取平安是我家。萬事不須閒著意，只應隨分閱年華。

又偶成

萬緣由命不須愁，晚節蹉跎是我憂。羲畫周文同坐卧，夕陽西去水東流。

偶成

富貴無心生有涯，朝昏務去是矜誇。高眠玩《易》微吟處，又對芙蓉滿眼花。

玩月

萬事無端不繫情，讀書終日掩柴扃。金風動地頑雲散，四望青霄霽月明。

候饒循

暝倚虛庭玩偶奇，紛紛涼月滿絺衣。悠然真意無言表，忽報階前客子歸。

與吴貞游東陂石泉

初冬天氣已嚴霜，霽色家家穫稻忙。紅樹題詩歸步緩，不知何處是仙鄉？

和田園樂

冰泮雪消舜日，含哺鼓腹堯天。南畝萬簑春雨，東臯千井朝烟。

隆孫誕日

人生須作好男兒，得業從來貴及時。虚度光陰真可惜，幾時能聽老夫詩？

寒夜

霜葉燒殘更寂歷，寒灰撥盡獨沉吟。細看隱隱雲雷象，默感生生造化心。

夜讀感懷

爲聖爲賢當日事，流風餘韻後人思。殘魂何以酬初志，允出名言兹在兹。

閣夜

金雞已報霜天曙，芸閣重歌紫陌吟。誦金臺吟稿。百歲光陰渾似夢，十年身世若爲心。

至日即事

化日曈曈照曙筵，儒衣秩秩拜鈞天。杖藜碧澗談經罷，梅柳迎春又一年。

同諸孫出村觀雪景

廛窗黄春日埋頭，時唤諸孫度雪橋。極目長村雲漸薄，幾多寒餒望青霄。

即事

墻角溪頭日日來，境幽偏稱病中懷。簡編隨處微吟罷，時探梅花次第開。

雪夜懷恪一輩爲求羅盱江

風急天寒念遠游，唱籌何日問歸舟。四方幸喜多青眼，觀主宜人不必憂。

曉窗偶成

希賢希聖事何如，頑鈍之資費琢磨。素服前言焉敢惶，但憐來日苦無多。

雪夜懷堅二時在盱江

獨憐游子未歸時，夜半無眠有所思。稚子弱妻風雪裏，孤村心事夢依依。

題玉灣李大章午風亭

賤跡何勞紀，名園自足揚。午風新氣象，喬木舊輝光。德義聲猷遠，詩書興緒長。經過時有賦，題向鄭公鄉。

立春感懷戊子

日日潛心向伏羲，曉窗高詠立春詩。梅花滿樹方驚眼，又對千紅萬紫時。

擬呈趙劉二侯

衡茅衰卧正呻吟，枉沐旌麾欲降臨。稍待條風向明媚，遠從花塢候車音。

劍山酆氏淑景亭藏世系碑

新碣峩峩結架雄，支流雖異本原同。載瞻載仰翬飛表，春在乾坤浩蕩中。

藍頭書屋爲新喻何琛題

新種芸香屋數椽，青山緑水映華顛。欲知自下升高處，人十能之己必千。

曉　枕　作二首

滿眼梅花看未飽，朱櫻處處又舒紅。一年好景休孤負，細認洋洋發育功。

兩眼昏昏日抱痾，書程全減睡魔多。春深何處無顔色，李白桃紅奈若何。

即　事

一春多病倦游嬉，又對鶯啼燕語時。疏竹短墻流水曲，衆芳深處詠歸遲。

坐東門外樟樹根

脈脈春流一澗盤，新晴錦繡萬花攢。小詩留與兒孫誦，老大曾於此考槃。

自得亭即事

一亭蕭洒隔紛囂，坐卧於斯興自饒。雨後落紅殷滿地，崇桃相對尚妖嬈。

自得亭對雨書懷

剛恨平生學聖難，餘齡程課肯容慳。洛閩幸有階梯在，精白斯心日夜攀。

題弋陽吴茂宰雙白軒

物則民彝本粲然，奈何多蔽損其天。誰憐雙白同吾意，遥賦新章更勉旃。

中秋玩月次舊韻并序

永樂己亥、庚子寓五峯塴舘，正統庚申、辛酉、壬戌寓種湖，景泰癸酉寓安慶，天順丁丑寓吕坊寺，戊寅寓新橋驛，癸未寓歙縣，成化丙戌寓五峯。

戊子中秋月又圓，小陂新雨浄風烟。襟期美惡元由我，身世浮沉一聽天。細數流光懷旅次，獨醒殘夢立簷前。達生知命應須服，慎勿憧憧役暮年。

宿斯和嶺徐氏

青山投宿問斯和，安樂真同邵氏窩。幸記松楸隣貴里，雲仍奕葉假經過。

奉柬彭澤族里❶

小春新霽快行裝，力病南來拜嚮塘。十三府君墓。寄語華宗賢後裔，先塋宜護不宜傷。

宿　種　湖

筍輿遥自嚮塘歸，故里歡迎逐夕暉。青燈緑酒綿綿話，總念桑榆見面稀。

宿　羅　原　岡

彭澤迢迢宿種湖，羅原岡上又停車。夜分獨散青霄步，一點靈臺合太虛。

偶　成

年將八十待何爲，賢有良謨聖有規。逐日孜孜無別想，幸時相賞莫相違。

即　事己丑

滿圃芳菲積雨摧，東陽新霽病懷開。兒扶杖策閒游處，尚有殘紅待我來。

❶「柬」，原誤作「東」，今據四庫本改。

瑨慶生辰二月

良辰大壯綺筵開，細酌諸生介壽杯。珍重相觀而善處，麟經羲畫養靈臺。

寄嚴陵張太守

金臺高誼連三月，嚴瀨離情又六年。駐馬江干何日遂，暮雲春樹夢相牽。

自得亭二首

曉立雞聲月，晝坐綠陰風。兩行名教旨，千古此心同。一塵不動處，萬籟無聲時。高卧清風裏，微吟自得詩。

不寐

老去逾憐學聖難，日新程課敢容慳？細思夙昔無眠處，涼月紛紛五夜闌。

輓豫章胡昭

璧水才華夙分深，九蓮高誼古人心。衡茅新約成春夢，何處凄涼問斷金？

東軒即事

東軒高卧處，竹影亂虛簷。借問軒中事，新功細學謙。

八月十四夜玩月庚子閣夜詩韻

滿林涼月映更初，高枕虛窗玩《易》餘。老去倦爲湖海客，年深幸託竹松居。知幾漸覺工夫密，安分寧論活計疏。企仰聖謨頻浩歎，襟期何日得純如？

輓饒州吴別駕

男兒何者是豪雄，德義存心任轉蓬。雖死猶生雙白志，廉頑立懦仰英風。

次前己丑暮秋拙吟以策餘齒

舊跡沉吟久，新功感慨多。形容空老去，抱負竟如何。顔孟雖相遠，路岐寧敢他。先民有成憲，程課日漸磨。

九日次杜韻

當年謝病辭金闕，此日高登在鳳臺。嘉禮特蒙天使盛，客懷時向故人開。程庸。浮沉轉盼成今古，寒暑驚心幾往來。萬事蹉跎空白髮，餘齡程課爲誰催？

懷閻巡檢承以羲軒羣聖之道見勖，夜拏舟伴宿。

戊寅此日接吴航，歷叙羲軒重大方。伴宿跪辭勞夢想，尺書何日達南陽？

隆孫初度十月

前日慇懃話夢蘭，兹晨喜氣藹門闌。鵬程萬里男兒事，夙夜孜孜學孔顔。

康齋先生文集卷之八

奏疏

辭左春坊左諭德四本❶

第一本❷

天順二年五月十六日，臣吴與弼謹奏：爲薦賢事。於天順元年十二月初四日，欽蒙差行人曹隆齎捧勅書禮幣，降臨衡茅，以臣爲才而徵聘赴闕。聞命驚惶，恍然自失，罔知攸措。竊緣臣雖幼承父師之訓，粗涉書史，而弱冠沾疾，加以立志不堅，是以虚名雖出，實學全無。迨夫暮年，疾病愈深，夙志彌怠，自愧虚度此生，付之長歎，螻蟻微軀，何意復蒙聖明齒録？夫卑辭厚幣，惟賢可以當之，而臣何人，敢膺曠古所稀之盛典哉？恭惟皇帝陛下睿知聰明，聖神文武，四方風動，萬國歸仁，而崇儒

❶「四」，原作「第一」，今據目録改。

❷「第一本」，今據目録及下文例補。

重道之盛心，圖治濟時之美意，實與天地同大，日月齊明。凡有血氣者，莫不欣忭，況在於臣，敢不踊躍恭命？謹於當日望闕謝恩祇受訖，日陪鄉隣老稚，謳歌舞蹈。伏惟大得民之盛，何幸逢於今日？而負且乘之譏，實難免於輿論。於是肅將勅幣，謹用緘封，俟春氣和暖，扶疾隨使，齎赴闕廷，以圖辭免。

臣於三月十六日上道，五月十五日至京，十六日引見，蒙聖恩授臣左春坊左諭德。臣以菲才，既未經辭免禮幣之榮，又安敢冒昧以受寵擢之重？謹將原賜禮幣進上，伏望聖慈矜臣愚戇，憐臣見患兩足風痺，大施曠蕩之恩，特回所命，放臣歸田，少全微分，日歌頌雍熙於水邊林下，以畢餘齡，不勝萬幸。

第二本

伏蒙十六日聖恩，授臣左春坊左諭德，臣尋具本辭免。十七日，奉聖旨不允所辭，兼蒙過假褒詞，益令孱薄不任震驚。

伏念臣所以懇辭者，非敢有高世之心、潔身之意，亦非敢有矯激沽名之妄，實以學德荒疏，疾病纏繞，苟不自量，冒昧供職，必有曠官之譏，又必有失儀之罪。非惟貽玷於聖明，亦且取笑於後世。是以不避斧鉞，冒瀆天威。至於廷對之餘，賚以紗羅，勞以羊酒，分雖難當，不敢有孤至恩，即踊躍拜賜矣。伏望聖慈哀臣愚誠，聽臣辭免，容臣儒衣儒冠，日近清光，以圖報稱於萬一。臣無任懇切待罪之至。

第三本

伏蒙聖恩，❶授臣左春坊左諭德，臣再具本辭免。二十二日，奉聖旨不許辭免。伏念臣一介庸夫，材非令器，誤蒙聖明甄録，初徵赴朝，加以不世之寵，授之美官，而促令供職。此急於用才之盛心，曠古帝王之希典，實千載之奇逢，正臣子報効之秋也。緣臣學識疏謬，素多疾病，見患痰咳、頭風及兩足風痛，苟不自量，冒昧供職，徒速罪戾，無補明時。臣聞漢蔡邕嘗見異書，唐李邕願一見秘書，臣僻處山林，異書固未嘗相接，秘書尤難得見，叨遇聖明，何幸如之？伏望聖慈哀臣愚誠，聽臣終辭，俾於下處暫且調攝，俟疾略蘇，乞賜一接秘閣羣書，少益管見，或備顧問，圖答涓埃於萬一，不勝幸甚。干冒天威，無任懇悃惶懼待罪之至。

第四本

欽蒙聖恩，授臣左春坊左諭德，已三具本辭免，天意未回，不蒙俞允。臣竊思豈惟學識疏淺，委是弱質早衰，新病雖除，而舊疾仍在。且犬馬之齒已幾致仕，精神血氣皆非可以鞭策之時。伏望聖慈哀臣愚懇，聽臣終辭，不勝幸甚，無任懇切惶懼待罪之至。

❶「伏蒙」以下五十字，多處漫漶不清，今據四庫本補。

陳言十事

臣吴與弼謹奏：爲陳言事。

臣竊伏念臣學術疏謬，器識庸凡，誤蒙聖明甄録。至京以來，日夜惶懼戰越無地。且聞士大夫清議，謂臣至京日久，全無建明，大失朝廷寵拔之意。責臣當矣，待臣厚矣！臣固嘗伏讀勑書，天語諄諄，渴欲臣來，臣心豈不欲再仰天顔，一進蒭蕘之言，上酬清問萬一？顧臣草野鄙人，初赴闕廷，苟不自量，冒昧有陳，必干非分。是以徬徨怵惕，心雖切切而意更遲遲也。竊思臣犬馬之年已幾七十，丹衷徒在，宿疾彌纏，誠恐涓埃未答而一旦身先朝露，上孤聖明眷注，下負士大夫屬望，罪不勝誅矣。是以忘其鄙淺，輒敢撰次先聖賢格言，竊附己意，條爲十事，僭擬進呈，粗備瞽御之箴，非有所建明也。今者欽蒙聖恩，放臣歸田，俾全愚分，天地覆載，日月照臨，捐軀殞命，曷足云謝？謹昧死以所言上塵睿矚，少致感恩戀闕拳拳之萬一，謹具如左。

其一曰崇聖志。

臣聞顔淵曰：「舜何人也？予何人也？有爲者亦若是。」公明儀曰：「文王，我師也；周公豈欺我哉？」程頤曰：「莫説道將第一等讓與別人，且做第二等。言人便以聖爲志，言學便以道爲志。」朱熹曰：「要須做人難做底事。」孟子又曰：「責難於君謂之恭。」周敦頤曰：❶「伊尹耻其君不爲堯舜。」伏願陛下斷然以

---

❶「敦」，原作「惇」，今依通行本改。

堯舜自任，雍熙自期，天下幸甚！

臣初至京師，聞輿人之誦曰：「我皇睿知，我皇仁聖，我皇勵精圖治，日不暇給，太平之盛可坐而待矣。」然則願陛下納天下於恭和之中，躋生民於仁壽之域者，豈獨微臣之私爲然？舉京師皆然，臣自鄉里至於道途，萬姓莫不然也。《書》曰：「天視自我民視，天聽自我民聽。」陛下躬上知之資，膺天人之眷，際承平亨嘉之運，而當春秋鼎盛之日，誠大有爲之機會，千載一時也。程顥曰：「志不可慢，時不可失。」司馬光曰：「時乎時乎，誠難得而易失。」朱熹曰：「時乎時乎，不再來，如何可失？」伏願陛下奮乾綱之雄斷，順天應人，任重致遠，勿貳勿疑，天下幸甚！

其二曰廣聖學。

臣聞聖雖生知，未嘗不好學。孔子學不厭，文王望道而未之見是也。或問於程顥兄弟曰：「生而知，要學否？」答曰：「生而知，固不待學，然聖人必須學。」朱熹垂拱奏劄陳大學之道曰：「清閒之燕，願博訪儒臣知此道者，講而明之。考之於經，驗之於史，而會之於心，以應當世無窮之務。」伏惟陛下聰明睿知，固不假學習而能，然於萬幾之暇，日召儒臣講讀經典一二條，未必不少益聖聰而增輝聖政之萬一也。聖明留意焉，天下幸甚！

其三曰隆聖德。

臣聞湯武於盤盂、几杖、刀劍、户牖，莫不刻銘以致戒，是以聖德日躋。孔子贊《易》之辭曰：「日新之謂盛德。」《書》曰：「德惟一，動罔不吉。」又曰：「惟德動天，無遠弗届。」孔子曰：「爲政以德，譬如北辰，居其所而衆星共之。」又曰：「德之流行，速於置郵而傳命。」子思曰：「君子篤恭而天下平。」伏願陛下法成湯不自滿假之心，體《大易》「終日乾乾」之意，將見聲名洋溢乎中國，施及蠻貊。舟車所至，人力所通，天之所覆，地之所載，日月所照，霜露所墜，凡有血氣者，莫不尊親而配天矣。惟聖明留意焉，天下幸甚！

其四曰子庶民。

臣聞《書》曰：「亶聰明，作元后，元后作民父母。」夫子之生也，饑欲食而寒欲衣，疾痛疴癢之欲其安逸，皆於父母乎是賴。父母愛子之心無所不至焉，是以文王視民如傷也。孔子贊《易》之辭曰：「先王以茂對時育萬物。」程頤釋之曰：「王者體天地之道，養育人民，以至昆虫草木，使各得其宜，乃對時育物之道也。」孟子曰：「王者之民皥皥如也。」又曰：「君子所過者化，所存者神，上下與天地同流。」朱熹釋之曰：「聖人德業之盛乃與天地之化同運並行，舉一世甄陶之。」《書》又曰：「衆非元后，何戴？后非衆，罔與守邦。」又曰：「民惟邦本，本固邦寧。」孟子曰：「保民而王，莫之能禦也。」伏願陛下篤父母斯民之心而不已焉，何皥皥之不可致哉？惟聖明留意焉，天下幸甚！

其五曰謹命令。

臣聞管仲曰：「出令當如流水，謂順民心也。」孔子贊《易》之辭曰：「擬之而後言，議之而後動。」《書》曰：「慎乃出令，令出惟行。」伏願陛下命令之施，必詢謀僉同，得其至當之歸，然後執此之令，堅如金石；行此之令，信如四時。致丁寧之戒，以諭其始；驗從違之實，以要其終。必令行禁止而後已。又必諄復成湯祝網之意，以致拳拳欽恤之心焉。惟聖明留意焉。

其六曰敦教化。

臣聞張載曰：「爲天地立心，爲生民立道。」子思曰：「脩道之謂教。」門人問於孔子曰：「既富矣，又何加焉？」曰：「教之。」朱熹曰：「此道理雖人所固有，若非聖人，如何得如此光明盛大？人不曉得，我説在此教人曉；人不會做，我做下样子在此與人做。只是要持守此道理。教常立在世間，常如此端正，纔一日無人維持，便顛倒了。所以説『天佑下民，作之君，作之師。惟其克相上帝，寵綏四方』。天只生得人，付得此道理與人，做與不做，却在人。所以又爲之立君師作成之，既撫養之，又教導之，使無一夫不遂其性。如堯舜之時，真箇是『寵綏四方』。世間不好底人，不定疊底事，纔遇着堯舜，都妥帖平定了。所以謂之『克相上帝』，蓋助上帝之所不及也。自秦漢以來，講學不明。世之人君，固有因其才智做得功業，然無人知明德、新民之事。君道間有得其一二，而師道則絶無矣。」吕祖謙説《思齊》之詩曰：「聖人流澤萬世者，無大於作人，所以續天地生生之大德也。」程頤曰：「古之盛時，未嘗不教民，任其自生自育，只治其鬬而已。」又釋重坎大象之辭曰：「夫發政行教，使民熟聞聽，然後能從，故三令五申之。若驟告未喻，遽責其從，雖嚴刑而驅之不能也。」伏願陛下頒誥吏民，俾天下曉然知朝廷意之所在，然後庶幾吾教易得而入焉。惟聖明留意焉，天下幸甚！

其七曰清百僚。

臣聞《書》曰：「無曠庶官。」又曰：「百僚師師。」伏願陛下於人才之際，精加鑒別，無曠官之失，而有師師之美，天下不足平也。苟賢否混淆，雖有良法美意，孰與行之？而膏澤豈能下於民哉？惟聖明留意焉，天下幸甚！

其八曰齊庶政。

臣聞《書》曰：「德惟善政，政在養民。」又曰：「庶政惟和，萬邦咸寧。」又曰：「六卿分職，各率其屬，以倡九牧，阜成兆民。」然則六卿者，庶政之原，而九牧之表也。萬國賴以咸寧，兆民賴以阜成。昔仁宗鋭意太平，開天章閣，召宰輔賜坐，給筆劄，俾條陳所欲爲者。伏願陛下誥勅六卿，各詳所司，利當興，害當除，悉條呈進。陛下博采羣議，議定頒行，而責成於六卿焉。庶政和，而太平不難致矣。惟聖明留意焉，天下幸甚！

其九曰廣言路。

臣聞舜闢四門，明四目，達四聰，聖人以天下聰明爲聰明也。朱熹曰：「爲政不在於用一己之長，而貴於有以來天下之善。」伏願陛下廣延視聽，洞照八荒，將見嘉言罔攸伏，而萬邦咸寧矣。惟聖明留意焉，天下幸甚！

其十曰君相一德同心。

臣聞天氣下降，地氣上躋，天地交泰而萬物生。君臣之間，必誠意交感而治功成，是以聖人感人心而天下和平。《書》曰：「后克艱厥后，臣克艱厥臣，政乃乂，黎民敏德。」杜甫曰：「上有明哲君，下有行化臣。」君臣交盡其道而治功不建者，未之有也。然圖治非艱，致治惟艱，毋急近功，毋規小利，必處之以裕，持之以漸而後可，是以聖人久於其道，而天下化成也。夫然後將見四時調，風雨順，百穀豐登，而四靈畢至矣。惟聖明留意焉，天下幸甚！

謝恩表

撫州府崇仁縣民人臣吴與弼謹奏：爲薦賢事。臣以菲才，誤蒙聖明徵聘，於去年五月十六日，欽授臣左春坊左諭德，凡四具本辭免，乃蒙俞允，賜臣歸田，以其年十月十二日抵家。臣誠歡誠喜，頓首頓首。伏以臣猥以愚庸，起自草萊，遽登臺閣，龍顔春煦，聖德淵微，曠古之奇逢，固大有光於名教；非常之至渥，豈宜叨被於凡流？臣誠惶誠恐，頓首頓首。

臣有以早衰犬馬之齡，懇辭鵷鷺之署，何意涓埃未答於萬一，雨露洊降於無涯，宸翰昭回，榮逾黼黻；金帛璀璨，重比丘山；過憫餘生，特頒月廩；仍勞軺傳，重辱皇華。凡在斯文，咸歆盛美；顧兹微喘，愈益慚惶。雖君父之慈，曲賜全於生成，而臣子之私，實難勝於負戴。瞻望宸極，答謝無由，無任感恩戀闕激切屏營之至，謹差學生車泰奉表陳謝以聞。

書

上嚴親書辛丑

三月二十八日，見丘彦庸，知大人復職回，合家皆平善，不勝喜幸。初只想老奶奶先生外祖母。春月回鄉，及見丘彦庸，言未有回日，男遂於二十九日給引前來省侍。日夜痛自咎責。

思爲兒時，未省人事，而大人遠赴太學。十二歲方隨伯父至京，父子初見，皆不相識。居京時，大人嘗夜卧語男云：「吾昔在外時，思爾不見，淚下多少矣。今爾在傍，宜努力進學，期于成人。」當時男未知此言之切也。及年十八九，雖略知讀書，志氣太鋭，自謂古人不難到，每輕前人，忽慢行事，大人雖時時切責之，而其狂妄之心，終不能改。年二十一，回鄉，粗涉人事，然後漸知力行之果不爲易。又天之所以拂亂其所爲者，恒極其至，兼以疾病纏綿，茫然不知道路所由，安得而順乎親哉？身雖隔千里之遠，而夢魂無一日不在於親之側也。每中夜痛心，罪不容於死。去年六月來侍，冀得一面親顔，盡告十年所歷，思自奮于後日，而罪惡貫盈，親心未回，抱痛還鄉。天下豈有無父之國？信如窮人無所歸也。去歲，古崖不知以何事拒先生，先生負罪引慝，早暮號跪累日，終不納。是年冬，先生復往省，古崖感先生純孝，父子如初。今年重欲來省，就迎老奶奶回，徘徊悵怏，欲進復却。男不孝之軀，何足恤？惟益大人之憂耳。本欲爲悦親以來，而返重親之憂，豈人子之心哉？於是舟至湖口，既不敢下，又不敢回，遂至湖廣。自湖口至湖廣，凡一月，遇人未嘗敢談家世，惟恐累大人之德。今以禾熟，附舟回家，偶遇四川朋友，遂拜字奉報。男自今年正月來，多看四書，頃刻不離，頗覺身心粗有所得。於聖賢分上用工，亦似有下手處。方知天之所以窮苦於身，吾親所以責備於行者，恩何至哉？

噫！男雖進德有日，而大人年向晚矣，惟大人善自解，爲祖宗念，萬幸萬幸。六月初四日，寓武昌舟中。男與弼百拜。

與徐希仁訓導書

僕聞天下之至美者，莫如聖人之道，昭明易見，簡易易行。然世鮮能之者，不學故耳。原其故，有二焉：懵然無知而不事夫學者，庸人也；學焉而弗克者，未誠也。惟其未誠也，是以事物交前，理欲互戰。順理乎？繫累於欲；從欲乎？有所不屑。撓乎其中，濊乎其心，苟一念之或失，則聖人之道斯遠，而習俗之溺彌深，幾何不并其少有所得者而亡之，惡在求能充哉？是雖曰學，與不學同也。僕坐此患十年餘矣，抱濊朝夕，亦云至矣。今年從春來，一以《大學》、《語》、《孟》、《中庸》熟玩。一日，恍然似粗有所見，乃喟然歎曰：「聖人之道，果易曉也，果易行也，而今而後，吾知免夫朝夕之濊，而有以超然樂乎羣物之表矣。」因益加力焉，所見益似親切。於是又歎曰：「世俗固吾棄，吾庶幾以自與；世俗固吾笑，吾庶幾以自得。吾方聖賢之親，而遑恤其他乎哉？」

僕辱厚於足下有年，古人重於交友者，資以輔仁，僕敢自私哉？足下嘗向僕稱道慨慕人之善，則知聖人之道之爲美。又向僕致自不足之歎，則豈非同於僕之濊邪？今將釋子之濊，而進子於樂地，不難矣。蓋爲之之機在我，而爲之之方則具於聖賢之書，胡爲而不勉之也？僕近走江湖，歸得風疾，艱於步往，未得罄所言於左右，惟尺書不惜時賜遠臨，幸甚。

與章士言訓導書

近閲舊稿，得足下往來詩數幅，重感故人之誼，因憶去年僕赴京省親，時辱贈言，引堯、舜、周公、孔子爲我標的而期我造焉。噫！此大賢所宜希者，豈區區小子所敢妄意？僕竊嘗觀古人道德著于一身而事業光于千古者，豈無其由？不自小其量而用心純也。足下之云，蓋所以廓我之量而純我之心，輔仁之功，一何大也！

夫聖至於堯、舜、周公、孔子，無以復加矣，而其量豈自足？而心豈少息哉？後之英雄之士、卓然特立者，其量蓋期于堯、舜、周公、孔子，而其心亦以堯、舜、周公、孔子之心爲心，一念慮，一動作，數聖人常在目前，道德視數聖人爲未克，事業視數聖人爲未大，用力孜孜而不足，量詎容小而心敢不純哉？故能卒有所就。降及其次，則以先進大賢自期而用力於德行事業者，亦無不至，而亦各得其效。夫期於聖人雖未至，不失爲大賢；期於大賢雖未至，不失爲賢者。世俗見其磊磊落落以自表見於後者，迺謂天生，非勉可至。語古人則置之度外，語時人則曰某吾過之，某猶吾也，某雖過我，猶不能甚，凡百一以時人自局，靡然以古人爲難企，而毅然安於小藝之易成，不弘其量而雜用其心，小有所得，志驕氣盈，以爲人生所事止於如此。嗚呼！此古人之所以爲古人，而今人之所以爲今人也與？僕雖不敢當足下之所期，亦不敢不以習俗爲戒而奮志乎古之大賢也。

犬馬之年三十有一矣，六歲入小學，七歲而學對句，十有六歲而學詩賦，十有八歲而習舉子業。十有九歲得《伊洛淵源録》，觀周、程、張、邵諸君子出處大概，乃知聖賢之學之美而私心慕之。於是，盡焚應舉文字，一以周、程、張、邵諸君子爲心而自學焉。學之累歲而行與時違，或以爲古而不達時宜，或以爲迂而闊於事情，或謂之僻，亦謂之怪，笑讓兼極。僕雖不敢盡忘初志，亦不能不少徇于時。徇時之心日深，而初志日懈，兼以疾病相纏，居恒慼然不悦，茫然無措，感今懷古於風晨月夕，蓋有不勝其愁歎者矣。今年自春初，專玩《大學》、《語》、《孟》、《中庸》，覺漸有所得，舊疾稍減而精神稍益，沈潛晝夜，反覆身心，然後知聖賢之道，豈獨古而不達時宜？豈真迂而闊於事情？豈誠僻而且怪？向之轗軻齟齬於十年之間者，於聖賢之道，見之未明，行之未力也。時議豈欺我哉？

賴天之靈，祖宗之澤，父兄師友之教，今得少有所持循以進，何其幸也。然日月逝矣，少壯不再，過時之失，不無憾焉。以足下之明，了此素矣，而僕復瑣陳于足下者，誠謂令嗣震才美少年，冀足下善誘之至于道，毋使其他日有如僕過時之悔也。非足下之舊故，不敢以此瀆；非令嗣之可學，不敢以此勉。惟裁處之。傅、婁諸生進學有益，可愛可敬，勉之，勉之。僕近客歸，得風疾，不能遠出，末由良覿，頻頻示教，幸甚。

與傅生書

區區數月惟看四書，比與足下别時所見似不同矣。客歸，重訪一丘軒，足下教學未回。見士望，知潯陽書皆到。向承足下送至江滸，言自今當從新用工，不識别後果如何？得區區書後又如何？聞區區回鄉又如何？若只欲糊口，似衆人，則可謂云耳已矣。欲更向上一步，做好人，以光祖宗，以大門户，以垂後昆，則宜偕令嗣至山中，有以相告。區區居家遠俗事外，日與二三子讀書窮理，樂堯舜之道而已，此外非所敢知也。

與傅秉彝書

別後日新如何？區區自正月初一日至十五日，玩得《論語》一周，十五夜誦《大學》并《或問》，亦一周，身心似少有長進。人能如此接續用工去，何患無益？秖是或作或輟，則終不濟事耳。昨日讀真西山《大學衍義》，觀其叙堯、舜、三代之盛，君之所以爲君，臣之所以爲臣，皆本於《大學》格物、致知、誠意、正心、脩身之功。漢、唐之治，君之慕學，雖或甚篤，臣之輔導，雖或甚切，然於《大學》之道不明，是以卒於漢、唐而已。然則人之爲學而不本於《大學》，皆非也。足下之志果何如邪？

令嗣前日臨别言，或四月至吾山中。今方正月，而待四月，其惰慢不立爲何如？且或之一字，尤可見其惰慢之實。噫！其不可教也明矣。足下亦踵覆車之跡乎？夜來又看《衍義》叙經史所載兄弟之事，宜親近而不宜疏遠，宜忠厚而不宜刻薄。痛快深切，讀之令人悚然，毛髮皆竪，念不得與士望兄弟一共觀之。

與九韶書

别後兩奉書，想皆達聽。區區客城十餘日，假舘牛千户宅，意甚適也。有人自京師回，言吾親正月到家，復職，長幼皆安，又一樂事。但賤體半月來病瘡苦人，亦順受耳。早晚多看《中庸》，似有小益。凡人宜以聖賢正大光明之學爲根本，則外物之來，有以燭之，而吾心庶得以不失。此心一失，幾何不爲水之流蕩，雲之飄揚，莫之據哉！吾之所恐此而已，所慕此而已。汲汲若不及，茫茫若有亡，不知日之夕、昏之旦也。詠懷數詩，乃餘事云耳。不審吾友奉親理家之餘，用力於四書，所得何似？少壯難再得，勉之勉之！大丈夫毋爲習俗所溺也。不具。

答九韶書

十二日共談半夜，翼日餘樂猶妙，正先賢所謂「學必講而後明」，「道誼由師友有之」，「惟聖人知朋友之取益爲多，故樂得朋友之來也」。此數語，雖恒能道之，必親得其效，然後知聖賢言語有味。十四夜玩月，待足下不至。十五夜與豐城鍾生、東陂王生二三人月下鼓琴，觴詠甚快，而足下又不與，深令人相憶。厥後莫聞消息，恐足下滯于疾。今日辱書，果如鄙憶，宜善養心，以自調理。來書謂把捉不定，動與心違，此豈直足下之患？酒區區之常患也，足下今始知耳。人患不知己病，能略自知，正好刻苦用工。子顒、令弟欲相從，甚善，敢不如教？但自己要立志耳。使回，匆匆奉答。不具。

與傅秉彝書

人不可以不聞道，而道亦未嘗不可聞也。用一時之力，則有一時之功；用一日之力，則有一日之功。積之之久，氣質自然化矣。近與足下談數日，觀足下豈懵然無知者比哉？苟能從事於斯，他日得賢父子一助，其爲幸也莫大焉。昔有人見濂溪先生，甚慕其道，而自惜年已老矣。先生曰：「無害也，但能聽吾説，則庶幾。」其後果有所得。由是觀之，人患不爲耳。予雖不敢希濂溪先生之萬一，而足下之年，則少於濂溪先生之所誨者，可不勉哉！

與黄景章教諭書

久別而一見，暫處而即別，豈直足下情有不釋，而區區亦奚能恝然哉？然人生出處，自各不同，離合亦其常耳。惟相期於斯道，愈久愈固，則雖遠近異處，而此心未嘗不親慰也。別來又半月，思足下之誼，每增感激，則知足下之於僕矣。近無便舟，因鄉人而至大冶，寓于普濟寺。寺極幽曠，學中師友日相往來，永嘉朱廣文老成可親，諸生亦多純朴。寺僧能禮儒者，亦客中一勝事。進脩新益何如？有便可以字示。途間所得拙文三篇，附上。見日未期，保愛。不宣。

與九韶帖

近別後深思，人生只如此碌碌，混衆度日，義理俱無所知，孤負降衷，何異羣物？歲月如流，强壯能幾，可勝歎哉！數日讀《四將傳》畢，昨日温燖《春秋左氏傳》及《穀梁傳》至夜，看得一公粗有意思。而賤婦病甚，敢煩賢友相過，明早偕往種湖問醫，幸甚。

與子端帖

子端遭人倫之變，而能不爲習俗所移，可謂難矣。敬羨敬羨。吾讀書人，深增惶愧。專此奉賀。

與族兄伯廣帖

歲裏讓一哥相過，言老兄目下顧賤地，欲遣子來學，拜聞不勝欣抃。什敬兄亦欲教子，甚盛事也。合族能如此，祖宗幸莫大焉。不宣。

與吴宗謨帖

癸卯歲邂逅道途，承眷眷同姓之好，邀話市祠，得挹清風，至今感感。屢欲一訪貴里，遍拜宗親，以多故久未遂所願也。前歲承致中下顧，得詢動履，曾屬以奉勸各房子弟讀書，未審近來何如也。良覿何時，冀順序保愛。

復萬叔璨書

伻來，喜審遠道寧家、合宅納福爲慰。重拜厚貺，兼承佳筆，感愛多矣。賤子自春多病，近來尤甚。學德荒疏，無足道念。去歲蒙遣令郎相過，不勝欣躍，惟不才無能啓迪，貧家寂寥，缺禮尤甚。方自愧悚，而令郎尋以家務歸寧，弗得從容共學，至今怏怏。幸賴春融，勿深責也。尊堂姑姑，亟欲拜庭，少致問安之誠，多事遂爾蹉跎，并乞寬恕爲禱。

與胡昇

夜來會鎖生途中，話久夜半方別，意思甚好。此公言自別許久稍能循序讀書，漸學把捉身心，可敬。又言節省家務，用志稍專；近欲買屋鑿池，今皆罷念，此又可敬。話間志甚踊躍，擬與足下頡頏而進。得渠如此，衰懶有望矣。

與友人書壬寅

去歲小孤奉書已達，且聞不以鄙言爲妄，戒酒進學，非喜聞過而勇於行者能如是乎？可喜可敬。

近會吴德讓，言足下忽有虚弱之疾，此讀書過苦所致，最宜善自調攝。區區向時不曉事，其進太鋭，往往盡力於書，且高大其聲，耗喪元氣，極爲大害。居京時，得疾，已不敢大聲讀書。居鄉，曾於友人家講《大學》數日，精神疲甚，舊疾復作，自此不敢過用精神。每讀書，但隨力所到爲之，少倦則止，惟此心不可間斷。爲學本當日就月將，優游涵泳，方能持久。若要急迫速成，徒自苦耳，終不濟事。

大抵聖賢授受緊要，惟在一敬字。人能衣冠整肅，言動端嚴，以禮自持，則此心自然收斂，雖不讀書，亦漸有長進，但讀書明理以涵養之，則尤佳耳。苟此心常役于外，四體無所管束，恣爲放縱，則雖日夜苦心焦思讀書，亦恐昏無所得，脱講説得紙上陳言，於身心竟何所益？ 徒弊精神，枉過歲月，甚可惜也。 此區區平昔用功，少有所見如此，足下其諒之。

上嚴親書癸卯

與弼田圃之餘，書籍雖不敢廢，然學漸覺長而德覺愈難脩矣。 鄉村僻處，無師友之資，兼以多病，家務無可委託，不得大進。 而歲月不延，卒墮小人，無由少望聖賢藩籬，時發浩歎，無所容身。 諸弟正好用工，萬望大人善養之，俾不才而才，不中而中，甚幸甚幸！ 所讀書，宜只以小學、四書爲急，次及諸經本文。 其子、史雜書，切未可輕讀。 男少有所得，渾在小學、四書、《語略》、《近思録》、《言行録》。時先生尚未見《程氏遺書》、《朱子語類》。 於此數書，苟無所深得，則他書易壞心術，其害非淺淺也。 此大人常以訓男，今漸覺之，而用力晚矣。 可勝歎哉！

十月書云：今年田圃之餘，惟玩心《論語集註》，其有得處，直不知手舞而足蹈也。 自八月來，又覺大長一格。 孟子所謂「四端」，逐日省察體驗，而凡所以持身，所以處家，所以接物，似各有所持循。 所恨者，獨學寡陋，無師友以講明之耳。 曰讓言大人的發諸弟回鄉，此誠遠慮，實不肖男之深願素志也。 蓋不惟鄉里純朴清儉，可以爲進學德之資，抑早有以知稼穡之艱難，則他日可不流於放逸。 惟大人斷之無疑，急急遣行是禱。 所儲書籍，并大人平昔親筆諸稿及親友書札，亦望發與曰讓，至誠護回爲妙。

乙巳閏七月書云：❶深懼不能大進于學，上玷先世，近辱父師，日夜痛心，不遑起處。又曰：《晦庵先生文集》千萬發回。近來覺得文公先生言語，愈深切著明，但用工不逮耳。

十二月書云：十一月初八日，訪鄉親黃子霄季子自京歸，伏聞大人萬福，合宅均安，愁容頓破，懽意曷勝！繼聞明春大人有祭掃之歸，骨肉有完聚之期，此一大樂，又何幸也！與弼居鄉循常，晚穀稍登，但恨困於疾疢，書籍荒蕪，身心彌怠，不敢擬于人列。歲月駸駸，血氣日減，弱冠奮拔之志，今安在哉！孔子曰：「年四十而見惡焉，其終也已。」豈不然乎？諸弟於學，想猶未嗜覆車之轍，❷誠不願其蹈也。士友自京來者，深言其富貴相，於後難處於鄉。❸男默自惟念，生長於飽暖之中，居養所移，無足怪者。伏望大人善教，俾裁損舊習，素浄來歸，漸親稼穡，日與鄉里士友漸磨，其進其成，實未可量。祖宗積累，宜必獲此，而男日夜之所深望也。

與九韶書丙午

別後多病，侵陵甚苦，亦順受耳。知行新功，逐日有進。近承送朱子《經濟文衡》至，每日敬觀。正如溪

---

❶「七」，四庫本作「六」。

❷「想」，四庫本作「初」。

❸上「於」字，四庫本作「習」。

澗恰漲，繼以驟雨也。意緒儘多，非筆所悉。兼足下不曾有積累着實工夫，難一時驟語也。大要入門只在撥置他書，一以四書及伊、洛、關、閩諸子，專心循序熟讀，勿忘勿助，優柔厭飫於其間，積久自然有得，不可强探向上。此味真難知之，正文公所謂「雖淡而實腴」也，不肖亦何幸而忽臻斯境！痛快痛快！

來喻謂較前去年差勝，甚善。但用心不宜太苦，進鋭退速，實非虛語。足下精神甚短，體弱致然，宜倍加保養，以圖萬全。

復曰讓書

山椒一别，不覺經年，懷想之情，彼此共之。不肖自去冬來學之功，不謂不苦，日用亦不敢謂不得其力，但病體衰憊，家務相纏，無由猛進。而日月不延，企仰古人，相去萬萬，此朝夕所甚痛心者也。今秋忽得教帖，乃知進德之志不怠如此，豈勝欣躍？書窗展玩，以慰别懷，因以自激書尾，欲令寄言。猥蒙不鄙，惡得而默？但足下已自言之矣。

來書云「嘗肆力於四書」，此可謂不枉用其力而得學之本矣。僕雖欲言，奚言哉？豈惟僕也，雖聖賢復生教人，又豈出此？僕與足下别後工夫，亦只此書而已。

足下又云「雖能一時理會紙上陳言，於身心竟無所裨」，此語尤有意味，正好商量。蓋人患不知反求諸己，書自書，我自我，所讀之書徒爲口耳之資，則大失矣。今足下既自知無益身心，則當漸向有益。惟專心於此，篤信之，固守之，深好之，讀以千萬而不計其功，磨以歲月而不期其效，優柔厭飫於其中，則日新之益，自有不期然而然者矣。

與日讓書❶

念昔奔喪初還鄉時，以情事未申，罪逆深重，不遑寧處，而百憂俱集。其於賢妹及吾子，曾不能少盡恩禮，雖達者不芥于意，寧不大自歉于中邪？閣下之官之日，正不肖獲稻黄柏，遥望去塵，豈勝愧感？恒欲東訪，一寫所懷，奈困憊之餘，未得少蘇，此志未易可遂，而尺牘之敬且闕如也。知罪知罪。中蒙疊寄佳貺，拜領祇益慚悚耳。與年云閣下能祇勤所職，可喜可敬。

嚮黄柏途中所言四書、五經本文，循序俱下，遍數讀過之志，尚能爾乎？不肖於去臘，還居小陂，庶事草創，俱屬艱難，秖隨分耳。惟血氣益衰，學德不前，無以洗不孝不弟之罪之萬一，重累父兄師友屬望，日夜驚怛，無地自容。新歲，鄉里間有子弟相遇共學，日以多病，少能與之精進，益加惶懼。

徐妹夫近承訪，且有意來，此亦美事也。令郎在侍，宜篤教之，熟讀小學、四書、五經本文，養其德性，毋令疏放。閣下課程亦不出此，大要小學書尤不可不痛加工夫，須逐篇逐條玩味入心，見聖賢教人之意，昭然見於言外，如此庶幾有進。愚意常以爲後世萬事之不逮古先者，闕此以爲之基也。小學既熟，方好用功。四書五經，須令成誦，使其言如自己出，則味自別。

---

❶ 「書」下，原目録有小注「戊申」二字。

古人云「讀書千遍，其義自見」，非虚言也。四書五經本文既熟，方可讀註，旁及子、史。讀書如不循序致精，只欲泛然雜看，終不濟事，徒弊精神，枉過歲月，大可惜也。區區平生陷此病痛，悔無及矣。以閣下之年之資，千萬日躦向上，毋忝所生。學者某，近年全然隋了，役於利慾，罔克自持。原其所由，正以平昔小學功疏，讀書鹵莽，根本不立，故外物易以動摇。可戒也！可戒也！

徽州及各縣有何書籍？幸一一惠及爲感。末由盍簪，惟冀保愛。不宣。

與九韶子濡帖

今日承家兄帖示，蒙諸親鼓樂導葬，不勝感懼，已奉字託家兄告免。再煩二賢友宛轉於諸親友一言，務必得免，則幽明俱拜，大德不淺也。

與傅秉彝書

承遣令嗣遠辱送葬，兼貺賻儀，不任哀感之至。第二令嗣有志于學，此誠美事。愚意欲賢友今歲田暫與人佃種分穀，長嗣早晚照顧家務，令中子來學。明歲又作主張。賤子襄事後，只有讀書最切，擬整理些書籍，須得數學者抄寫。交游中有的當者，可擇與令嗣偕來。嗣裘亦間來受學，不宜苟且因循歲月。如賤子此時歲月已去，百病侵陵，難得向前，日夜痛恨，徒自苦耳，悔何可及！心事萬萬，何由一面？又云幼令嗣尚未知學，須用拘束，令其熟讀小學、四書、五經本文，足下亦宜痛加努力，庶後人有望也。

回憲司經歷書

僕以不才，誤蒙憲司列位大人以爲可用，待垂褒薦，致屈尊嚴，枉顧蓬門，一聞車馬之音，驚惶戰懼，汗流浹背，無所逃罪。

竊惟僕幼受國恩，未答涓埃，正當踊躍以繼清塵，少圖微效，然僕自二十一歲沾疾，一向纏綿有加無愈，全然不能進學。是以虚名雖出，實學全無，誤蒙齒録，徒增愧赧。兼以見患頭風等疾，動作艱阻，雖欲奮身，實不能得，此皆大人親目所見者。伏乞回司於列位大人前，申此下情，乞賜别選英俊，以副朝廷求才盛意。貸僕歲年，使得逐漸醫治，但身一健，凡有指麾，即當欣抃趨事。冒瀆尊嚴，無任悚懼俟罪之至。

回清漳王太守書 正統己未

與弼不幸早嬰多病，晚益纏綿，竊伏山間，苟延喘息而已。其於學德，有弛無進，重玷父師，抱愧萬萬，方措躬之無地，尚奚有於四方之志哉？

近者伏蒙誤愛，以與弼可以驅策，特辱褒薦，遣使臨門。聞命震驚，受恩感激，不知所措。夫嘉善而矜不能，固大人君子爲政之體。顧僕何人，敢膺兹寵？伏望鈞慈察其無似，哀其疾病，俾得以遂其畎畝之私，不勝幸甚。謹遣學生黄節奉書申覆，兼致謝悃。干瀆尊嚴，無任恐懼俟罪之至。

上石憲使璞書庚申

撫州府崇仁縣百姓吴與弼，見患風氣等疾，謹遣弟與性稽顙拜書于憲使河南大人鈞座前，與弼輒布腹心，仰干造化。

與弼自幼隨親宦遊于外，家山丘墓曠於祭掃。年歲既久，不免爲人占侵盗葬，已嘗遣弟與疇具訴于官。人頑健訟，慢延至今，不遵遷改。伏惟大人性行峻潔，學識高明，德政洽於羣情，威刑服於衆志。凡抱冤負屈，得以見直于秋霜烈日之表者，幾千萬人矣。而吾祖獨懷羞於九泉，何哉？蓋爲之子孫者，怯懦逡巡，不能伸情于上而然耳。不孝之愆，其何以逃？

竊謂禮莫貴於重本，罪莫大於忘先。與弼幼承父師之訓，粗知自守，曷敢僭踰？今日冒昧瀆犯威重而不避斧鉞之誅者，誠以本不敢不重而先不敢有忘也。伏望鈞慈俯垂聽察，矜其哀悃，特賜施行。俾公法明于上，私情申于下，則死生受賜，子孫敢忘？干冒尊嚴，無任戰慄俟罪之至。

與黄鐸書

胡生齡望者，區區祖居種湖隣友胡子熙之子也，充臨川邑庠生，欲於曰讓處請《春秋》之學，煩吾友舘之。待彼葬事畢，引去求見。凡百于賢伯仲，青眼爲禱。

答周圻書

承喻諸葛武侯治蜀，服罪輸情者雖重必宥，理則然矣，然所謂必宥者，謂如律之自首法也。自首款内有云「其損傷於人於物不可倍償」云云，「並不在自首之律」。若無斟酌之宜，而一概從輕，正朱子所謂只見所犯之人爲可憐，而不知被傷之人尤可念也。鄙見如此，漫以奉復，不宣。

答陸參政友諒書

不肖奔喪時，蒙倡義哀賻，周旋備至，豈勝哀感？自是而後，常於稠人廣坐稱揚盛德，聞者莫不悚然起敬起仰。

今年春，正慕想間，忽辱教帖，拜聞榮膺大藩之寄，南服之民幸莫大焉。兼拜賨楮，佳紙美味，尤深感感。兹又拜書，獲知蒙備厚禮於先人之墓，繼惠以胙，益歎仁人君子之高風雅度邈乎其不可及也。其於師友之誼厚矣，於風俗激昂多矣，顧小子曷足以承下風之萬一哉！祇增愧感而已。使回，謹此申覆，無任哀感恐懼之至。

答族人宗程書

許生來，承書問，知足下拳拳於學，深以爲慰。邇者，因念吴族近代以來，不勝衰替，而吾宗種湖爲尤甚。不肖早既慆慢，中益病苦，萬不如人，悔莫追矣。父兄宗族無德以動之，鮮有一人能以振起後昆、光顯祖先爲意者。惶恐惶恐。楊溪、彭澤二族，不能不深有望於士彰與吾宗程也。勉之勉之。

與黄季恒書辛酉

行李往來，知貴恙安愈，不勝爲慰。賤子到此，病體不佳，兼苦於瘡。四月初，方少緩痛，遠人事，養病觀書，頗爲自在。雖居市，不異山間也。諸生授業，皆略有緒，但恨吾友隔遠耳。子顔、勵節二親契同此申意。未會間，各冀保愛。不宣。

奉頤庵胡祭酒先生書

近别，伏想尊候起居萬福爲慰。與弼十二月十三日南浦問舟，十四日早行，十八日抵家，諸生及璿慶席尊庇皆獲粗安。竊伏惟念與弼率意拜造，少申謝悃，瞻仰門墻，負罪感恧，特蒙鈞慈緩其逋慢之誅，備沐款教之至，仁人君子之心固如是矣。璿慶雖幼，均拜隆愛，何感如之？贈言過許，内省欿然。雖爲閭里之榮，實重父師之辱，愧悚愧悚。擬明春來親德音，❶攜數生拜假《程氏遺書》及《三禮》諸書抄録，但未知家事如何，行得否也。今因王生行便，敬此申覆，企仰西山，無任瞻戀激切之至。不具。

❶「音」，原作「因」，今據四庫本改。

與伍伯遜書

得假華舘，辱愛良多，重承厚贐，尤所不勝。近別，想動履清勝爲慰。不肖十八日抵家，諸生及小兒皆席庇粗安。每於親友話次，未嘗不樂道賢主人伯仲和樂之意，以爲薄俗勸。敬羨敬羨。今因王生行便，專此馳謝。不宣。

答黄季恒書

伻來，辱茶肉之貺，甚荷。承諭牛租，俟面奉具詳。令郎生員固知太幼，❶然區區絶跡公門，高明所素悉者，雖愛莫能助也。

答任教授書

同安舊游，風流雲散，音問寥闊，二十年矣。周圻到山間，忽知閣下來教敝邦，歡喜之餘，恍然如夢。繼王常至，則教鐸已施，出人意表。敬仰敬仰。鄒觀來，辱華牋及筆墨書籍之貺，兼承吾師少保楊先生遠命，尤以爲感。細詢泮水新政，不覺撫掌，歎賞無已，實吾邦之幸而斯文之光也。與弼離羣索居，舊學荒凉，懶

❶「生員」，四庫本作「往質」。

病日向衰憊，負我良朋多矣。陽春白雪，稱道過情，何敢以當萬一？秖益愧赧耳。鄙句奉酬，漫爾備禮，無復思致，幸恕昏惰。種湖之行，必有一日承問，❶冀以道自任，益堅雅操，至誠樂育，榮膺天寵。不宣。

答郡侯王仲宏帖

衰卧衡茅，光陰徒謝，日切負愧平生知己，是惶是恐。風雨中，忽承命使頒胙，何感如之？拜貺之餘，愈增悚懼耳。使回，謹此申覆，無任激切屏營之至。

復建昌郡侯謝士元帖 侯遣諸生習鄉射禮

岑寂中，猥蒙使介書幣駢臻，披雲霧而覩青天，何快如之！第恨學術荒疏，無能奉答儀章萬一爲歉。引領南雲，有懷罔既。使回，謹此奉復。

與上饒婁克貞書

久不聞問，辱三月十二日書，審侍奉吉慶爲慰。又知令弟高升，賢友進學不已，二郎讀書，尤以爲喜。於小兒友分，責善輔仁之功至矣大矣。同諸生捧誦之餘，快哉快哉，豈勝傾感！謹書置壁間，朝夕以爲盤

❶「承問」，原作「末間」，今據四庫本改。

盂之戒。示及所疑，當俟面講。謁杜祠之作，非區區所望於賢者，棄而勿治可也。蘄春王侯，正懷想間，忽聞動履，何喜如之？且承惠書，事雖中阻，意已領矣。齊壽之屬，樂於受簡，但年來衰病益昏，無好語耳。姜友譜文，安敢食言？惟是秃筆寫字，有孤盛意也。良晤未期，下學上達，日進無疆，是所禱也。

雜　著

吴節婦傳

節婦諱某，航溪黎友和女也。聘爲處士吴彦升婦，歸未幾而處士殁，時節婦年二十一。有子一人，曰通，纔四歲。節婦以節自誓，清儉謹畏，處人所難，人亦無不敬羡之也。

子通於與弼爲族兄弟，常謂之曰：「吾母孀居，今四十餘年矣，志節凛如一日。育我教我，報恩無所，宜得文以識，庶昭于後嗣，抑少慰人子惓惓之心。吾弟其成斯美乎？」屢諾而未就。

今年春正月，重以族叔父仲學先生命，迺感而言曰：人之大倫五，曰君臣、父子、夫婦、長幼、朋友是已。五倫各有其理，而理具於吾心，與生俱生。人之所以爲人，以其有此理也。必不失乎此心之理，而各盡乎五倫之道，庶無忝於所生。若節婦者，自少至老，守志不渝，教育子婦以振其家，可謂能不失此心之理而能爲人婦、能爲人母矣。噫！是亦人道之當然，固無足深歎。然人欲横流、良心斲喪而人道不虧者鮮，則節婦之行，惡得不表暴以勸于世哉！

洪熙乙巳正月丁亥，族子與弼謹識。

觀湖說

崇仁東四十里有坪曰白沙，吴氏世居之。坪有大小五湖。湖之主人孟晦翁走書謂予曰：「元孫淡軒著《觀湖説》，亡於兵燹。」復求其説於予，且有屬乎全體大用及洗心滌慮之云。

予尚翁之志，乃爲之説曰：觀湖之瑩然滯緑，物無遁形，則知不可以一私累乎吾心之高明；觀湖之不息，則知委之有源，而吾心不可不加涵養之力；觀湖流之必溢而行，則知進脩之有其漸，而助長之病不可有焉。是皆湖之勖吾志者。如此，其月到天心處、風來水面時之樂，則在乎其人焉。若夫藉湖之風月以流連光景，則詞客所爲，非吾儒所尚，亦非翁之請也。

勸學贈楊德全

人之所以異於禽獸者，以其備仁、義、禮、知四端也。四端一昧，則失其爲人之實，而何以自異於禽獸哉？然蜂蟻之君臣，虎狼之父子，豺獺之報本，雎鳩之有别，則以物而猶具四端之一。人而陷溺其心於利欲之私，流蕩忘返，反有不如一物者矣。欲異於物者，亦曰反求吾心固有之仁、義、禮、知而已。欲實四者於吾身，舍聖賢之書，則無所致其力焉。

豐城楊德全，遊太學歸覲，與予同舟，談論累日，慨然有志乎此，而慮其還鄉，或汩於人事，且俗染未易革也。徵言爲進脩之方，復以爲戒。

予曰：天下之事，公私、理欲、義利、善惡兩端而已。其勢常相低昂，此重則彼輕，彼重則此輕，輕重分而利害判矣。知者不患彼勢之重，顧吾所以積累增益吾勢之力何如耳。子歸，浄掃一室，置古聖賢格言於几。事親之餘，入室正襟端坐，將聖賢之書熟讀玩味，體察於身，一動一静，一語一默之間，必求其如聖賢者，去其不如聖賢者。積功既久，則其味道希賢之勢日重，而舊習夙染之勢日輕，不患不造古人門庭矣。凡親友相見，一以是忠告而善道之，則秉彝好德之心，人所固有，吾見其相與踊躍共進于此，又何患乎人事之汩哉？勉之勉之，無怠。

學規 庚戌

一、須用循序熟讀小學、四書本文，令一一成誦。然後讀五經本文，亦須爛熟成誦，庶幾逐漸有入。此箇工夫須要打捱歲月方可，❶苟欲早栽樹，夜遮陰，則非吾所知也。

一、學者所以學爲聖賢也，在齋。務要講明義理，脩身慎行爲事。如欲涉獵以資口耳，工詩對以事浮華，則非吾所知也。

一、古人讀書皆須專心致志，不出門户。如此痛下工夫三五年，庶可立些根本，可以向上。如或作或輟，一

❶「捱」，原作「厓」，今據四庫本改。

暴十寒，則雖讀書百年，吾未見其可也。

勞諸生禦水患時溪水泛溢將及屋，諸生築堤禦之。

諸生用心力救水，甚善。此之謂「盡己」也。事雖莫濟，分則盡矣。

遺晏海黎普使金谿

早晚所讀書，及視聽、言動、得失、應事、接物當否，途中人家宿泊，凡交游姓名，皆須逐日札記，歸日要看。凡交處之際，務要禮貌、從容、恭謹，不可傲忽。

康齋先生文集卷之九

序

臨川陳氏家譜序

臨川陳君正言，以其高祖玉田推官及祖蘭雪聘君所筆其先世次事蹟，倣歐陽氏法，爲之譜，命厥妹壻吴與弼序焉。

昔嘗聞諸先子，談在元茶陵陳氏之學之賢。及寓甥舘，手澤具在，益深起敬。其居臨川，則由玉田推官于撫，幼子隨侍。既致政，阻于元鼎之沸，遂家五峯。賢孫叔恭，不失其家學。仲氏叔華，繩武而起。於是臨川之陳，不異茶陵之陳矣。嗣其世者，能不思所以奮拔而可甘同於流俗哉？

大塘胡氏族譜序

學者胡昇，率其族人子璋、孔、明、春、暘、鳳儀、應、塤等，奉其族之譜來告曰：「吾始祖諱諒，居成都濯錦橋。二世諱讓，仕于撫，因家大塘。七子：德、信、誠、義、居、寂、貴。其後族繁地逼，各卜其家，於是有厚郭之派焉，則寂其祖也。有田東上郊之派焉，則德其祖也。蘿谿之派，則義之後，而鳳儀其胤也。東陂之派，則璋也其胤。薪坪之派，則明也、暘也其胤。昇也，塤也，世居大塘，而同爲居之派焉。信、誠、貴、嗣已無續。昇等懼原遠而末益分，或遺本初而遂亡之也，將礱石刻三代祖于上，而小註于其下，奠厥大塘之舊址，庶幾各系世得以申其追遠之誠。然而未知所以孝也，幸先生有以訓。」

予幼侍親京師，耳熟先君子稱誦吾里大塘文物之盛，至今長老往往尚能道其概。覩遺文，經故地，未嘗不斂衽而徘徊也。苟無請，吾猶勖以振其族，況二三子之懇懇乎？吾聞應、塤之先君子文易簀命子之辭曰：「某，爾來前，吾與爾訣：雖貿爾田，必教爾子以《詩》、《書》。」博哉言乎！《詩》、《書》之道大矣！讀而知之，可以養情性，尊德行；可以措事業而垂無窮，豈特一家一人所當服也？昇也其倡而宗之，爲父兄者，廣乃先兄之遺言，毋膠於流俗，毋攪於利誘，毋以貧賤而懾、富貴而驕；必卓乎其不撓，而毅然久且裕，而養羣子弟，而俟其化，率而宗之。爲子弟者，奉若諸父兄之教命，必正其志，敏其力，弘其德，期底於成功。吾見族之多賢矣，由是慕義懷仁者，聞其風而仰其族，過其里而式其閭，莫不咨嗟以歎曰：「幸哉！胡氏之有後也。」豈不可謂孝也乎哉！昇等拜曰：「敢不祗承以省厥躬以進？我後人求無負先生之辱。」於是乎書。

蘿谿胡氏族譜序

菊軒胡公，嘗命其子執中、族孫世衡録其世系，緘致先子求序。既許矣，未就而歿。與弼間齊書帙，輒覩舊題，爲之悵然。以語世衡公之子鳳儀，遂跪而前曰：「噫！先志也。先生其終惠乎？予小子，退而緝脩之以請。」夫道人之善以示來者，固君子之心，而況於父師之兮乎？

胡氏自宋已前，世居大塘，再徙蘿谿。由蘿谿以來，百數十載，菑畬經訓如一日也。或出或處，聯芳競秀於兩宋之間者，雖譜牒闊疏，而可互見於李、徐二公之序，亦云盛矣。咸淳之際如清伯、梅村、卜村，至元以後如省堂、蘿谿，國初如青山、倣古輩，皆一時之穎出其宗而手澤存焉者。其他沐過庭之餘潤，以縫掖其衣者，前後纍纍也。後昆之往來於予者，方進而未止焉。其經史百家、古今碑刻及當時交游翰墨，雖荐罹兵燹，存十一於千百，然猶大櫃小篋，長箋短幅，燁然而相輝也。故嘗以謂談吾鄉詩書家，必曰胡氏；語胡氏，又必歸之蘿谿。

嗟乎！盛衰靡常，惟德是視。未暇遠稽，姑驗以近里之某家岡、某家園，聞之長老，其盛時户多者百餘，少者不下五七十、三五十。經其地，名則是，事已非矣。高甍巨桷，爲他姓之室者有焉；荒墟野蔓，爲狸鼯之藪者有焉。訪其嗣，不一聞也。當其快意時，或貴耀鄉閭，或富誇阡陌，挾其所有，孰不欲傳之子孫以百千其世？而一旦如彼，何哉？禮義不循，而惟知利以爲利故也。胡氏亦嘗盛於蘿谿，而子孫乃猶絃誦于其地，愈久而新者，豈非世有以遵夫周孔之名教而然邪？德之淑慝，戚休以之，豈不較然哉？後之覽者，亦將有激於斯歟？

豐城于氏族譜序

于族舊譜既多亡逸，彦實氏乃旁求密訪，掇拾於殘廢之餘，徵諸銘刻之文，復譜之，以請序於予。

其先山東之益都人，漢廷尉定國之裔。曰元素字季友者，宋通判吉安，子孫因家南昌之豐城。曰華字去非者，號竹圃，與晦庵朱子同時，朱子嘗贈以詩，有「折節慕前脩」之句。仕至房州守，盡力兵間，甚有功惠。曰友信字盛卿者，仕元爲都昌尹，以賑荒績，進秩集賢提舉，再遷龍興治中，兼知路事。子汝能，以蔭仕廣東宣慰司都事。父子俱有存筆，率温厚和平，藹然仁慈孝友之意，是代以善相承者也。今其胤散居鄉邑，及乎旁郡。彦實以其尊府贅諸孫，是居敷山，於分最長。聯屬其宗，尊卑情文，不異聚居者焉。

竹圃墓在邑之興能坊，爲人屋之者數十年。彦實累訟，經歲未決，一日奮然歎曰：「與其理于訟，孰若白於我邪？」於是齋戒沐浴十日，率其族之父兄子弟，躬畚鍤者積日，而壙以暴，誌以見。撤諸屋凡若干楹。乃敬脩而封之，以復其初。人咸謂于氏譜既微而復著，墓既晦而復顯，莫不慶其先君而賢其後人。予亦以驗夫福善之機爲不爽，又以嘉夫于氏中興之有兆焉。蓋耳目一新之時，正激昂蹈厲之日。思昔聖賢不世之遇而有以勸于學，思昔仕以敬其事而有以進于行，思昔篤於家而所厚者不敢以有薄，豈不愈賢矣哉！而將來之慶，吾知其汩汩乎川之方至也。雖然幾不可玩，志無容貳，彦實既分尊於族而協於其衆，盍黽勉其往，以無失諸事會也歟！

豐安程氏族譜序

昔四明時原貞、浦城章士言、三衢徐希仁教郡庠時，予適寓外氏，往來墨池良密，一時俊士若傅綱輩，相與甚善。後周譚、陳萬諸公繼學事，予又主於墨池者數。若梁節輩，相與不減傅綱諸人。故予於郡庠，非一日之雅。近以省墓之故，僑寓種湖，若周觀、周圻十餘士，聯翩而來。程庸、李章者，嘗一宿於其家，而承其父祖之歡。庸族父志宏嘗述其世系一通，尊公希善倣歐陽法，復爲之譜，命庸以請序。

程氏世居洛中，至駐泊公仕宋，爲太醫令。高宗南渡，改臨川令，因家臨川之豐安市。紹興中，割潁秀、惠安二鄉隷崇仁，而豐安屬崇仁，即今之西舘市。其後諱畿者，徙侯原。諱淵者，徙劉仙岡。諱平者，徙銅山。諱才者，徙大嶺。諱利者，徙金谿。庸之曾祖幼亨教諭，徙五峯。仍豐安居者，僅二三家。夫族分若此，苟無法以聯之，不幾於汗漫無統而遂忘其先邪？是則志宏之系，希善之譜，不大有功於名教哉？雖然，又有大者焉。程自得氏以來，莫盛於河南夫子，所謂三代而下一人而已者。予年十八九時，嘗讀子朱子《孟子集注》，至「無有乎爾」之章，掩卷太息，以爲盡人也。惟夫子接不傳之緒於千載之下，每誦其詩，讀其書，想像其爲人，恨不生於其時。又嘗適楚，遥起敬於夫子所生之境，而極其瞻望咨嗟之意。嗟乎！高山仰止，誰無是心？庸也講夫子之道於予矣，况爲之鄉人，又同姓，宜何如？

五峯李氏族譜序

郡庠生李章，游於寓舘之二載，以交之厚也，承乃父祖之命，請題其家乘焉。

李氏世居吉州谷口。諱讓者，字遜夫，登宋淳祐進士第，仕信州貴溪令。讓生傑，字孟才，贅于撫之臨川幕原，因以爲家。傑生華、實。實無子。華徙五峯，生益、順、静。谷口之譜亡于益。益、順無子。静生恕，恕生原祥，原祥生敏、章。予宿五峯，而知其家庭所屬。豈不以謂世所貴於名宗著姓者，代有聞人，德業脩而聲猷遠也？然則門户重輕，不在於章乎？《詩》云：「無競惟人。」章其似之。

五峯余氏族譜序

自予居種湖，郡庠生來游寓舘者十數士，予爲題其家乘者三人。余忠氏亦繼來請。譜牒之書，本爲不忘其初而作，于以傳信將來。而世之作者，或失其實，甚至於借重他人而遂迷其所出，何其惑歟！然則譜牒徒爲誇耀之具哉？余氏所譜，雖可知五六世，然皆實也。且族之顯晦在人，如忠者，年方殷，可以積學而有待，惟篤其志以不懈。安知余氏之族，不由忠以重乎？奚其借。

韓家嶺周氏族譜序

郡庠生周邦大氏，曩承府主命，聘予小陂。已而予徙種湖，裒然與其朋十數士來，講學于寓舘，而邦大桑梓尤近，故游從之好、問學之功爲尤篤。每相與談復古矯俗等事，未始不慨然增氣，恒誓以《詩》、《書》世其家業。又思以强其宗，乃删脩其族兄民熙縣丞公所述族譜，徵予言以爲序，且以爲勸。

周氏自九一府君由郡城水西門贅于南鄉杜家坑杜氏。杜無後，而周益繁，今稱韓家嶺周焉。予獲接其族之父兄子姓，而嘉邦大志於敦其本，序而諗之曰：族之興，在夫尚德者衆。則觀感者深，而尤在夫兆之者之厚其躬也。

五峯余氏族譜序

祖者，生民之所自；而族者，祖之支。是以祖雖遠而氣脉貫焉，族雖衆而本原同焉。此君子所以貴於尊祖而收族歟。然非藉於譜，則遠者有時而或忘，衆者有時而或離，譜所以追遠而統衆也，不其重哉？而世鮮克舉之者，弗思耳矣。蓋有祖非其祖、族非其族而譜者弗思之甚也。是故人不可以無譜，爲譜貴於無所苟焉耳。

五峯余生奉譜致迺父祖之命，以請題。予嘉是譜之善，而喜生方勵志於問學也，故樂與言之。生謂誰？郡庠弟子規，從予游於種湖云。

樟溪王氏家譜序

王氏世居臨川之樟溪，郡庠生常徵於諸父，譜其可知之世，奉以請益於予。自予居種湖，郡庠來游之士，各脩其譜，予皆不辭而序焉。然奚足輕重其譜哉？常事予最久，誠能尊其所聞，以日新而不已焉，必有以淑于家以及于其族矣。譜有不重者歟？徒文焉耳，雖百序，其何益？

吉塘張氏族譜序

正統壬戌春，予攜兒子諸生抄書豫章胡先生，李恪、張循亦繼諸生至。既而，循偕兄實侍予劍江，承祖景常、父嘉謨命，禮予其家。二生誠足念，兒輩恪重贄，遂一游焉。因以訪名山於樟木之鎮。二三勝友，壺觴勞中道，俱至鎮之靈峯而止。張氏少長，追逐後先，益懽。明日，復于始游之地，倚樓賦詩而別。甲子仲冬，張脩族譜成，二生復以父祖命來請題。噫！吉塘，予舊游，而張氏，予故人也，其可以辭哉？

張之先三十六府君，由撫州打鼓嶺徙居清江之官塘。二世熙，三世掀，四世徹。徹三子：韜、簡、超。簡三子，一子徙下塘，一子徙漁塘。超三子，中子載，徙西塘。季子建，徙吉塘。建而下，亡其世次，今譜自可知而已。昔族分，各盛其地，號五塘張氏，而官塘爲最。韜七世洽，考亭門人，著作公，尤其特然也。景常祖子孫咸歎思著作之爲人，而篤循等于學。夫著作之賢，人當企傚，況族胤乎？然流俗滔滔，志紹其世者幾？則張氏不其賢矣哉？

嗚呼！廓是心用弘于德，曷量其至邪？張氏勉乎哉！烏知他日之吉塘，不猶昔日之官塘乎？又烏知諸塘不相觀而起乎？張氏勉乎哉！

五峯朱氏族譜序

五峯朱生邦政、邦憲，師友於予久，故得其族之詳。五世祖諱天瑞，字國祥，家豐城之杭橋，後於姑，因姓龔氏。二生謀於同門周邦大，咨於其尊，據祖筆宗派事實作譜，以復其姓，而附先正草廬吴公、邵庵虞公諸賢詩文于後。國祥仕元鹽運司都目。其從政也，所在著聲，草廬稱其爲有用之器焉。因官而家于撫，子孫克世其美。二生志皆存乎祖德者，族之衍，蓋未艾也。予獲睹杭橋譜，❶其先本孫氏而嗣於朱，竊惜其並列二族，而未暇斷以大義，如南軒所記。又聞此特入嗣一派耳，其舊族固衆也。國祥其入嗣之朱歟？抑舊族之朱邪？

湖莽李氏族譜序

劍江之北曰湖莽，李氏世居之。按《説文》，莽文從四中，衆草也。湖地草衆固然，或改作茫，失之矣。李之先來自臨川，可見之世，曰勝，曰訢，曰孜，代承于善。孜次子從，❷字伯順，生五代晉天福丁酉，卒宋天聖乙丑。當是時，居湖莽蓋七八世矣。伯順於兄弟敦遜讓，於衆務施德，寬厚人也。三子：珪、琮、珝。琮析小塘，珝析大陂。琮子秉，珝子襄，珪孫冕，皆以儒術登仕籍。秉與司馬公、范蜀公爲同年，冕於晏元獻爲甥舅，於蔡君謨、王荆公爲寮屬，率際當時名賢，以薰德而厲行，自是衣冠接武，族益著矣。譜續於紹定間應龍、士華，再續於晦可，刻梓於燾，元季亡於兵。訪得故刻於煨燼之餘，訛其大陂之派，與故老考補於甲午歲者，鑑也。刻直圖於國朝洪武甲戌者，鑑與德、扶及進也。正統丁卯，旭佐杲、光輩命其子弟奎、恪遵歐陽法重爲譜。先文之僅存者，正其訛誤，闕其疑，以附於圖，而續增事蹟。繼焉游從之暇，致諸父祖之懇，示予請題，而旭等繼至，蓋拳拳乎爾祖者，而恪也五七載始克遂迺志云。

❶「譜」，原誤作「諸」，今據萬曆本、四庫本改。
❷「孜」，原誤作「牧」，今據四庫本改。

潭江潘氏家譜序

吴興潘君弘道，訓導臨川郡庠，訪予種湖之上，而遣子學焉。再訪予小陂風雪中，又聯鑣石井先隴而登金石之臺。以其故，頗及其先之概。

潘氏世居烏程之潭江，弘道尊府君祥卿，洪武辛未始婿苕溪王莊而家焉。既而潭江之族悉厄于疫，祥卿且弗永年，故弘道近欲追世譜，訊先塋，有不可得之歎。予爲賦潭江先址詩，以述其情意，謂雖無以髣髴吾先矣，然即桑梓之地，以顧瞻烟雲竹樹而徘徊焉，亦足暢孝思之萬一云耳，抑使後之人知潭江嘗爲潘氏居也。弘道未之愜，馳書以咨鄉之耆舊，尚冀聞其大較焉。既不可得矣，則譜其可知，命使來告曰，丐吾要之一言。❶仁矣哉！君子之用心。且曰「不敢輒有附益，惟傳信是尚」，尤得作者之體云。弘道考績伊邇，便道東歸，拜潭江之涘，時有新製，宜飛以示我。

種湖高街韓氏族譜序

韓爲種湖舊姓尚矣。予復居故里，於韓爲同社。韓之彦曰永春，愛敬於我，三載如一日。季父孟暄，猶永春也。二公懼丘壠之或蕪以湮也，率衆脩治而封樹焉。懼昭穆日遠而日忘也，謹祀田以勤拜掃焉。懼族

❶「吾」，四庫本作「君」。

屬日繁而日疏也，合少長以篤其倫焉。復作譜以爲紀載之本，而屬予爲序。予以二公相與之厚也，故不辭而爲之書。

高畬吴氏族譜序

吴氏由鄱陽馬鞍山徙進賢軍山湖之梭渚，是爲諱蟾府君。三子：昇、燦、晃。昇析黄源，晃析楓林。燦生梅坡，梅坡生九一，九一生長一，長一生大一，大一生仲二。仲二三子，其季庚三，由梭渚徙南昌鍾陵鄉之高畬。庚三生祥卿，祥卿生伯亨，伯亨生嗣賢。嗣賢娶宫氏，生貞。貞早失怙，曠於學問。既長，恒感慨，欲從師，食貧養親，未暇也。年四十，始游吾門，同儕久益敬愛之。予嘗贈以覲親之詞，而題其柏舟之堂，兹復序其族之譜云。

棠溪黄氏族譜序

嚮予拜掃於紫石之坑，識地主黄君克從、吴君旭高。今年秋，克從以其所作族譜，屬旭高將其中子亢宗來謁。

黄本姓金，其先處州人。當宋高宗南渡時，金氏以武臣鎮臨川，居城西隅，子孫因家焉。莫詳何代以逃難易今姓。孝宗隆興間，有細二府君者，徙崇仁穎秀鄉之棠溪，是爲棠溪黄氏。克從之先大父遠山公懼忘其本初也，克從生，即名以金。少長，且屬譜焉，其用心厚矣。與其表姓于名，孰若復其姓之爲愈哉？克從既繼作譜之志矣，推命名之意以復姓，惟在一斷云爾。

彭原李氏族譜序

昔先子學邑庠時，受《詩》於困學李先生，繼受《春秋》於先生尊府中山君。予小子與弼，於聞孫子儼、族孫公迪皆辱愛焉，而公迪數來講於學。去年秋，公迪致子儼君之命，以其族之譜來屬序。

按李氏系出南唐，當南唐之二世，以大弟景達爲撫州大都督，封齊王，居郡城曹家巷之慶延坊。則齊王固始遷之祖，而舊譜以宜春王從謙爲第一世者，誤矣。譜創於六世孫翠蘿居士，自是代有譜焉。十二世孫叔權，十四世孫志道，十五世孫義安，咸增脩之。而叔權謂舊譜往往簡略，遂推源尋派，訪求悉紀，善矣。志道以書官、書名寓勸懲，爲尚史例，時之序引者同聲相和，以爲真得史氏法。夫譜牒不爲尊祖、敬宗、收族而作，徒爲予奪之書邪？其間固有非勸非懲而著之若法院，李等抑又何歟？設子孫不幸，大義當絶，如包孝肅公所戒之類，自當不繫諸譜，又奚名爲乎哉？

義安又謂丁元季兵燹，器物圖籍無寸遺，偶得先譜於兵士之手，遂加葺理。干戈搶攘之秋，拳拳譜牒而先緒賴以不墜者，義安之功也。其義例法歐陽氏，則自子儼二君始。族雖散處而情誼相屬者，世守祀田，子儼君歲一舉祀而會族之禮行焉故也。款洽之際，盍益相勖於無忝爾祖哉？

務東周氏家譜序

周，吾母家也，世居務東。有文五府君者，娶裴氏。府君歿，二子皆幼，鞠於舅氏，遂因舅姓，而家于裴坊，今四世矣。周君顔仲，與其從子允昂作譜以復其姓，❶而偕周氏婿傅君汝恭，往詢其世務東。則族之耆舊皆已物故，子孫多散處於外，文五府君而上，莫得而考。惟鄉隣尚能談周氏之盛，皆曰樓下周焉。

嗚呼！與弼十歲别母，京師游，又十歲歸，母卒七寒暑。踣地號天墓側，欲絶不能。今又四十年矣。每瞻望裴坊雲物與經是山川，心輒如割，尚忍題斯譜邪？尚忍題斯譜邪？

裴氏族譜序

裴氏其先，閩之全州人，宋季以游宦流止撫之崇仁。先譜亡逸已久。近彦文君偕弟彦信君慨世系寥闊，諸塋無所紀録，迺命與弼爲之序。

與弼，周出也。周之先以幼孤鞠於舅氏裴府君。與弼幼來外氏，辱府君家惠愛厚，故不敢以不敏辭。夫裴君伯仲譜牒已謹，先壠可以不忘如魏公矣。若其立身立德，如傳所云，則尤裴君之素願，而後人所當盡心也。

---

❶「允」，四庫本作「元」。

豐城戈氏族譜序

戈氏世居臨川西鄉之七里原。國朝洪武初，由七里原析豐城之玉溪者，諱純，字祥重也。宣德中，祥重諸孫瑛游予小陂。於時，戈氏豐裕矣。瑛，孟氏敏義相慈親，主其家，指甚衆而家肅雍也。予間適水邊林下，而瑛從焉，因語之宜及是時以勉于學云。今年夏，敏義以其賢尊某所刻族系爲譜，譜成，命瑛復有請焉。

予何言哉？亦惟向所勉者以勉之耳。然學豈直詞章誦説爲哉？俾稱戈氏族者，不徒曰士人焉，又曰君子焉。爲之子孫者，不徒曰學爲士人焉，又曰學爲君子焉，不亦善乎？苟惟措其心於言語文字之末，而不免於猩猩鸚鵡之誚，君子奚取焉？抑豈予之所望，而亦夫人所當戒也。

吕氏族譜序

劍池之南曰塘下，有吕族焉，居有先後而派各不同也。其一曰吕王廟者，唐時派也。其一曰成公之弟祖儉，謫吉州，罷官寓劍池之木瓜林。子世隆，由木瓜林而來。裔子傑之居舘下也，嘗致其尊公開先先施之辱於予，乃六月丁丑，肅將其族姓之書，不遠百里，冒暑謁告曰：「惟世代之念，敢踵門而陳懇。」又曰：「先譜流落叔世，紅巾之變，雖幸存於某氏，而購未得也。故祠有碑，勒臨江孔氏之文，兵燹殘闕，無足徵。自寺丞而上，據家藏謄録，系圖而書。自寺丞而下，據家世授受而書。」蓋其族有德玉翁者，元季寓鍾陵，洪武中來往故里，當此時年八十餘，約其生，當在元中葉前。耳目所接，去宋未遠，凡世代遷徙之由，經履之概，歷歷能道。而國初鄉隣遺老往往知其世者，亦多傳。至於開先始紀諸册，非開先之留心，不日遠而日微哉？大矣！子繼述之勤也。

三復之餘，掩卷而歎曰：嗚呼！秦漢而後，繼孔孟絶學者，程朱氏而已。而申公父子際程，成公兄弟際朱，千載一時之慶，重萃吕氏一門，何其盛哉！予小子，猥以不腆之辭，厠名芳籍之末，又何幸歟？而子孫能不興起其仰止之心，而激昂其脩德之志也邪？

吴營橋元氏族譜序

元氏其先河南人，字子晳者，唐永泰中由進士令崇仁，子孫世居衙後之米倉巷。今則官易其地，以爲縣治之公宇，而元氏亦家禮賢鄉之吴營橋矣。邑志載，縣南五步有令君遺愛碑，刺史顔真卿爲之書，久亡。令君之十五世孫、宋咸淳進士凱，字仲和，號梅屋，嘗續脩其世譜，既逸。十八世孫璵，字伯禹，母黄氏，讀書知史，能記先系以傳。自令君之二世至十二世，則無徵矣。十九世孫德高，命諸子貴淵、貴沂、貴源依舊系倣歐陽氏以譜焉。

予幼侍親京師，聞先子每樂道元氏子孫來謁，必喜曰二元之後。蓋二元者，伯禹、伯常，爲邵庵文靖公之高第弟子也。家藏遺墨，既遭元兵，復罹水患，殘編斷簡，寶於諸孫貴澄氏。竊溉芳潤，未始不慨然起我高山之想，而伯常贈雪樓之子之詩註云：「文憲嘗序先世文集。」則儒術固盛於二元之前矣。又嘗親德於德高翁，藹然故家文獻之裔，間以譜序見屬。既聞命矣，而貴淵、金、玉三人者，躍拜庭下，蓋篤其先澤之心勝，而忘予之淺薄也。未幾，翁暨冢嗣先後淪喪，予亦久淹于疾。近貴源率諸子姓以譜來授，則貴沂亦已逝矣。感歎存歿之餘，謹識而歸之。

長湖章氏族譜序

章生獻，嘗示以先文，而知其爲尚儒之族也。獻弟朴，從予拜胡先生於豫章。其還也，朴與從兄文英迓於南浦。明日，識賢尊定夫於嵩山，而文英尊公清夫羣從，競欲賓致。長湖俊夫，躍馬隔溪，追莫及矣。今年夏，文英奉諸父之命，來告以其族之世曰：「章氏世居臨川之白城，派分南樓北店。譜牒燬于兵，不可追其代序矣。吾祖諱震者，由南樓壻豐城方岳洲之朱，冒厥氏，而家焉。震生亨可，亨可生原永，徙南昌之長湖，號桑洲白城。檢校公於桑洲爲族叔父，而同爲南樓派也。檢校公元季平賊立功。北店與檢校公之後無嗣已久，而白城無復章氏之胄。長湖一系，僅存如綫，惟負荷之弗任，而無以永其家也。謹因脩譜復姓之初，敢乞言焉。」

吾聞章氏世讀書尚質，而桑洲之規其胤曰：「勉爲士，毋淪于技。」又曰：「欽乃祖考，篤爾同姓，乃堂以隆祀而序族焉。」懿哉！所垂之遠也。桑洲逝而法如昨，可嘉矣。然流俗難祛，而故步易失，爲之綱維防範者，代可乏人哉？此清夫輩所爲懼而有請也。夫且所貴乎士者，豈徒申其佔畢之謂？必文行相資，禮樂兼善，然後無忝士之名。苟華而不實，豈君子所當勉哉？嗚呼！敦祖法，崇實學，章氏無疆之休，其不在兹乎？其不在兹乎？

狹源洪氏族譜序

景泰庚午孟冬，予游秋山之頭，有立馬拱道側者，問而知爲洪生也。後二月，❶游其里，因以訪之，而識其族焉。明日，作朋走風雪來謝，詢其世，宋忠宣公之裔云。未幾，洪生奉先子伯朋所作族譜謁告曰：「先世居餘干，嘗結昏豐城玕溪陳氏。元有陳仲益者，講授洪都，高祖伯仲游焉。虞文靖公以女弟歸于我，遂因玕溪以居，而仲祖復餘干，再世由玕溪析臨川之狹源。先君著譜稿具即物故，小子禎偕諸父作朋、諸兄祥重，相與掇拾遺墨，就正有道，願借重一詞於夫子，九原爲不忘矣。」

嗚呼！忠宣父子文學節義稱天下，所謂曠百世而相感者歟。接胤嗣，披珠玉，能不勃如斂容哉？雖然，譜輕重係乎人，人賢否徵諸德。勖哉！爾父兄子姓，悉其心以象賢焉。俾他日臨川之譜與餘干相交映而俱重，則足慰作者心，而奚假於予言？

周氏族譜序

周君子瓛偕其族人公輔、隱南及外氏子黄子良三人者，以隱南尊公所脩收族之譜，相與删訂而重脩之，

---

❶「月」，四庫本作「日」。

以請序於予。周氏世居邑南之文家橋，静軒處士徙桑溪。周君，静軒之六世孫，而公輔爲七世孫。隱南今徙沙堤云。

嗚呼！世之於譜，率多浮詞溢美以相高，甚矣，好誇之弊也。夫惟犖落之士，振其宗於德義、詩書之懿以不怠焉，爲足以顯其親於無窮而著其譜於不朽，奚事乎馳其心於外哉？周君其有感於斯歟？族人子姓抑知勉矣夫。

鄉塘周氏族譜序

豐城周順，閒從游山間，步月溪上，因以及其家世焉。其先臨川之戰平里人，今居豐城西鄉之鄉塘。鄉塘之先，由山塘而來。舊譜火於洪武間，不可知其遷徙之由矣。僅存一圖於族人伯敬贅居之澳源。按圖重爲譜者，伯張大猷也。因是譜而加邃密焉者，尊公士肅、仲父士倫也。回祿災餘，前蹟寥闊。近代以來，尚義而嗜學者，累累有之，而胡烈婦事，尤壯偉，皆著之譜矣。傳謂先祖有美而不知，不明；知而不傳，不仁。嗚呼，知而傳者固善，擴充之以世其美者，不尤善乎？順也其倡而宗以力於世，其美哉！

西廨彭氏族譜序

五峯之西，西廨之濱，有彭氏焉。其先都昌人，不詳何時徙五峯。字從善者，樂施人也，爲橋凡八十，由五峯之太山徙今地。❶ 舊有譜，流落田西曾氏久。近彭君九璋，命其子回、從子俊咨於族人九經、九鼎，合族之長幼卑尊，僉謀請于曾。既逸矣，輒次第其可見之世，勒諸石，且屋之爲族譜之亭，以展禮焉，族之興也勃然矣。

嗚呼！孰謂升降之幾而不繫於人哉？予嘉彭君輩之鋭於首義，而族之樂於隨也，於是乎言。

興國汪氏族譜序

興國汪氏鴻、潛二子之學於予也，其州牧樊侯不知予之無似，徒以虛聲誤其辱。鴻父兄宗族由侯故，益激其尚德之心焉，而侯之與汪多矣。鴻歸之九年，潛復領其合族之歡心，以諸兄從魁等所著世譜請于不德之文。

汪氏世居興國之牌港，仲敬府君由牌港徙樂平里之同步。牌港之東有祖墓，曰蔣三府君，子孫世祭掃之，豈興國始遷之祖與？譜亡於兵，無所徵，必欲爲之傅會，是誣也。今譜自可見之世而闕其疑，得之矣。潛之來，鴻以親喪沮。潛與吾兒讀《春秋》，凡兩月而歸。家慶禮畢，爲我謝諸父兄，而語諸鴻。樊侯獎勵之重，得不服膺書紳，勉爲令族，以光爾祖而答賢侯邪？事會難逢，而時無再至，其念之哉！侯名繼，金陵人，去官久而民益思之云。

❶ 「太山」，四庫本作「支出」。

同安李氏家譜序

李氏諱雷奮者，由鄱陽界田丞同安之同城，子孫因家懷寧望城岡之檀冲，中徙同安城北之南莊嶺。永樂丙申，予省覲太學，次同安傳舍，聞孫思誠招致南莊之上，以教其二子性之、宜之，而季子尚在孩提也。後三十有七年，重訪舊游，則思誠與冢嗣久物故，宜之與季崇之克隆先訓，博交當世縉紳以充其才性，而以詩書華其户庭，褒然爲同安著姓，可嘉也。適成其族氏之編，而請文焉。予感夫逝者之不可作，而重其後之有徵，足爲李氏慶也。於是乎書。

述溪方氏族譜序

方氏其先安陸人。鎮國君文，仕元，爲江西、福建等處征蠻統制都元帥兼招討使，封鎮國公。子明威將軍，仕撫州萬户府總管，授世襲五世總管。君伏節大明，洪武初，子孫家臨川之述溪與崇仁之郭墟。予種湖故址於述溪桑梓連，故得與方生文照游，且嘗屬其世德不可以無述也。既而生以《書經》領薦教同安。景泰癸酉七月壬午，訪予同安城北南莊李氏之寓，欣然以族氏書成告。

夫事患後時，幾貴早斷。世澤將斬之餘，紀載少稽，不逾遠，莫究而遂忘其先邪。懇乎生之用心也！廓是心以念鎮國、明威著功于其始，而慨總管以節善其終，追逸駕而貽嘉謀，家法當如是矣。

同安黃氏家譜序

予寓桐城何家圩，嘗見禮於黄氏翠屏翁與仲子永常焉，論其世系之記述，而知其族孫金之有志於斯也。已而，會金於秣陵，款洽連日夜，乃記憶尊公菊窗所授，次第之以請，且曰十五載之心事云。

黄氏其先由鄱陽徙桐城之鹿兒城，譜以兵燹而亡。原仲府君國朝初徙近地之蔡家坂，今同高祖之親聚處一地，指逾三千，食禄者日衆，而業儒者日多。夫先積之徵如此，而金也復倡其宗，益隆於善，方來之慶可量哉！ 金爲禮闈乙榜進士，復會多士，就試神京。蓋將推其家族以達于邦，宜愈自克矣。

同安丘氏族譜序

予以尋醫問藥之故，息肩桐城何家圩丘氏之里。國子上舍生丘士安承其尊公志原之命，賓致鯉庭，以家譜請爲序。

丘氏世居同安小南門同安坊，元季之變，志原大父濟民挈家逃難，流寓同城。考君仲華贅于邑南何家圩周氏，因以爲家。志原君躬勤瘁以立其門户，豐裕矣，遣子學邑庠。既升胄監，仍隆師别墅，以淑諸孫，年過八十而篤勵之志不少懈。古人云：「廣積不如教子。」丘氏有焉。子孫其勿替引之哉！

上饒婁氏家譜序

昔上饒周文、婁諒，承其父兄之命來游小陂。未幾，諒得疾，歸行，祖之贈有「麗澤何時重起予」之句。後五年，予自金陵經貴郡，暫留賓館，接諸父兄子姓，而觀厥世譜焉。

婁氏其先信陽人，元季有諱子福者，與其鄉人逃難南奔，因家信城之盈濟坊。在信陽故大家，今上饒爲著姓。撫卷之餘，病僕歸志，起予之云，徒成虚語。豈惟生有不豫，而予亦焉能恝然哉？雖然，學之方，凡目視、耳聽、口誦、心惟，善者從而否者改，皆足以發吾聰明而崇吾德業，此古人所以貴於能自得師也。況生也，觀光禮闈，俊游日富，樗散如予，雖日同堂而共席，奚能以資麗澤之萬一哉？厠名芳籍，愈以自歉耳。

上饒周氏族譜序

周氏世居上饒古梁之周村，譜亡于兵，昭穆世次與其遺蹟，子孫皆不能追憶矣。惟傳聞宋有堂名天恩，御爲記，亦不存焉。近茂傑審理公嘗命族子文譜其可見之世。

正統戊辰，文與其友婁諒游舘下，以語予。後五年，予自金陵經貴郡，青燈話舊婁氏之堂，昔者之來，跋涉晨昏，忘其飢渴。蓋當是時，惟懿德是尚而不知疏薄之無足與，徒虚譽是信而不知實德則病，是以誤生之辱也。雖然，予覆轍宜戒，而生夙志不可以不篤，世德不可以不求。堅金蘭之誼，增華譜之重，顧自力何如耳？

黄氏族譜序

金谿黄衔、黄衎，氏一而族殊也。近各著其世系以爲之譜，皆莫詳其所自來相承。衔之先，由南豐雙井徙臨川之广下，由广下徙金谿之嵩湖。衎之先，由崇仁古塘徙金谿之程坊。程坊與嵩湖桑梓連，而衔、衎締交密，故誼同兄弟焉。然平仲世希，而善終者難，是以歲寒然後知松柏也。豈惟交哉？先正謂今之學者如登山麓，方其迤邐，莫不闊步。及到峻處，便逡巡。苟能遇難而益堅，何遠弗至也？二生並學吾門有年矣，慎斯言也以往。輝黄氏之宗而生邑里之光也，何有交云乎哉？

五峯黎氏家譜序

嘗與故人黄季恒論五峯舊族，因及其子婿黎淳家世，淳亦間語焉。黎氏，浙人也，再世仕臨川，子孫遂家五峯。三世諱益，葬南鄉孟婆峯，號尚書墳。四世號月樓，讀書尚書墳，所葬十八里鋪，號學士墳，皆莫究其履歷之實。月樓當宋末，罷官，復於尚書墳所構日新書院以教授，元累徵不起，號南隱。所居後名黎家坑。五世諱謙。六世諱友直，中元鄉貢進士，赴春官，道卒。七世字伯中，是爲淳曾祖。故有譜，近燬於其族人之手。淳所譜，特舊藏神位及粗聞家世所傳耳，其詳不可得而考矣。

惜哉！使譜脩於伯中時，先譜固無恙而記憶爲猶近。今去伯中三十年矣。更三二十年，代序異而人事殊，欲爲之譜者，不尤難乎？淳也其於是舉，良足嘉哉！是爲序。

舉林車氏族譜序

車氏，莫詳其所始，世居臨川長寧鄉之稠源。五府君者，徙金谿歸德鄉之舉林。譜倡於十世孫用烈，而贊襄於用正、用彰、用徹也。五峯李公迪賓其西塾久，予知車氏由公迪焉。近進用烈嗣子泰業舘下，復爲請大書其堂曰「尚義」，樓曰「讀書」。

既而，予歸自金陵，經車氏，與公迪論文尚義之堂，而顧瞻讀書之樓，以歎曰：車日大而舉林其日重乎！蓋義者，天爵之貴；書乃聖言所在。雍容是堂，登降是樓者，能不奮思以有作哉？姓隨事顯，地以人勝。用昭師友之誼，而壯厥孫謀，族氏之光，孰大焉？因譜乞言，序以勖之。

金谿南山傅氏族譜序

金谿未縣時，爲臨川之上幕鎮。傅氏其先有伯仲曰行廂、行唐者，由上幕之五岡析永奉鄉之硤口莊。行唐居城上，行廂居東岸。東岸尋更名白鱔。

行廂生師璵、師瓊，師瓊徙西山。師璵季子曰某，徙掩坑。掩坑之四世曰商佐，徙鶴溪。鶴溪之六世曰公世，徙南山。師璵白鱔之五世曰安潛，宋建炎初募民應詔爲社兵，累功荐進，秩授世襲。勑云：「父子兄弟，將權世世之相傳；族黨比閭，軍士人人之素習。」蓋西山之後曰安道，及商佐、安潛子根，皆恊力濟功者。

白鱔之九世曰子雲，鶴溪之五世曰陸，俱事陸文安公。南山之四世曰景賢，從陸氏之後俊游。文丞相開府江西，辟玉山令，以率義兵。五世曰德華，漱陸餘潤於外氏，即陸廢基建學舍堂以事三陸，贖義莊以養士。六世曰籌，師草廬吴文正，仕元中書省檢校，使閩浙，革命後歸休田里。十二世曰芳，因内兄車泰業舘下，既而奉父祖命，復屬泰以請序其族之譜。譜始於祐，續於籌、雅、晟，其易歐氏法，則自今日焉。

予嘗客歸，自浙經芳里，假宿連洋，是爲諸陸之鄉。詢其遺蹤與其苗裔，盼盼其山川雲物而遲遲吾行者，❶非以夫人之賢哉？誠厥心以希賢焉，安知曠百世而相感者，不猶今之視昔也邪？有懷往躅，用策芳云。

荆溪吕氏族譜序

寶塘之北，汝水之西，曰荆溪，吕氏世居之。厥初，蓋由浮梁而來也。其鄰生吴曾氏致尊公子通之命告予，以吕氏邦翰、公翰兄弟者，既納粟受旌矣，而日駸駸於義事焉。乃咨於其族之長本誠、從父中良，僉謀於族之長幼卑尊，構奉先之堂，脩收族之譜，屬里生陳達以譜請序。

嗚呼！是舉也，不其重矣乎？程子之不忘本，魏公之孝之大，真知言哉！然流俗滔滔，知而信者恒少。因吕請，著之以諗來者云。

❶「盼盼」，四庫本作「瞻盼」。

西汀鄧氏家譜序

鄧氏其先，由建昌而來也，世居崇仁惠安鄉之西汀。予嘗游止其地者數，接其祖父子孫四世，驩如也。前之開業者事乎先子，後之繩武者辱於不肖焉。東平吴生世光，近來小陂，雪窗話舊，嘉鄧氏既有田以供其祀，復爲譜以謹其世。予時契闊西汀二十載矣，聞善相喜，嗟歎久之。創譜者廣淵，徵予言者騏與長，而贊襄者吴生也。譜無夸事，文略浮辭，貴傳信焉耳。

唐山戴氏族譜序

景泰丙子，唐山戴君子穎倡義作祀先之堂。天順戊寅春，仲氏子顒偕其族孫亨、慶、正同脩其世譜，來屬題。

系出唐刺史叔倫幼子芮。舊圖世次有疑，今斷以南唐始遷之祖諱英，字邦彦，葬本里之百畝阡者，爲第一世。予以王程星火，未暇詳覽，耳目所接，則元有字元叔、號元齋者，富而重儒，六子皆承家學。字懋純、號山雪者，爲第五，洪武初教諭邑庠，先子所事也。字仲本、號務本者，爲諸孫訓導西齋，經業尤邃。山雪家嗣仲暘君，豪烈尚義。子會君者，爲元齋曾孫，敦厚莊重，邑士侯孟恒稱爲鄉里人物之冠。數君子者，前後輝映，而唐山之名四馳，增重鄉邑矣。子穎君居族之長，而長幼服其德；子顒君建讀書之閣，而子姓無敢慢。堂之成，通族之力；譜之脩，二三子之志云。

荆溪華氏族譜序

華氏少一府君者，由南豐徙居崇仁惠安鄉之荆溪。至五世曰顯宗者，析本里之清塘。昔友人黄季恒嘗從予省墓紫石坑，經荆溪，指華氏伯良之居曰：「是蓋素仰先生者，盍一訪諸？」予辭未遑也。後十載，重經焉，質諸其隣友吴子通氏，而黄君之言爲信。時黄君物故久，而平時誤嚮往予者，率晨星矣。惟伯良年過七十而迎候康强。適華庭新構，境物春明，暄妍之至，❶童稚咸欣，而嗣子廣告予以疇昔之夜，實夢夫子染翰於斯，宛然今日也。予既答以紀夢之詩，而伯良相好無已也。復偕其族人正倫，屬門人王忠彭回來請序其族氏之書云。

孫坊孫氏族譜序

天順戊寅春，予將有北京之行，遍省先塋，經孫坊孫紹先氏，得暫叙世好。既而，紹先以其世譜請予不腆之文，蓋令祖清所翁先友也。先子寄詩有「藕花溪畔竹林幽，步屧西風記昔游」之句。予兒時拜儀表於先子官舍，翁既歸鄉，辱爲忘年之交，鄙詞致奠，有云「抱衾裯以共宿，語達旦而不寐」，又云「當春暮之趨庭，辱縞苧之深意」。且繼祖妣寔惟孫氏爲志，廣之親派，而與恭者念予尤厚。

❶ 「暄妍」，原作「春予」，今據四庫本改。

夫既叨友朋之誼，重以親戚之好，安敢吝于紹先之勤哉？ 孫氏派析豐城，奠居種坊，後裔蕃衍，著孫坊之名焉。 世有祀田，族歲一合，僉欲作祠而未遂也。 祠成，他日歸田，又當爲之記云。

種湖章氏家譜序

章氏祥四府君由五峯壻南鄉之官員嶺中，二府君由官員嶺壻種湖，因以爲家。 季子軫以去族日遠，迺考譜於五峯故里，藹然孝敬之心。 惜遺老凋謝，無所於咨，僅詳曾祖而止。 然能不謬所從，以免崇韜之誕，又以見軫之賢也。 謂予有里閈之好，師友之誼，請爲序焉。

胡氏族譜序

友人胡子貞持其族譜一通見示，且曰昔國初宗老子爲公之脩譜也，一以祖宗親之而收其族，不以族之貧富異其心。 故吾一派獨以貧而見系於全譜者，公之力也。 予聞而嘉，子爲公之仁族，子貞之知感，皆非淺之爲丈夫者矣。 爲子貞者，其率夫同派之親，漸磨乎禮樂，涵泳乎詩書，日新又新，上可追前代聲華之美，下可貽子孫無窮之謀，又何貧富之足論哉？ 若夫齊家之要，睦族之方，具有聖賢成法可攷而知；褎然而倡，在子貞固宜勉翕然而和，又衆人所當踴躍也。

豐城胡氏族譜序

豐城胡清，雖未識而問遺嘗相及，情固通也。清卒之五年，弟源以其族譜來請序。胡氏世居成都濯錦橋，諱諒者，與韓昌黎同年進士，仕汀州守。❶長子讓，仕撫州幕屬，因家臨川之大塘。撫州之孫可朋由大塘徙豐城厚郭之富塘。富塘之十四世曉峯居士徙銅湖，曉峯子庭瑞徙渼港，庭瑞孫宗玉徙邑南，是爲清祖也。清近以市之隘也，卜宅同造，而源仍在邑。家世遷徙不常，易迷所自，爲兄弟憂，故著譜謹本支，而未暇旁及，勢然也。譜成，其族人九韶、友人于彦實與有力焉。

長山晏氏族譜序

昔者，長山晏海氏謁予小陂，從游近地之覆船岡、大同峽，詠歸，甚歡也。繼學於種湖，率弟漳與其羣從淵、源，連厥外姻，纍纍而來。海方悉其力於蚤夜而得病歸矣。予寄詩有「頡頏多少金蘭友，日日賢關遲早來」之句，海竟抱伯道之悲以謝於世，不相聞問者十載。湑、溟紹其家學於小陂之三年，漳復攜其子彦相與切磋之，而涇亦繼至。豈獨慰予之思，抑以快九泉之志焉！既而，漳等奉諸父宗衡、宗敬之命，以所脩族譜請序。又悔平生所願而未遂者，固予所樂道也。

---

❶「汀」，原漫漶不清，今據四庫本補。

晏氏其世次顯晦、遷徙不常，諱墉者，唐咸通中舉進士，卒官江西，始著籍高安。墉生延昌，自高安徙臨川長樂鄉之沙河。延昌生郜，郜生旦、固、諫、清、亮、聰、貞、漸。固生殊，是爲元獻公。旦以子貴，累贈少保濟南郡公。旦生洵，以兄殊薦，主洪州豐城簿，累官至某官，贈光禄大夫，開國侯劉沆雅所推重。洵生奕，蔭授大理評事，徙長山。奕生承。承生紹休，知道州江化縣。紹休生光、元、免，各以經學顯，號稱「三晏」。元，常州司法，嘗尉淮陰，治劇有聲。元生澈，秘書校勘。澈生紱、績。績字伯庸，嘗續脩其世譜，黄義剛善之。紱生執中，執中生慧老，慧老生安民，安民生霆，霆生夢洙，夢洙生天祐，天祐生繼殊，繼殊生璉、琦、琰、璿、璣。自洵以下，雖粗見歷官而事功多無所稽。通其旁支，可知大歸者，穎、洵輩凡十餘人。

嗚呼！晏氏可謂多才矣。任繼序之重者，能無高山景行之心哉？

樂安草堂易氏族譜序

天順戊寅春，將有北京之行，樂安易生祐爲使永豐，還且別矣，復留止焉，語及先世遷徙之由。既而，與其族兄純以譜見屬。

蓋諱柬者，兄弟三人，自建昌南城竹由市而來。宋靖康乙巳，柬主崇仁簿，子孫家天授鄉齊城里之杭橋。字仲謀者，家齊城里之草堂，今屬崇仁。字仲裔者，家臨川惠安鄉之西舘，今屬崇仁。仲謀生焕臣，焕臣生光明，光明生文貴，文貴生處仁，處仁生仕勝，仕勝生以仁，爲純、祐之曾祖，代以耕學相承。

嗚呼！予素慕樂安山水之秀而未獲游，荷邑彦之過知於我而多未識，因易譜而厠不腆之文，豈不大污於名山勝水，而重辱我知己也哉？

槁溪饒氏家譜序

昔予復居種湖時，鄰翁饒志堅氏遣諸孫燁來學。燁乃予所命之名，而字之曰「子光」也。天順戊寅正月辛未，燁偕其同里生曾正、危拱衡雪小陂，❶問訊京師之行，而正也告予以燁承諸父兄之意，屬序其家之譜。

饒氏其先由南豐社背徙臨川南鄉之種湖，素以淳謹稱於鄉。而燁者，予蓋假名與字，勖以輝華其身於其家、於其族，而不知燁之用心爲何如也。日月逝邁，感念今昔，悵然書以復之。

餘姚楊氏族譜序

餘姚楊侯文琳參政江西之三年，奉勅以軍務臨弊郡，束書遣使命僕曰：「吾先河南汴州人。諱僖府君者，宋高宗時扈從南渡，遂家越之餘姚。世系荐罹兵燹，乃者譜自六世祖辛三府君而下，生娶卒葬、行諱官歷粗具，願序於氏焉。豈惟感存殁於一門，且賴永光斯譜矣。」

噫！此楊侯之謙德，知我之過誤也。昔楊侯初遷秩畫省時，適僕叨聘寓金臺，興道致治之誠溢於承顔接辭之頃，尋徵輿論，夙著蘭臺。夫以瀟洒出塵之資，蘊瑰瑋奮拔之志，篤兹以往名門華譜，安得不益大而

❶「危」，四庫本作「范」。

益重？矧族之俊乂觀感而興起者，固不可量。瑣瑣贅説，徒爲贅焉耳。

豐城曲江熊氏族譜序

豐城之北，曲江之濱，有熊氏焉，曰松澗先生，字子超者，爲第一世。松澗而上，及松澗而下，其遷徙之由與夫官歷隱德之跡，代遭兵燹，無可徵矣。惟世傳一系於十七世孫豫章之家，亦不免於殘闕焉。十六世孫崇壽，嘗以所聞見生娶卒葬述諸簡牘。十七世孫婉，因系與述，倣歐陽氏圖而譜之貴篪，從弟用端欒於鋟梓。婉承親命，屬所知張循、戴禄徵予文，予以病辭。婉懇請之，必欲得而後已。先正云：「人之所以與天地日月相爲長久者，元不在此。」則文之有無，何關得喪？矧不佞如予者，奚文之足云？

嗚呼！流俗滔滔，知德者鮮，安得起雲谷於九泉，以咨所謂長久者哉？

上饒祝氏族譜序

祝氏世居上饒，其鄉靈峯佐溪之鳳凰墩。故儒家諱高，字維東者，贅某鄉渭川姜啓詵氏，遂冒其姓。啓詵年老無子，維東力勸圖後。啓詵固辭，且曰：「暮境尚冀息耶？」維東扳諸姻戚，固以請，遂得妾生子。維東屬纊之日，顧諸子鼎新、付新等曰：「姜氏似續，幸有人矣。爾其復吾姓，脩家乘，丐文作者。」季子永新近以諸兄命，從其鄉先生婁克貞謁予小陂，致先子之屬。文詞非予所長，縱强爲之，空言何補？然則其學道乎道凝厥躬，是謂有德。道德之懿，爲世禎祥，以顯父母，貽孫謀。君子能事，孰大於此？《詩》曰：「無競維人。」祝生勉乎哉。

送按察使原侯序

江西提刑按察使陽城原侯，初由正統乙丑進士歷浙江、廣西二道監察御史，嘗巡按江西及審刑撫安、北直隸諸州，遷今官三載矣。報政伊邇，霜臺諸賢最乃績，曰所在著廉能之譽。以僉憲同安程侯嘗辱於臨川吴與弼也，授之簡而命以文。

夫廉者，德之符；能者，才之施。德一而才二，才施於所宜施也。其在己爲吉人端士，其示人如青天白日，人之仰之如景星慶雲。其及物如和風甘雨焉。然學有純疵，❶志分淑慝。從古以來，負聰明卓犖之資，而枉其才者多矣。若吾原侯者，善於用其才也歟？揚休光，動羣寮，豈偶然而已哉？抑聞儒者逢時生靈之慶！聖明在上，正豪俊有爲之秋。功高社稷，名重丘山，又僕之私於吾原侯者焉。

送進賢邑宰吕廷和序

竊嘗論邑宰之美，必以武城、單父、晉城爲巨擘焉。一則絃歌播聞，一則不下堂而治，一則學者風靡。三邑生靈何幸際於斯日也。有民社之責者，聞風能無興起？

❶「疵」，原作「疪」，今據弘治本、四庫本改。

桐廬吕侯廷和之宰進賢也，名其退食之所曰「正心」，治之左曰「善教」，右曰「善政」，社學曰「涵養良心」，非志於希賢者乎？　三載考績，將赴天官，願攀轅者衆口一辭，亦可以見秉彝之在人心，固無古今之異矣。職其邑之教者，蔡貴、沈經、涂瓚三君子，具書命使，請言以爲贈。夫言、泌二子，親炙聖人之化，程伯子亦學聖人之學者，學固當以聖人爲依歸。去聖雖遠，微言尚存。玩其言以得其心，何遠之不可到哉？「日知其所無，月無忘其所能」，吾於吕侯是屬。

臨川岡上李氏族譜序

鄉者，予以家難滯五峯，諸生車泰、車亨輩相與周旋，僑寓旬時。李希者，由泰而來也，且資以成其族氏之書，而請文爲序，以慰通族尊祖敬宗之心。屬者四三子講學小陂，復申前懇。

李氏其先，由南豐雙井遷臨川積善鄉之嘉村。五世諱發，由嘉村遷湖東。七世諱安祥、諱椝、諱立極，遷近地之岡上。諱祀、諱榮，仍湖東。代爲淳謹之族。夫謹家牒而不忘乎先塋，固孝之大，而立身揚名，尤先務之急。豈惟族黨之光，抑一方風俗所繫。古語云「富貴易得，名節難保」，可不念哉？

臨川鳳棲原周氏族譜序

周氏其先，世居建康句容之鄢家巷。號梅窗者，徙南康蓮花峯下。梅窗生定式，宦游建昌之南豐，因家焉。定式生純仁，贅五峯黄知軍氏，遂家郡城之仁孝坊。純仁生文明，仕元兩浙鹽運司提舉。文明生立禮，鹽運司丞。立禮生彦海、達海。達海主饒之樂平簿，嘗脩其世譜，虞文靖公爲之序。七子。曰伯莊者，生仲謙，贅窑前胡氏。曰伯宗者，主南昌進賢簿，生仲彬，由五峯贅鳳棲原許伯高氏，遂家於樓前。四子：叔炯、叔焕、叔燦、叔熺。予往旴江，兩經其地，皆假宿。叔焕、叔熺氏伯仲不知予之無似，而過於崇重焉，留周之詩有「但得主人能好客，幾時無事又重來」之句。許、詹二生，嘗從宿者，偶論疇昔，則伯氏久物故，而家庭之誤愛我者，猶昨也。未幾，叔炯嗣子麟咨於季父叔熺，偕從弟茂、輝、介、詹生來，請題其續脩之譜。

噫！予老且衰，兼北京之行在邇，重來既不可擬，而離别之思方殷。惟周氏充誤愛不德之心，以益培其所秉之彝，則豈直光周氏之族，抑以快予之私云。

天順戊寅閏二月辛巳，同郡康齋吴與弼書于小陂東窗。時宿雨初霽，韶華滿目，佳興與人同也。外孫寧壽給紙墨，雖秃筆無鋒刃，然情思則暢云。

康齋先生文集卷之十

記

厲志齋記辛丑

事必有志而後可成，志必加厲而後不怠。蓋志乃心所向，而厲則自强之謂也。農之於耕，工之於藝，商之於貨，莫不皆然，況士之爲學乎？世之志於學者，孳孳早暮，不可謂不勤也。其所求，言語文字之工、功名利達之效而已。志雖益勤，學雖益博，竟何補於身心哉？是則非聖賢志學之旨矣。聖賢教人，必先格物致知以明其心，誠意正心以脩其身。脩身以及家，而國，而天下不難矣。故君子之心必兢兢於日用常行之間，何者爲天理而當存，何者爲人欲而當去，涵泳乎聖賢之言，體察乎聖賢之行，優柔厭飫，日就月將，毋期其近效，毋欲其速成。由是以希賢而希聖，抑豈殊途也？

予年弱冠賦厲志詩曰：「夙興夜寐，孳孳惟義。矢有成人，毋安暴棄。」當是時，於聖賢爲學之方頗得其萬一，而自謂古人有不難到者。不意多病侵陵，與事乖迕，而志益荒，碌碌於衆人之中，倏忽十更寒暑。此心一靈，或興感於中夜，或發憤於窮途，日時既往，悼道無成。昔者之志，回視如夢。其悲歎之極，蓋無復有意生於世也。此無他，志不加厲之過也。友人傅秉彝名其子嗣裘讀書之齋曰「厲志」。予一日訪其齋，命嗣裘請益。予感其齋名同予詩也，因告以自得之由與自棄之實，而勉其不可不造厥極焉。秉彝善予言，且請記諸壁云。

松濤軒記丙午

臨川之屬境曰清溪，山谷深邃，泉石幽美，於焉卜築者，邑人胡伯恭也。伯恭，逍遥徜徉士，田園足以供朝夕，子弟足以服勤勞。繞徑多松，毋慮百株；厥土肥沃，而松益茂。時天風驟興，則奇聲異吹，蕭颯林莽，震蕩宇宙。恍焉如黄河沸，如碧海騰；鏗乎《咸》《韶》奏，鏘乎笙簧鳴，揚揚游游而莫測焉。一聽之餘，萬慮都消，精神頓爽。爰葺崇軒，暢兹清致。良辰美夕，輒宴集朋好而共其勝。契軒中之趣者，未嘗不心醉而忘疲，起坐久而不知歸也。軒未名，或請於伯恭。伯恭狀其似而命之曰「松濤」，屬予文以記之。予觀人心之感，因物以宣，感而正焉，斯其美矣。

夫草木之鳴，非不多，惟松也不粗不厲，不噍不悲，是物之善鳴得聲之清者。伯恭樂焉，不亦宜乎？雖然，樂物者不徒耽其趣，必有益於己也。故淵明樂菊，隱節以勵；濂溪樂蓮，君子是勖。今伯恭於松濤，尚思其清，以潔乎心。心潔而百行從可正，百行正則人道備矣。伯恭勉乎哉！予於伯恭有同郡之好，而高伯恭之所尚也，於是乎言。

世美堂記乙丑

武毅將軍伯崇寓書於予曰：先子暨崇，皆不幸早孤，賴祖母汪，恭承先緒，以至於今日，奉養有堂，願吾子名之，且申其説以教我焉。惟太夫人遐齡八旬，而孀居者五十載，峻節凛然如一日，柏舟之志亦何以加？予小子厠姻門之末，❶尚仰餘光，況子孫哉？宜崇有以請也。

伯氏自元以來，代樹武功，詩書兼茂，而太夫人繼以孤風遠操，輝映後先，奚啻景星慶雲之爲祥、麒麟鸞鳳之爲瑞？所以表著伯門，非左氏所謂「世濟其美」者乎？予撮左氏之詞，大書以復之，而勉崇以脩厥德，敬乃負荷，俾君子咸曰伯氏有子，則所以孝太夫人者，旨甘之奉云乎哉！予逮事先曾大父者德之典刑。先尊讀書太學，忝侍筆硯之側；太夫人養疾京師，與給湯藥之役。暮年多故，江湖阻深，無以寓其契闊之思；遠書珍重，何喜如之。他日泊舟江浦，拜慶稱觴於世美之堂，又當爲君賦焉。

唐山書閣記

昔伏羲肇畫於龍馬之圖而文籍生，列聖繼作，紀載漸繁，皆所以出治道、立民極焉。後世風氣日殊，諸子百家雜出，而塞聖途、害人心者非一，此文籍之弊，世道之不幸也。任道者每憂之。所以正人心、息邪説、

❶「姻」，原漫漶不清，今據四庫本補。

詎詖行、放淫辭者，無所不用其極，而後列聖之緒賴以不墜。然自古有志者少，無志者多，知而信者恒寡，能不爲他岐所惑而卓然自立於斯道者尤難其人。

嗚呼！世患不讀書，讀書者又患不能以正而入於邪。夫惟善學者必本之聖人之教，居敬窮理以脩其身，真積力久，然後知彼一切世俗之學舉不足爲，而吾所以參天地、贊化育者，其道弘矣。

唐山戴君子顒，爲閣於堂西，子弟藏脩其上，而咨讀書之方於予。吴與戴世有通家之好，而先君嘗事子顒大父於邑庠，諸子姓又皆辱從游，其可無辭以對？戴君不予謬，遂書以爲《唐山書閣記》云。

饒氏世系堂記

昔臨川饒迪功叔暘，受《春秋》於朱子門人張主一氏，遂世業焉。彭原李中山氏壻於饒，得是經以授先子。而饒於吾外氏五峯陳爲世契，於不肖子爲新好，❶是以饒君景德命其中子烈、長孫嶽之來學也，予不敢以常師弟子例視。而烈情誼日洽，告予以其尊公將刻所續世系於石，作堂於故址後嶺而奠焉，於以致孝敬而合族屬，願先生有以發之。

予觀梅邊公之序譜也，從論盱、撫諸饒同出五代太守亮，而盱有亮墓。焉知未有亮墓時，盱、撫豈皆無饒氏邪？又謂從兄楚林嘗之盱南象岸饒氏，其老人語以塘坑迺其分派，録譜歸而尋燬。譜既無徵，老人語

❶「子」，原作「予」，今據四庫本改。

未必可據爲信，且不聞始派之祖爲誰，事寥闊，亦無足云云也。惟曰遡而上可知者十一世，而開蹟塘坑者不可知，是爲的論。又云族盛於建炎，中微，逮祖伯仲，藏書萬卷。譜云伯諱釜，年十五中神童科。❶仲諱鑒，即叔暘，年七歲亦中神童科，時號大小神童。後之人粗知先緒者，梅邊作譜之功也。小神童公之曾孫熙、熹，俱事草廬吴文正公之門，見草廬《邵庵序記》及伯宗吴公之誌雪崖所續之譜。而熙教韶陽時，刻草廬所勉《首尾吟》於學之座右，以敬勤師命云。

夫主一炙朱子性命之教，而草廬亦聞朱氏而興者，饒氏奕世師承若此，孝子慈孫拜斯堂，念厥祖，寧不勃然以起邪？殆必有以躡吴而企朱，以侈塘坑之故事，而感此心之同然於將來者，不愈深乎哉？

麟經軒記

昔孔子感麟而作《春秋》，故後世目爲麟經焉。臨川饒迪功叔暘氏，受是經於紫陽夫子高第弟子主一張公，❷遂世業之。迪功之八世孫烈，游吾門之三載，懼先緒之或荒也，乃偕從子嶽，日與吾兒復討論焉。予嘉乃志，爲題其几硯之處曰「麟經之軒」。先儒之説是經者，有曰「經世之大法」，又曰「窮理之要」；有曰「非理明義精，殆未可學」，又曰「必優游涵泳，默識心通，然後能造其微」。

❶「五」，四庫本作「二」。

❷「夫」，原作「天」，今據四庫本改。

嗚呼！方策徒存，師友非古，安得神交心契聖人於千載之上，以免於晝筆僞化工哉？雖然，豪傑之士固不以古今之異而貳其心也。刊落浮華，一味道真，俛焉日以孜孜，惡知其不循至於洒然之域邪？噫！甚矣，予之無似而景則桑榆矣。記此雖以勖烈而勵吾子，抑以自訟云。

雙松堂記

彭回者，吾姨氏子也。其奉親之處，有二松並秀簷楹，游從之暇，嘗求予大書雙松之堂，以壽其親。親悦，命來請記。

松之操稱於宣聖，松之趣詠歌於古今賢士大夫，固非庸草木可倫擬矣。婭氏彭君，敦謹謙信人也，嗜朱子小學書，居恒誦繹於斯堂之上焉。回以從兄弟子來後，愛教兼篤，得代終之道者，吾姨氏也。恩禮媵侍，復有小星之行焉，不其賢乎哉？以耽古訓之君子而配允賢焉，無忝彼松矣，是足書也。

彭君，字九璋。姨氏，茶陵儒族，玉田推官玄孫云。

西廨彭氏祀田記

彭君九璋脩其世譜，勒諸石而屋之，爲族譜之亭。相厥成者，賢配陳與胤子回也。陳又以爲亭成而無財，則禮於何資？乃贊夫子割田七畝，供粢盛籩豆之費。回以親命屬予記。蓋欲登降是亭者，世守勿壞，且益敦於禮以隆孝敬焉。嗚呼！世以賄徼福異端，愚夫愚婦一轍也，孰有若彭君祀田之舉哉？記以爲勸，不亦宜乎？

孝思堂記

人之生，樂莫樂於父母之具存。番禺陳生獻章，方娠而嚴親棄世，則不幸之大者也。賴三遷之教，中戊辰乙榜進士，篤漆雕之信，復淹吾館。每痛鯉庭之永隔，感孟機之多違，聞者動心焉。家僮之返，予爲大書「孝思」，題其白沙之堂，而文以廣其意曰：

君子之於親，跬步不忘於孝，矧幽明之異，侍養之曠哉！然全其大，必當略其小。慈顏無恙，伯氏綜家，正自求多福之時也。及是時，悉其心以立乎己，俾人知陳氏之有子，先君爲不亡矣。陳生勉乎哉！伯氏朝夕爲我申其說，於定省之餘，亦足少慰倚門之況云。

一樂堂記

予讀《孟子》書至「三樂」章，未嘗不廢書以歎曰：「嗟呼！一樂之事，君子所深願欲而不可必得，衆人得之而不知其樂者多矣。世衰道微，甚至於父子不用其情，兄弟相爲讐者，一何心哉！」善夫！張子敬夫之言曰：「三樂中，不愧不怍，其本必有不愧不怍之樂，而後有以全其二焉。」

番禺何生潛其知言哉！既以一樂名其戲綵之堂，復承父兄命，遠求不愧不怍之説於予。予方愧怍之惟甚，奚暇及於人邪？無已，則爲申孟氏之旨，與凡聖賢開示之方，及踐履之實，俾黄卷中自爲師友以進也。他日歸覲，滿門和氣，藹如春風，一樂之勝，天下孰加焉？復爲恕予之無似而細道聖賢之心跡，以爲家慶壽，未必不劃然撫掌於斯堂之上云。

麗澤堂記

番禺謝生胖，隨其舅氏何生潛、鄉執陳生獻章來游吾館，資二生以輔仁。予嘉其氣相得而志相合也，爲講《大易》重兑之象，而紬繹夫子體象之辭，以掖其進焉。

兑之爲卦，陽實在下，陰虚在上，爲澤之象。重兑爲二澤附麗之象，二澤附麗，互相滋益。聖人謂天下互相滋益之大者，惟朋友講習云。然則講習云者，辭章口耳乎？管、商、老、佛乎？是蓋非徒無益而反害焉者，豈聖人贊《易》之心哉？乃若美在其中而暢於四支，知周萬物而道濟天下，斯其所謂益者與！

三生中，謝年最少，予恐其受益二生多而先施或少焉，故以「麗澤」大書於其筆硯之伍以勖之，❶而持書馳其家山之堂，以慰父兄之思云。

天恩堂記

予嘗題上饒周村周文氏之世譜，先籍荐罹兵燹，無所於徵。當宋時，莫詳何代，有堂名天恩，御爲記，亦復

---

❶「伍」，四庫本作「旁」。

不存。景泰丙子仲冬，予入閩，迂道上饒，訪文郡庠。明日，同造周村，其族祖茂畿率諸子弟冒雨遠迓，森然舊家文彩，可愛也。擁爐夜話，僉請大書「天恩」，復以顏其新構之堂。蓋不忘乎君親，猶元公周子之名溪焉。元公之家廬，道雖脩阻，而舊號乃著於所寓，則故園池臺，與夫松楸桑梓，豈不髣髴乎朝夕，而少慰戀本之誠哉？

周文氏距全盛時雖既寥闊，猶幸傳聞故事得以名堂，今日則夫先君典刑謦欬，庶幾如在。慨慕之餘，又以起孝子慈孫之仰於無窮，因微以致著，推舊而爲新。其聞元公之風而作邪？抑秉彜人所共而惻怛慈愛之意，異世而同符哉？是心也，其天地生物之心乎！驗諸日用之間，凡非有所爲油然以生者，皆是心也。充是心以弘厥德焉，在周生固其所，而族氏爲咸宜；惟繼序之益勤，則流慶之益遠。將見天恩之堂與周氏相爲悠久，豈直一時之光榮而已邪？苟徒曰文具而已耳，豈請者與記者之心哉？

雲居山房記

左蜀安岳之南有山曰雲居。山之麓，孫處士良迪居之。居富良疇，而家素裕。

處士幼孤，事母孝，克勤先業，屋益潤焉。讀書尚義，濟貧者婚，周寠者葬，新大成之殿，繕八里之橋，能人所難，亦處富之常道也。彼嗜利之輩，溺而不止者，喪厥心焉耳。

處士之孫茂，幼承祖訓，賜戊辰進士，今爲春官郎中，於吾妹壻爲同寮，且共西江之派。以其故，遇我特密。春官子橘，久予寓舘，共兒輩學，資性可冀繩武。處士之積益足徵焉。

嗚呼！世率以虛譽誣其祖者，與不明不仁均乎不孝。然則「雲居山房」之書，可傳信耳矣。其山水之佳勝，予既未始游，固不得而書。山房之細行，亦在所略云。

浣齋記

南陽李先生退食之所名曰「浣齋」，自爲記，以浣心之説爲答客之辭，而下問浣之之方於予，非借聽於聾乎？無已，願有復焉。

竊嘗以謂身垢易除，心垢難克。夫心，虚靈之府，神明之舍，妙古今而貫穹壤，主宰一身而根柢萬事，本自瑩徹昭融，何垢之有？然氣禀拘而耳目口鼻、四肢百骸之欲，爲垢無窮，不假浣之之功，則神妙不測之體，幾何而不化於物哉？予幼承父師之訓，嘗讀先儒釋日新之旨，每恨洗滌工夫未聞焉。又讀夫子贊《易》洗心之章，聖人妙用，未易窺測也。於是，退而求諸日用之間，從事乎主一無適及整齊嚴肅之規，與夫利斧之喻，而日孜孜焉。

廉隅辨而器宇寧，然後知敬義夾持，實洗心之要法。等而上之，聖人能事可馴而入。顧庸資滅裂，弱志逡巡，卒歸於廢弛，自棄前功，良可惜哉！先生則不然，才識學行既超等夷，而遭逢聖明，相吾君以永清四海者，固平生抱負亦大丈夫分内事耳。以予之箴，爲先生之禱，且以就正云。

尚友軒記

春官主客諸公名其退食之所曰「尚友之軒」，屬予記之。予假舘是軒久，資麗澤之益多，可無言哉？

嘗聞覓名珠必巨海，求良玉必名山。君子欲成其德，必先民是程也。振衣千仞岡，濯足萬里流。卒之孤風遠操，有以續前芳而激來世者，非所志之大而能然邪？是以人之生，不患氣質之不美，而患立志之不高。予也資既庸劣，聞過甚晚。年十八九時，觀明道獵心而知迷途之當改，讀孟氏卒章而知逸駕之難追。每味聖賢言行於千百載之下，而慨慕其精神風采於千百載之上，恨不生於其時，立於其門，一蹴而造其域焉。然志雖鋭，未悟其方；功雖勤，未領其要。中遭疾疹，而定力不固，事與願違矣。回視夙心，恍然一夢。或食而廢，或寢而興，長吁永歎，不如無生。迨夫血氣益衰，精神益減，時一動懷，未始不痛心而疾首也。此予平生尚友之志，止於如是而已。

嗚呼！人無再少，時無再來。五穀不熟，不如稊稗。凡我同志，亦有感於斯與？羣彦不予謬，俾書軒之壁云。軒之主人郎中孫茂、員外郎秦顒、倪讓，主事孫曰讓、張永也。

桑溪記

桑溪周君子瓛學邑庠時，予嘗主於其齋，又嘗一造桑溪而承親戚之歡。蓋周乃黄倩，而黄則吴出也。後四十載，恭攜兒子重上君子之堂，拜先子手跡，有云「恨未一會」，又云「惟力學以膺遠大」，末云「甥女孺人妝次」。仁人君子於親親之誼，固如是矣。於時，冬景融和，盎然春候，周君夫婦年皆七十而康寧，子孫滿前，細論疇昔，琴一曲，酒數行，暢詠而别。他日，黄氏子良致二老慇懃，謂不鄙桑溪而辱游焉，願爲記之。

嗟乎！雪山增重，草木可敬，豈欺我哉？顧予何人而足語此？表桑溪者，不在於周乎？託以俟之。

節壽堂記

界分截然之謂節，文從竹可徵也。人倫物理，莫不有自然之節，順之爲貴，淩則瀆矣。世有節士節婦之稱，非以其克順乎固有之天邪？

吾宗有字子堅者，讀書俊拔人也。配周氏，同邑某人女，年三十有三而嫠，抱遺孤昂，秉節不違。天順甲申，年九十而康寧，昂請大書爲壽。予以「節壽」名其奉養之堂，鄉隣觀者咸加歎賞，爲吴氏慶。明年，復屬族弟某請記。《洪範》壽居五福之首，是壽誠足貴也。然躋其域者雖有，康寧而壽者難，節而壽者尤難。記以慰孝子慈孫之心，不亦宜乎？

墨池記

傅君秉彝，臨川驛溪人也。永樂中，予訪君驛溪，過於知我，館穀歡甚。間滌硯於池，君躍然笑曰：「他日應謂吴先生嘗洗墨於斯也，由是咸知驛溪之有墨池焉。」君逝矣，嗣子裘欲立石池上，求文以記之。

古之君子使高山仰止之心，不能自已於數千百世之下者，豈偶然之故哉？或性命道德之純，或文章政事之懿，或節義之踔絶，或遺愛之滂洋，或功高宇宙而不居，或名揚竹帛而不有。殘膏賸馥之沾溉，流風餘韻之漸被，宜乎入人之深而動人之切。是以懷其人必有以重其跡，覽其跡必有以得其心，而歆嗟慨慕之無涯矣。甘棠勿剪拜，草木皆可敬，豈欺我哉？

予也立志弗堅，爲學無勇，徒竊虛名以誑於世，傅君不以靡薄玷斯池，而反取其跡，豈溺愛者不明乎？然强顔受簡而不辭者，所以表孝思之無窮，而著金蘭之高致。抑使覽者知予之不佞，直以過情之聞，誤友朋之辱，庶幾反躬，無蹈覆車之轍云。

耻齋記

予嘗慨古今人品之不同，每若薰蕕之異氣，冰炭之殊性，陰陽晝夜之相反，豈其才之故哉？抑氣習然邪？抑由其心之有通塞，故臧否以之而判邪？一有賢知，非其生質之良，必其務學之懿，如江右僉憲吕侯是也。侯之言曰：「歷官二十餘載，事事不逮于人。取孟氏之旨，以『耻』名夫退食之齋，日以自勵，而下詢於芻蕘。」

夫「耻」者，吾所固有羞惡之心，惟其梏之反覆而失是心也。漫不覺知，訑訑自廣，人莫己若，人欲肆而天理微矣。惟侯之心，其不自滿假，檢身若不及之，誠乎上而追友千古，進善其有窮哉！心一也，勝於物則靈，掩於物則昏；人一也，有耻則可教，無耻大不幸。企仰高風，怳然自失，恨不痛策駑足，遥攀逸駕，顧兹歲晚，徒傷噬臍。古不云乎「失之東隅，收之桑榆」？尚冀抖擻餘魂，迅改迷途，以從事耻齋之後塵云。

蘭軒記

羣草木非無香，而蘭之香獨妙天下者，非以其細而婉乎？是曰幽香，不類君子玄德哉？稱尚古今，宜矣。永嘉吕公本讓，種蘭以勖諸子，善於爲喻也。夫子謂誰？今巡按江西監察御史君洪也。僕竊伏山林，側聆餘韻，喜而不寐。近臨弊邦，遣使辱書，益歆風采，可謂能子矣。且以「居竹涵養」大楷相命，尤見用心之遠。

居竹，先子故號；涵養，今日良規。念嚴訓之在目，宜體蘭之加勉。蘭之爲卉，禀二氣之清，根既殊科，香固絶倫。吾人於學，可不務厥本哉？涵養者，立本之方也。日新又新，則積中者日盛，發外者日著，豈直播譽一時，會應流芳百世，增蘭故事，爲他日美談，大丈夫當如是矣！僕也舊學愈荒，晚節彌怠，悚望騫騰，撫卷悵然。

坦齋記代進府作

水本平，浪鼓於風；道本平，詖生於欲。風恬浪静而水得安流，欲消詖去，道得平鋪。一補過之或吝，則危機之是履矣。

善夫，康節堯夫之言曰：「面前自有好田地，天下豈無平路岐？」是以聖人之心如止水，無適而非坦道焉。君子之學，舍聖何歸？欲師於聖，其廓然而大公，物來而順應乎！居敬窮理明諸體，養氣集義利諸用，而曰聖不可學，吾不信也。

慈谿馮某伴讀於予，有志焉，故以「坦」名齋。致仕而歸也，告予言以爲桑榆之警，且以爲記云。

省庵記

無極之妙，充盈宇宙而該貫吾心，何可須臾離哉？然事幾萬態，❶大和難保，不有精鑒以爲權度，難乎免於流俗架空之患矣，甚則差之毫釐，謬將千里，安求其人心不死而天理常存也邪？《商書》之省躬，《魯論》之三省，良有以哉！竊謂動容周旋，無不中理者聖；隨事致省，不敢違理者賢；曹不知省，日趨小人之域如走者，聖賢之罪人也。不曰賢希聖、士希賢乎？

大哉，金侯希賢之志哉！宜乎其民之多譽也。俯省微軀，資既庸，志彌惰，駸駸衰暮，枉此生於醉夢，企仰華庵，徒增浩歎，何顔受簡？侯名銑，字宗潤，淮陰人，今守上饒云。

思善堂記

父子之道，天性也，其有不愛乎？反是者，喪其天耳。是以孝子之於親，視於無形，聽於無聲，況其顯者哉？云云。其逝也，嗣子永既屬題其墓文之蓋，兼請贊其所寫之真，皆未暇也。復馳書千里，俾記夫思善之堂。仁哉！其用心歟。昔程叔子之於伯子也，干誌於持國，干書於叔曼，讀孫、韓二簡，令人三歎而不已。張氏子汲汲乎惟親善之不傳是懼，豈異世而同符，抑秉彝人所共邪！

❶「態」，原作「熊」，今據正德本、四庫本改。

嗚呼！流俗滔滔，知德者鮮，非徒忘先，且辱親焉。立身行道，揚名後世，幾何人哉？張君早以高科著聲郎署，其爲郡也，澤加於民，令聞旁達，可謂媲美前休矣。然太山高矣，太山頂上不屬太山，則君子之志固不可滿，而事業豈有窮哉？夫惟知周萬物，然後道濟天下，故君子貴乎仕而優則學，公退必讀書也。明公持英妙之姿，當强仕之秋，萬里鵬程，高舉在我，黄卷新功，數飛示焉。

蘭軒記

蘭之産，恒在幽遠，而花葉浄素，類君子闇然自脩；天香暗襲，清人肺腑，類君子德之及人，心醉而誠服，是以古今尚焉。淮王殿下軒以蘭名，厥旨微哉！教帖遠臨，高辭典雅，傑筆清嚴，使者之誦曰「乾乾朝夕，羣經是耽。其德與日俱新，學與年俱積」，可不叩而知得於蘭也，不亦深乎！周敦頤曰「道充爲貴，身安爲富」，賢王之謂矣。蘭哉，蘭哉，二而一者也。

中和齋記

天順甲申四月庚戌，淮王殿下遣使沐書幣，命大書「蘭軒」、「梅月」、「雪窠」、「中和」諸扁。蘭軒既僭記之矣，十有一月庚申，復辱書幣，不罪其粗鄙，猶俾記夫「中和」之齋。

夫梅月之清咏，雪窠之雅操，與夫蘭軒之德馨，心融神會，而收功於中和之極致，穹壤之間，何樂如之？鋪張盛美，宜有其人。芻蕘之言，何足形容萬一哉？無任感恩激切、屏營俟罪之至。

康齋先生文集卷之十一

日録

夢孔子、文王二聖人在南京崇禮街舊居官舍之東廂。二聖人在中間，與弼在西間。見孔聖容貌爲詳。欲問二聖人生知安行之心如何，又彷彿將文王書一册在案披玩，似《文王世系》。乙巳

夢侍晦庵先生側。先生顔色藹然，而禮甚恭肅焉。起敬起仰也。

夜枕思宋太宗燭影事，深爲太宗惜之。人須有「行一不義、殺一不辜而得天下不爲」之心，方做得堯舜事業。不然，鮮有不爲外物所移者。學者須當隨事痛懲此心，剗割盡利欲根苗，純乎天理，方可語王道。果如此，心中幾多脱洒伶俐，可謂出世奇男子矣。

與隣人處一事，涵容不熟，既已容訖，彼猶未悟，不免説破，此間氣爲患。尋自悔之，因思爲君子當常受虧於人，方做得。蓋受虧，即有容也。

食後坐東窗，四體舒泰，神氣清朗，讀書愈有進益。數日趣同，此必又透一關矣。

聖賢所言，無非存天理、去人欲。聖賢所行亦然。學聖賢者，舍是何以哉？

文公先生與學者論躬行云：「若易時，天下無數聖賢了。」噫，實用其力者，方知其難，可勝歎哉！

日夜痛自點檢且不暇，豈有工夫點檢他人邪？責人密，自治疏矣，可不戒哉？明德、新民雖無二致，然已德未明，遽欲新民，不惟失本末先後之序，豈能有新民之效乎？徒爾勞攘成私意也。

貧困中事務紛至，兼以病瘡，不免時有憤躁。徐整衣冠讀書，便覺意思通暢。古人云：「不遇盤根錯節，無以别利器。」又云：「若要熟，也須從這裏過。」然誠難能難能，只得小心寧耐做將去。朱子云：「終不成處不去便放下。」旨哉言也！

文公先生謂延平先生終日無疾言遽色。與弼常歎何脩而至此。又自分雖終身不能學也。文公先生又云：「李先生初間也是豪邁底人，後來也是琢磨之功。」觀此，則李先生豈是生來便如此，蓋學力所致也。然下愚末學，苦不能克去血氣之剛，平居則慕心平氣和，與物皆春，少不如意，躁急之態形焉。因思延平先生所與處者，豈皆聖賢？而能無疾言遽色者，豈非成汤「與人不求備，檢身若不及」之功效歟？而今而後，吾知聖賢之必可學，而學之必可至，人性之本善而氣質之可化也的然矣。下學之功，此去何如哉？

夜病卧，思家務，不免有所計慮，心緒便亂，氣即不清。徐思可以力致者，德而已，此外非所知也。吾何求哉？求厚吾德耳。心於是乎定，氣於是乎清。明日書以自勉。

南軒讀《孟子》甚樂，湛然虚明，平旦之氣略無所撓。緑陰清晝，薰風徐來，而山林閴寂，天地自闊，日月自長。邵子所謂「心静方能知白日，眼明始會識青天」，於斯可驗。

與弼氣質偏於剛忿，永樂庚寅，年二十，從洗馬楊先生學，方始覺之。春季歸自先生官舍，紆道訪故人李原道於秦淮客舘，相與攜手淮畔，共談日新。與弼深以剛忿爲言，始欲下克之之功。原道尋以告吾父母，二親爲之大喜。原道，吉安廬陵人，吾母姨夫中允公從子也。厥後克之之功雖時有之，其如鹵莽滅裂何！十五六年之間，猖狂自恣，良心一發，憤恨無所容身。去冬今春，用功甚力，而日用之間，覺得愈加辛苦，疑下愚終不可以希聖賢之萬一，而小人之歸無由可免矣。五六月來，覺氣象漸好，於是益加苦功，逐日有進，心氣稍稍和平。雖時當逆境，不免少動於中，尋即排遣，而終無大害也。二十日，又一逆事排遣不下，心愈不悦。蓋平日但制而不行，未有拔去病根之意。反復觀之，而後知吾近日之病，在於欲得心氣和平而惡夫外物之逆以害吾中，此非也。心本太虚，七情不可有所。於物之相接，甘辛鹹苦，萬有不齊，而吾惡其逆我者，可乎？但當於萬有不齊之中，詳審其理以應之，則善矣。於是中心洒然。此殆克己復禮之一端乎？蓋制而不行者硬苦，以理處之則順暢。因思心氣和平，非絕無於往日，但未如此八九日之無間斷。又往日家和平多無事之時，今乃能於逆境擺脱。懼學之不繼也，故特書於册，冀日新又新，讀書窮理，從事於敬恕之間，漸進於克己復禮之地。此吾志也，效之遲速，非所敢知。洪熙元年乙巳七月二十一日，與弼識于南軒。

南軒柱帖云：

幽静無非安分處，清閑便是讀書時。

知止自當除妄想，安貧須是禁奢心。

淡如秋水貧中味，和似春風静後功。

壁間大書云：力除閒氣，固守清貧。

病體衰憊，家務相纏，不得專心致志於聖經賢傳，中心益以鄙詐而無以致其知，外貌益以暴慢而何以力於行乎！ 歲月如流，豈勝痛悼。 如何！ 如何！ 七月二十六日近暮書于南軒。

數日家務相因，憂親不置，書程間斷，胸次鄙吝，甚可愧恥。 竊思聖賢吉凶禍福一聽於天，必不少動於中。 吾之所以不能如聖賢而未免動摇於區區利害之間者，察理不精，躬行不熟故也。 吾之所爲者，惠迪而已。 吉凶禍福，吾安得與於其間哉！ 大凡處順不可喜，喜心之生，驕侈之所由起也。 處逆不可厭，厭心之生，怨尤之所由起也。 一喜一厭，皆爲動其中也。 其中不可動也，聖賢之心如止水，或順或逆，處以理耳，豈以自外至者爲憂樂哉！ 嗟乎！ 吾安得而臻兹也？ 勉旃勉旃，毋忽。 七月初二日書於南軒。

處家，少寬裕氣象。

屢有逆境，皆順而處。

理家務後，讀書南軒，甚樂。 於此可識本心。

枕上思在京時，晝夜讀書不間，而精神無恙。 後十餘年，疾病相因，少能如昔精進，不勝痛悼，然無如之何。 兼貧乏，無藥調護，只得放寬懷抱，毋使剛氣得撓，愛養精神，以圖少長。 噫！ 世之年壯氣盛者豈少，不過悠悠度日，誠可惜哉！

晝寢起，四體甚暢，中心洒然。 安貧樂道，何所求哉！

當念歲月晚而學無成，可懼也。 然既往亦不得而追矣，繼今隨精力所到而進，毋怠其志而已。 視古人自少至老始終一致者，不勝其慨愧矣！

一事少含容，蓋一事差，則當痛加克己復禮之功，務使此心湛然虚明，則應事可以無失。静時涵養，動時省察，不可須臾忽也。苟本心爲事物所撓，無澄清之功，則心愈亂，氣愈濁，梏之反覆，失愈遠矣。

觀《分門近思録》，聞所未聞，熟所未熟，甚有益於身心性情。又感朋友之有是書以相益也。❶觀《近思録》，覺得精神收斂，身心檢束，有歉然不敢少恣之意，❷有悚然奮拔向前之意。

二月二十八日，晴色甚佳，寫詩外南軒。嵐光日色，隱映花木，而和禽上下，情甚暢也。值此暮春，想夫舞雩千載之下，❸此心同符。丙午

夜讀《論語》，深感九思之説於目下用功最切，❹亟當服膺。

夜觀童子照魚，静聽流水，有悟川上之歎及朱子安行體用之旨。

夜立埜間，❺静思踐履篤實純粹，君子不可得也，誠難能也。心所深慕，而無由臻斯境，可勝歎哉！

觀農。因瘡藉芳，閒卧埜間，静極如無人世。今日雖未看書，然静中思繹事理，每有所得。

峡口看水，途中甚適。人苟得本心，隨處皆樂，窮達一致。此心外馳，則膠擾不暇，何能樂也？

---

❶「又」，四庫本作「足」。
❷「恣」，四庫本作「忘」。
❸「夫」，四庫本作「昔」。「下」，四庫本作「樂」。
❹「九」，四庫本作「子」。
❺「埜」，四庫本作「庭」。

晁公武謂康節先生隱居博學，尤精于《易》，世謂其能窮作《易》之本原，前知來物。其始學之時，睡不施枕者三十年。嗟乎，先哲苦心如此，吾輩將何如哉！

觀花木與自家意思一般。

看田，至青石橋，遊觀甚適。歸，焚香讀書外南軒，風日和煦，攬景樂甚。讀書，理亦明著，心神清爽。

一日，以事暴怒，即止。數日事不順，未免胸次時生磊嵬。然此氣稟之偏，學問之疵，頓無亦難，只得漸次消磨之。終日無疾言遽色，豈朝夕之力邪？勉之毋怠。

枕上思近來心中閒思甚少，此亦一進也。

寢起讀書柳陰及東窗，皆有妙趣。晚二次事逆，雖動於中，隨即消釋，怒意未形。逐漸如此揩磨，則善矣。

親農歸，以眼痛廢書，閒閱舊稿。十六七年之間，歲月如流，而學行難進。俯仰今昔，爲之悵然。又感吾親日老，益自悽愴不勝。

大抵學者踐履工夫，從至難至危處試驗過，方始無往不利。若舍至難至危，其他踐履，不足道也。

蒔蔬園中，雖暫廢書，亦貧賤所當然。往親農途中，讀《孟子》，與野花相值，幽草自生，而水聲琅然。延佇久之，意思蕭洒。

小童失鴨，略暴怒。較之去年失鴨，減多矣。未能不動心者，學未力耳。

觀《草廬文集》序，諸族多尚功名富貴，恐吾晦庵先生不如是也。惜未睹先生全集。

外南軒讀《孟子》一卷，容貌肅然。午後眼痛，四體俱倦，就寢，心無所用。思歸鄉十五年，歷艱實多，不堪回首。

坐外南軒，滌硯書課。緑陰清晝，佳境可人，心虛氣爽。疑此似躡賢境，惜讀書不博耳。

枕上默誦《中庸》，至「大德必受命」，惕然而思：舜有大德，既受命矣。夫子之德，雖未受命，却爲萬世帝王師，是亦同矣。嗟乎！知有德者之應，則宜知無德者之應矣，何脩而可厚吾德哉！

夜徐行田間，默誦《中庸》，字字句句，從容詠歎，體於心，驗於事，所得頗多。

上不怨天，下不尤人，君子居易以俟命，小人行險以僥倖。燈下讀《中庸》，書此，不肖恒服有效之藥也。

與一鄰人談及不肖稍能負重，私心稍悦。

每日勞苦力農，自是本分事，何慍之有？素貧賤，行乎貧賤。

小女瘧疾相纏，不得專心讀書，一時躁急不勝。雖知素患難，行乎患難，然歲月不待人，學問之功不進，不得不憂也。其實亦因早年蹉跎過了好時節，以致今日理會不徹。三十年前好用工，何可得邪？

緩步途間，省察四端，身心自然約束，此又静時敬也。

知弗致，己弗克，何以學爲？丁未

因暴怒，徐思之，以責人無恕故也。欲責人，須思吾能此事否。苟能之，又思曰：吾學聖賢方能此，安可遽責彼未嘗用功與用功未深者乎？況責人此理，吾未必皆能乎此也。以此度之，平生責人，謬妄多矣。戒之，戒之。信哉「躬自厚而薄責於人，則遠怨」，以責人之心責己，則盡道也。

因事知貧難處，思之不得，付之無奈。孔子曰「志士不忘在溝壑」，未易能也。又曰「貧而樂」，未易及也。然古人恐未必如吾輩之貧。夜讀子思子「素位不願乎外」及游、吕之言，❶微有得。游氏「居易未必不得，❷窮通皆好；行險未必常得，窮通皆醜」，非實經歷，不知此味，誠吾百世之師也。又曰「要當篤信之而已」，從今安敢不篤信之也。

觀《文章正宗》，感學德無進。四十向逼，終於小人之歸，豈勝悲痛？

以事難處，夜與九韶論到極處，須是力消閒氣，純乎道德可也。倘常情一動，則去道遠矣。

枕上熟思，出處進退，惟學聖賢爲無弊。若夫窮通得喪，付之天命可也。然此心必半毫無愧，自處必盡其分，方可歸之於天。欲大書「何者謂聖賢，何者謂小人」以自警。

自今須純然粹然，卑以自牧，和順道德，方可庶幾。嗟乎！人生苟得至此，雖寒饑死，刑戮死，何害爲大丈夫哉！苟不能然，雖極富貴，極壽考，不免爲小人。可不思以自處乎？

與學者授《論語》，讀至「年四十而見惡焉，其終也已」，不覺惕然。與弼年近四十矣，見惡者何限？安得不深自警省，少見惡焉，斯可耳。

燈下外南軒，觀年二十時所作論三篇，不勝悲歎。何者？昔時志向的然以古聖賢爲可學可至，今逡巡

❶ 「素」，原漫漶不清，今據弘治本、四庫本補。

❷ 「必不」，原漫漶不清，今據弘治本、四庫本補。

苟且二十年，多病侵凌，血氣漸衰，非惟不能至聖賢，欲求一寡過人且不可得，奈何？奈何？安得好學茂年，痛傾此意！

學德無成而年光空老，平生之志不得遂矣。感恨何窮，無容此身。傷哉！

凡事誠有所不堪，君子處之，無所不可，以此知君子之難能也。

胡生談及人生立世，難作好人。僕深味之。嗟夫，見人之善惡，無不反諸己，可也。戊申

讀《易》倦，觀晦庵先生年譜，慨先哲之精勤，愧駑輩之滅裂，惘然自失。奈之何哉！據今地位，努力向前。

途間與九韶談及立身處世，向時自分不敢希及中庸，數日熟思，須是以中庸自任，方可無忝此生。只是難能，然不可畏難而苟安，直下承當可也。

讀罷，思債負難還，生理蹇澁，未免起計較之心。徐覺計較之心起，則爲學之志不能專一矣。平生經營，今日不過如此。況血氣日衰一日，若再苟且因循，則學何可向上？此生將何堪？於是大書「隨分讀書」於壁以自警。窮通得喪，死生憂樂，一聽於天，此心須澹然一毫無動於中，可也。

倦卧，夢寐中時時驚恐，爲過時不能學也。

與九韶痛言爲學不可不勇，❶而此公自無奮發激昂、拔俗出羣之志。予歸，深爲之太息。徐思方自悼

❶ 「勇」，原漫漶不清，今據弘治本、四庫本補。

不暇，安有工夫於他人邪？嗚呼，日進無疆，屬之己乎？屬之人乎？勉之又勉，勿爲外物所困。

近晚往鄰倉借穀，因思舊債未還，新債又重，此生將何如也？徐又思之，須素位而行，不必計較。「富貴不淫貧賤樂，男兒到此是豪雄。」然此心極難，不敢不勉。貧賤能樂，則富貴不淫矣。貧賤富貴，樂與不淫，宜常加警策，古今幾人臻斯境也！

早枕思處世不活，須以天地之量爲量，聖人之德爲德，方得恰好。嗟乎，安得同志共勉此事？

處大事不能盡善，意甚怏怏。兼以寒疾時作，風足攻人，讀書工夫間斷，昏昏竟日，痛感何由得入聖賢境界也！

早枕思當以天地聖人爲之準則，因悟子思作《中庸》，論其極致，亦舉天地之道以聖人配之，蓋如此也。嗟夫，未至於天道，未至於聖人，不可謂之成人！此古昔英豪所以孜孜翼翼以終身也。❶

食後處事暴，彼雖十分不是，然我應之自當從容。徐思雖切責之，彼固當得，然不是相業。

人生但能不負神明，則窮通死生，皆不足惜矣。欲求如是，其惟慎獨乎！董子云：「人之所爲，其美惡之極，乃與天地流通，往來相應。」噫，天人相與之際，可畏哉！

人須整理心下，使教瑩浄，常惺惺地，方好。此敬以直內工夫也。嗟夫，不敬則不直，不直便昏昏倒了。萬事從此隳，可不懼哉！

---

❶「翼翼」，原脱一「翼」字，今據四庫本補。

與友人夜别徐家山，歸思一日數事頗當。

凡事須斷以義，計較利害便非。

貧病相因，讀書不前，何以爲力行之資？

人須於貧賤患難上立得脚住，克治粗暴，使心性純然，上不怨天，下不尤人，物我兩忘，惟知有理而已。

觀《晉史》成帝見王導必拜，及幸其宅，拜其妻。反覆詳其始末，爲之掩卷太息。丈夫際遇如此，而功烈不過若是；其付託之重不減伊周，而致主澤民，視伊周何如哉？雖其志安於小成，亦學力有所不逮耳。信知人生須自幼力學，期於踐形，必臻其極，然後爲無愧也。孔子曰：「居則曰不吾知也，如或知爾，則何以哉？」又曰：「用之則行。」嗚呼！安得反西飛之日而痛加學歟？

今日覺得貧困上稍有益。看來人不於貧困上着力，終不濟事，終是脆愞。

教人須是循循善誘。

玩《中庸》，深悟心學之要，而歎此心之不易存也。

克己逡巡，無所成就。四十而見惡焉，其終也已。

熟思平生歷試，不堪回首。間閲舊稿，深恨學不向前，身心荒怠，可憂可愧。今日所當爲者，夙興盥櫛，家廟禮畢，正襟端坐，讀聖賢書，收斂此心，不爲外物所汩，夜倦而寢，此外非所當計。窮通壽夭，自有命焉，宜篤信之。

數日守屯困工夫，稍有次第。須使此心泰然超乎貧富之外，方好。

觀史，時見古人卓卓之行，不勝感激，益思自奮。

當學之難進，乃見希賢之不易也。

心是活物，涵養不熟，不免摇動，只常常安頓在書上，庶不爲外物所勝。

看乙巳年《日新簿》，惕然于心。繼讀《論語》，觀聖賢教人丁寧之意，益思自奮須用刻苦。

以事暴怒，即悔之。須持其志，毋暴其氣。

應事後即須看書，不使此心頃刻走作。

數日養得精神差好，須節節接續去，莫令間斷。

上無師，下無友，自己工夫又怠，此生將何堪邪？

細觀《近思録》，乃知聖賢教人之法備在方策，而自己學力未至，以致齟齬無量。安得良朋共執此文，細細講明，以爲持己處事之資也？

斬截日新。

精白一心，對越神明。

經旬，學德廢怠，夢寐中亦屢悵歎。爲小女授《論語》，感聖人之微言，悚然思奮。安得良朋輔我此志？

途逢故人，兩鬢已斑，不覺愴然。問其年，方四十。頃之，此公熟視予鬢亦已斑矣，益爲悽惻，久之方别。既而思平生碌碌，只此衰謝。少壯不努力，老大徒悲傷，豈不信哉！夜歸，書此於東窗。噫，書又終可得而讀邪，君子果不可得而成邪？

新居栽竹夜歸，吾妻語予曰：「昨夜夢一老人，攜二從者相過，止於門，令一從者入問：『子傅在家否？』答云：『不在家。』從者曰：『孔夫子到此相訪，教進學也。』」與弼聞之爲之惕然而懼，躍然而喜，感天地而起敬者再三，脊背爲之寒慄。自此以往，敢不放平心氣，專志於學德乎？敢吝駑駘之力乎？

往新居授書，甚喜學有新益。

聞友人所爲顛倒，益自警省實下工夫。

看《禮記》倦寢，思平生經歷之艱，益歎古人之不易學。

看《語略》，惕然憂念學德不進，何以立世。己酉

苟一毫不盡其道，即是自絕於天。

坐門外，圖書滿案，子弟環侍。乘緑陰，納清風，羣物生意滿前，而好山相賓主。覽兹勝趣，胸次悠然。

早枕細思學德無進，歲月忽晚，回首平生，恍然一夢，可勝悼哉！繼今分陰須用痛惜，毋蹈前非也。

看《近思録》甚有所得，鄙吝之懷爲之豁然。

夜大雨，屋漏無乾處，吾意泰然。庚戌

夜默坐，思學不能進，朋友又無向前者。❶此道日孤，意思忽忽，無聊者久之。

涵養本源工夫，日用間大得力。

❶「朋」，弘治本、正德本作「勝」。

青石橋刈稻，往回村外，與物皆春。

晚穀不收，夜枕思家用窘甚，不得專意於書，展轉反側良久。因念「困窮拂鬱」能堅人之志而熟人之仁，敢不自勉！

夜觀《晦庵文集》累夜，乏油，貧婦燒薪爲光，誦讀甚好。爲諸生授《孟子》卒章，不勝感激。臨寢，猶諷詠《明道先生行狀》，久之頑鈍之資爲之惕然興起。

途中看《言行録》，歸及隔溪，藉草臨流，觀書甚樂，杳然塵外之趣。

中堂讀倦，遊後園歸，絲桐三弄。心地悠然，日明風静，天壤之間，不知復有何樂。

早枕痛悔剛惡，偶得二句：「豈伊人之難化，信吾德之不競。」

所得爲者不敢不盡分，若夫利鈍成敗非我所計也。此心須常教洒然。

時時痛加持志之功，務消氣質之偏。

游園，萬物生意最好觀。辛亥

安貧樂道，斯爲君子。

遇逆境暴怒，再三以理遣。蓋平日自己無德，難於專一責人，況化人亦當以漸。又一時過差，人所不免。

嗚呼！難矣哉，中庸之道也。

近來愈覺爲人之難。學不向前，而歲月不待人。奈何！奈何！

枕上思《晦庵文集》及《中庸》，皆反諸身心性情，頗有意味。昨日欲書戒語云：「温厚和平之氣，有以勝夫暴戾逼窄之心，則吾學庶幾少有進耳。」今日續之云：「欲進乎此，舍持敬窮理之功，則吾不知其方矣。」蓋日來甚覺此二節工夫之切，而於《文集》中玩此話頭，益有意味也。

夜思承父師付託之重，士友期望之深，竦然增懼。思有以自拔於人欲，而未知其方也。

日來處困，稍覺有力。六月初一日，早枕念歲月如流，事業不立，豈勝慨歎！

七月初五日，臨鍾帖。明窗淨几，意思甚佳。平生但親筆硯及聖賢圖籍，則不知貧賤患難之在身也。

人之遇患難，須平心易氣以處之。厭心一生，必至於怨天尤人。此乃見學力，不可不勉。

貧困中事事纏人，雖則如此，然不可不勉。一邊處困，一邊進學。

七月十二夜，枕上思家計窘甚，不堪其處。反覆思之，不得其方。日晏未處，久方得之。蓋亦別無巧法，只隨分、節用、安貧而已。誓雖寒餓死，不敢易初心也。於是欣然而起。又悟「若要熟，也須從這裏過」。

中夜思日月逝矣，事業無進，展轉不寐以達於旦。

凡百皆當責己。

夜誦《明道先生行狀》，不勝感激。會心處，不知手之舞、足之蹈也。

日來正心工夫稍有意思。

昨晚以貧病交攻，不得專一於書，未免心中不寧。熟思之，須於此處做工夫，教心中泰然，一味隨分進學方是。不然，則有打不過處矣。君子無入而不自得，然是難事。於此可以見聖愚之分，可不勉哉！凡怨天尤人，皆是此關不透耳。

夜説朱子《感興詩》，因告戒諸生。語意抑揚，彼此皆極感激。

先哲云：「身心須有安頓處」，蓋身心無安頓處，則日間擾擾於利害之中而已。此亦非言可盡，默而識之可也。

暮春遊園，心廣體胖，豈虚語哉！ 壬子

窮厄已極，不可支撑，兼病益困，然亦安分，不敢起怨尤之念。而所以益進吾之學、益堅吾之志者，不敢不勉也。

卧看康節詩，遂熟睡。方惺，意思佳甚，不啻封侯賜金也。雖極貧窶，此命也，不害其樂。

於《近思録》中所得，比向日大有逕庭，中心洒然，如沉痾去體。

觀百卉生意可愛。

晴窗親筆硯，心下清涼之甚，忘却一身如是之窘也。康節云：「雖貧無害日高眠。」

窮通壽夭，一聽於天，行吾義而已。

月下詠詩，獨步緑陰。時倚脩竹，好風徐來，人境寂然，心甚平淡，無康節所謂攻心之事。

倦後暫寢，起，書先哲格言。明窗浄几，清風徐來，不知天壤之間復有何樂，此身何幸至此也。

昨日於《文集》中又得處困之方。夜枕細思，不從這裏過，真也做人不得。「增益其所不能」，豈虚語哉？

日來甚悟「中」字之好，只是工夫難也，然不可不勉。康節詩云：「拔山蓋世稱才力，到此分毫强得乎？」

正月初一日，夜來心氣和平，維今學德宜加勉也。癸丑

有困極詩云：「困固平生甘，不意如此極。前程一聽天，多憂諒何益？」又云：「本心所主渾由己，外物之來一聽天。」

早觀花草，生意甚佳。食後，意思稍不快，以窘極故也。尋開解之，所得爲者，厚吾德耳，窮通非我所能也。

山中獨行，甚樂，萬物生意盎然。時陟岡頂，四望，不勝之喜，欲賦山椒一覽詩。

處困之時所得爲者，言忠信，行篤敬而已。

早觀生意可樂，殘月尚在，露華滿眼，箇中妙趣，非言語所能形容。東齋柱帖云：「窗前花草宜人意，几上詩書悅道心。」

寄身於從容無競之境，遊心於恬澹不撓之鄉。日以聖賢嘉言善行沃潤之，則庶幾其有進乎！

「不怨天，不尤人，下學而上達」，非聖人其孰知此味也哉！

人之病痛，不知則已，知而克治不勇，使其勢日甚，可乎哉？志之不立，古人之深戒也。

勿忘勿助，近日稍知此味。天假以年，尚幾少進，窮通得喪，可付度外也。

患難中好做工夫，所謂「生於憂患，死於安樂」也。然學力淺者，鮮不爲所困耳。嗟乎！梁棟之具，非禁風耐冰雪，安能勝其重哉？

男兒須挺然生世間。

三月二十日，食後授書。宿雨初霽，生意充滿，甚可樂也。看《春秋》。近午，霽景可人，日甚舒長，天地闊遠。但病體全乏精神，不免寒饑，亦隨分耳。眼前隨分好光陰，誰道人生多不足？

夜枕，深念不得益精神以進乎學也。

夜坐，思一身一家苟得平安，深以爲幸。雖貧窶大甚，亦得隨分耳。夫子曰：「不知命，無以爲君子也。」

東齋對月，花竹參差，清景可愛，聽諸生誦聲，甚樂。時遊於外，緑陰清夜，真趣悠然。

昨夜思舊時歲月事蹟，爲之慨然。今日時復在懷。嗟乎！德業不立，而時駸駸晚矣。

先儒云：「道理平鋪在。」信乎斯言也。急不得，慢不得，平鋪之云，豈不是如此？近來時時見得如此，是以此心較之往年亦稍稍向定。但眼痛廢書一年餘，爲可歎耳。甲寅

處大事者，須深沈詳審。

早枕思平生踐履愧於聖賢者多矣，至今不能自持。欲大書「不敢尤人」四字，以自勵也。

眼痛不敢看書，暫誦《詩經》，甚覺意味深長。但不敢久讀，爲之悵歎者久之。乙卯

暫閱舊稿，二十八年前事恍如一夢，豈勝感慨。

讀韓子《與李翺書》，大有感於吾心。

看韓文倦，睡夢中恍思少年日月，不勝感愴而醒。「聰明不及於前時，道德日負於初心」，信哉！

五月初一日，看韓文。晴色滿簾，清風透户，花草盈欄，幽景可愛。時出門外，卧緑陰納涼，甚樂。

七月二十一日，對野講誦。近晚，曳杖逍遥野外，甚適。

看《晦庵文集》，大有感激。

十二月二十九日，祀先，一日多憂。學者既少，而有志者尤少，大爲世道慮也。

朱子云：「從容深宴養。」旨哉言也！ 丙辰

看《言行録》，龜山論東坡云：「君子之所養，要令暴慢邪僻之氣不設於身體。」大有所省。然志不能帥氣，工夫間斷。甚矣！聖賢之難能也。

累日看《遺書》，甚好。因思二程先生之言，真得聖人之傳也。何也？以其説道理不高不低，不急不緩，温乎其夫子之言也。讀之自然令人心平氣和，萬慮俱消。

倦睡覺來，坐東齋，看《朱子文集》。天晴日永，竹樹扶疏，清景可人，意思甚樂也。

觀《晦庵先生語録》，慨然於斯道，❶不自知其年之邁、氣之衰而病之多也。

涵養此心不爲事物所勝，甚切日用工夫。

中夜，夢中痛恨平生不曾進學，即今空老，痛哭而寤。

---

❶ 「於」，四庫本作「慮」。

出遊陂畔，遂於澗底坐。久向日，甚適。省察身心，幸有少進。

村外閒行，《遺書》在手，徐步自後坊坑過大同源，觀山玩水而歸於峽裏。憩久，枕石藉草而卧，暖日烘衣，鳴泉清耳，有浴沂佳致。

夜枕省己，稍有益，欲大書「多言害道」、「吉人之辭寡，躁人之辭多」、「思無邪」、康節四妄吟於東西齋。

枕上思平生學德不進，展轉不安，雞鳴方寐。

看朱子「六十後長進不多」之語，恍然自失。嗚呼！日月逝矣，不可得而追矣。

觀《伊洛關閩言行録》，惕然大感於懷，益思奮勵。以往不知其氣之衰，病之憊也。

十一月單衾，徹夜寒甚，腹痛，以夏布帳加覆。略無厭貧之意。

閒遊門外而歸。程子云：「和樂只是心中無事。」誠哉是言也。

近來身心稍静，又似進一步。

暫閲舊稿，偶得胡文定公蓋有「名蓋天下，致位廟堂，得行所學」一段，不勝感慨。

枕上細思，從今須進步，不敢自絶於天。窮通得喪，聽乎天命，雖餓死溝壑，不可喪此德矣。

近日多四五更夢醒，痛省身心，精察物理。

「世間可喜可怒之事，自家着一分陪奉他，可謂勞矣。」誠哉是言也。

先哲云：「大輅與柴車較逐，鸞鳳與鴟梟争食，連城與瓦礫相觸，君子與小人鬭力，不惟不能勝，兼亦不可勝也。」

正月十七夜，夢王生花如蘭滿地。己巳

所憑者天，所信者命。辛未

八月初二夜，夢日有食之，既，與弼從旁吹之，火焰即熾，尋復其明。

四日早寫稿。紅日當窗，秋花映日，清風緑陰，意豁如也。壬申

涵養吾一。癸酉

沼上看《自警編》三二條，甚好，益知人當以聖賢自任也。

學《易》稍有進，但恨精力減而歲月無多矣。只得隨分用工，以畢餘齡焉耳。

山千形萬狀，觀者自得之可也；文千形萬狀，作者自得之可也。

讀奏議一篇，令人竦然。噫！清議不可犯也。甲戌

今日思得隨遇而安之理。一息尚存，此志不容少懈，豈以老大之故而厭於事也。

累日思平生架空過了時日。

與學者話久，大概勉以栽培自己根本，一毫利心不可萌也。

晚知書史真有益，却恨歲月來無多。乙亥

江西伍恒有書，知程庸奉府主王侯命去大司成先生家借《朱子語類》抄對，欲刊板以揚絶學、惠後來，喜不自勝，恨不即覩盛事之成也。

東窗親筆硯。好學至於不尤人，學之至也。

浴罷，坐東窗，親筆硯。竹風拂几，緑陰滿地。

看彈章，令人竦然。付學者抄寫。

午前治圃。貧賤之理當然，不敢辭勞。

獨游隔溪，數步而回，無可與者。

仁之至，義之盡。

見人之善惡，無不反諸己。

二月初一日，云昨夜夢同三人觀漲，擬同訪朱子，不勝悵歎而覺。有詩云：「曠百千秋相感深，依依不識是何心。金雞忽報春窗曙，惆悵殘魂帶病吟。」丙子

吉人爲善，惟日不足。凶人爲不善，亦惟日不足。

得便宜是失便宜，失便宜是得便宜。

康節詩：「閒窗一覺從容睡，願當封侯與賜金。」亦不必如此説。朱子「從容深宴養」好。

傳羹送麵，貧士克己爲義者。

萬事付之無心可也。

三綱五常，天下元氣，家亦然，一身亦然。丁丑

一日未死，一日要是當。

偶擷芳水尾，悵然舊游，得二句：「偶爾舊游行樂處，擷芳溪曲玩春流。」

動静語默，無非自己工夫。

游隔溪，擷芳。暮春天氣，一團清樂。

看漚田，晚歸，大雨。中途雨止，月白，衣服皆濕。貧賤之分當然也。

静坐獨處不難，居廣居應天下爲難。

事往往急便壞了。

不學則老而衰。

五月二十五夜，夢孔子孫相訪，云承孔子命來。兩相感泣而覺。至今猶記其形容。

胡文定公云：「世事當如行雲流水，隨所遇而安可也。」

卧看《自警編》，惕然自省，持己不可不嚴也。

毋以妄想戕真心，客氣傷元氣。

夜坐門屋，梧桐月照，清風徐來。

料得人生皆素定，空多計較竟何如。

天意順時爲善計，人情安處是良圖。

請看風急天寒夜，誰是當門定脚人。

十二月初十夜，夢云：「萬家喬木動清風。」

凡事不可用心太過。人生自有定分，行己則不可不慎。庚辰看史數日，愈覺收斂爲至要。

不失人，亦不失言。

打點平生《日録》，感慨係之矣。

人生須自重。

「不怨天，不尤人，下學而上達」，當佩以終餘齒。

夢云：「自畫者德不進。」又云：「自知不足者，可大受而遠到。」

日行吾義，吉凶榮辱非所計也，聽天所命。

食後高卧東窗，羲皇上人乎？

夢誦詩云：「丁寧莫伐簷前樹，聽我高堂紅杏歌。」

又夢云：「矯矯高樓卧白雲。」

食後倦寢，夢朱子父子來枉顧。辛巳

趨炎者衆人所同，尚德者君子所獨。

夢云：「等閒識得東風意，便是橋邊鳥鵲春。」

高卧閒窗，緑陰清晝，天地何其闊遠也。

游後坊，登山椒，坐磐石，意甚適也。欲構覽秀亭於此，無陟降之勞。暮歸，新月一鈎矣。

閒卧新齋，西日明窗意思好。道理平鋪在，着些意不得。

彼以慳吝狡僞之心待我，吾以正大光明之體待之。

看前、去年《日録》，倦寢。細思平生學力止於此，精神日向衰憊，俯仰悵然，空生世間也。壬午

《詩》云：「戰戰兢兢，如臨深淵，如履薄冰。」七十二歲方知此味，信乎希賢之不易也。

夜静卧閣上，深悟静虚動直之旨，但動時工夫尤不易云。

程子云：「五倫多少不盡分處。」至哉言也。

「學至于不尤人，學之至也」，吾聞其語矣，未見其人也。

看《儀禮圖》，閲舊《日録》，倦寢。程子七十歲化，犬馬之年七十二矣，何如？何如？

夜來枕上静思，一味聖學帖然，終此餘喘而已。癸未

觀《遺書》數條，西照明窗，玩夫子之言，如飲醇醪，不覺心醉也。

徐步墻内，看秧坐塍，❶静中春意可樂也。甲申

静中觀物理，隨處有得。

看乙巳、丙午《日録》，感發多矣。乙酉

閲近數年《日録》，萬事不必計較，徒勞心耳。廓然而大公，物來而順應。大公，仁也；順應，義也。

曉窗，自誦云：「欲成美績，須究良圖。」非夢也，忽自然如此耶？誦，豈鬼神有以警我耶？當大書於

---

❶「坐」，原漫漶不清，今據正德本、四庫本補。

壁，日求少進。

「當事之危疑，見人之措置」，邵子之教也。丙戌

《遺書》云：「人當審己如何，不必恤浮議。志在浮議，則心不在内，不可應卒遽事。」玩聖賢之言，自然心醉，不知手之舞、足之蹈也。

曉枕誦《易》，看去年《日録》，惕然興感，不敢不以聖賢自任。日思奮勵，庶不負友朋之誼也。

夜看《語類》，不忍釋卷，但虚病不敢久也。

德性學問，不敢少怠，但恨歲月來無多。

學聖人無他法，求諸己而已。吉凶榮辱，一聽於天。

君子顧自處何如耳，豈以自外至者爲榮辱哉？

天道福善禍淫，君子但當謹守先聖賢名教，居易以俟命而已。

昨夜夢誦云：「豈能存養此心之一。」豈鬼神教我哉？

午後看《陸宣公集》及《遺書》《易》，一親聖賢之言，則心便一。但得此身粗安，頃刻不可離也。

倦寢，得句云：「逐日從容深燕養，憧憧慎勿役私心。」

閲舊跡，偶見先友羅得昌先生手帖，爲不肖困於官糧事。嗚呼噫嘻！「若要熟，也須從這裏過」。

聖賢氣象，須臾不敢不勉。

觀壁間帖，故友孔謂繡衣巡按江西時，與先子書有云：「前與與弼契兄接談時，頃探其中，蓋有威武貧

富之所不能屈移者。今雖蹇滯，異日當爲令器，不必慮也。」惕然重書以警惰。孔後任河南參議。戊寅歲，僕在金臺時，聞久亡矣。戊子

「隨處」，惟歎聖人難學。

雨後生意可愛。將這身來放在萬物中一例看，大小大快活。

日夜惟知聖人好，但庸資實難企也。

憩亭子看收菜，卧久，見静中意思，此涵養工夫也。

程子云：「天地間可謂孤立。」

憩亭，玩《語類》三兩條，不勝痛快。

朱子云：「此道日孤。」

早夜思，餘齡一味學聖人，克其不似聖人者。

夜卧閣，思朱子云「閒散不是真樂」，因悟程子云「人於天地間，並無窒礙處，大小大快活」，乃真樂也。

勉旃，勉旃！

張思叔詬駡僕夫，程子曰：「何不動心忍性？」朱子云：「不哭底孩兒誰不會抱？」又云：「處順不如常處逆，動心忍性始成功。」

午憩亭，静中胸次澹然。

午後看《日録》。大晴,❶仰思物理。

今日觀《書》感慨多矣,但精神短,不敢久,可惜少年日月也。

恰别處一近事,薄哉風俗。嗟乎!自己德不可不厚也。戒之,戒之。

看《晦庵文集》,倦卧,仰思至理有契,不覺拊席。

寫文集一紙。曠百世而相感者,抑不知何心也。

觀《晦庵文集》,親先生之教,令人超然於世,萬慮俱消。竊思當時立於其門者,宜何如哉!乙丑

家事時嬰懷,亦當順理而行,情順萬物而無情可也。

倦卧,仰思古今國家治亂得失,及人家盛衰得失,爲之凜然。

無時無處不是工夫。

暫遊大門之外,桃李爛然,日麗風暄。先王以茂對時育萬物。

日親聖賢嘉謨,何幸如之!但恨讀之晚矣。

早憩自得亭,親筆硯。水氣連村,游魚滿沼,畦蔬生意,皆足樂也。

施爲欲似千鈞弩,磨礪當如百鍊金。

年老厭煩,非理也。朱子云:「一日未死,一日要是當。」

---

❶ 「大」,四庫本作「天」。

歲月如流，而學德有退無進。有志之士，其興感乎？無感乎？

玩《遺書》。噫！不知所向，安知斯人之爲功？聖人之責人也常緩，便見只欲事正，無顯人過惡之意。

觀五峯舊稿，感慨係之矣。

夜思平生經歷，五更方寐。聖人未嘗忘天下，果哉末之難矣！

逐日親聖賢名教，甚幸！但漸期寡過而未能也。

玩《易》，默而繹之，不勝痛快！但恨歲月來無多。

早盥櫛後，東軒親簡編，竹日明窗。思初回鄉時，石泉柱帖云：「欲到大賢地，須循下學功。」回首近六十年矣，大賢地何日到邪？

於事厭倦，皆是無誠。

天下之至賾而不可惡，天下之至動而不可亂，廓然而大公，物來而順應。倦卧，養病，思已往踐履及聖賢名教。卧起，天向暝矣。

雖萬變之紛紜，而應之各有定理。

康齋先生文集卷之十二

跋

跋伊洛淵源録

永樂己丑冬，姑蘇别駕李侯能白寄此集於先君，與弼燈下閲之。伏覩道統一脉之傳，不覺心醉，而於明道先生獵心之説尤大悚動。蓋平昔謂聖賢任道之統者，皆天實篤生，非人力可勉，遂置聖賢於度外而甘於自棄。及覩此事，乃知所謂程夫子者，亦嘗有過，亦資於學也。於是思自奮勵，竊慕向焉，既而盡焚舊時舉子文字，誓必至乎聖賢而後已。

辛卯冬，與弼歸鄉里，而京師官舍被火，意此書必煨燼矣。居常思一再讀而不可得。今年春，齎先君遺籍於蓮塘故址，忽喜無恙，遂奉至小陂茅屋，日敬玩味，以酬素願。

嗚呼！與弼迷途少改，實始此文，於以見朱夫子纂集垂惠後學之功盛矣。而李侯遠贈之勤，其敢忘哉？

跋尚友二大字

舊生孫而安寄以名筆佳墨，❶其子訥奉至小陂，將有省覲之行，附此以答遠意云。

跋忠國公石亨族譜

右忠國公石氏族譜一通，命僕題焉。

夫公元勳盛德在天下，著太常而重彝鼎，所以顯其親而光其族也。至矣！雖能言之士，無所容喙，況在於僕，敢贅乎哉？

天順戊寅七月二十一日，門下士臨川吴與弼拜觀。

跋秣陵陳氏家譜

都指揮陳君弘道枉顧寓館，既而攜嗣子珣繼來，且以家譜命題。

夫世間能事，惟在讀書脩身而已。珣也崇乃志於詩禮之訓而益篤焉，則所以躋其美者，可量乎哉？

---

❶「生」，四庫本作「友」。「而」，四庫本作「爾」。

跋饒烈給假歸帖

此初入齋時帖也。歲月不易得,回首倏八載矣。舍魚取熊掌,在於所志何如耳。

跋徐氏族譜

昔三衢徐君希仁教吾臨川也,予寓五峯外氏,因以得陪餘論,嘗辱其世譜之命而以不敏辭焉。君既調官,且歸休林泉矣。每欲一訪鄭公之鄉,今乃始諧夙願,而君已老。握手嘘唏,語笑未洽而予以多病迫歸,君猶以舊命命我。噫!先德之美,自足名家,淺薄焉能爲有無?而知我之過,無以謝萬一,益顔厚耳。

跋四老西游圖

四老者,進賢陳子憲、吴志廣、朱文貫、陳子寧也。西游者,索崇仁吴與弼歌其令君吕侯之賢,❶以風厥鄉人也。黄眉皓髮,年皆七八十,跋涉凍途而甘心焉者,秉彝好德之誠也。相行者,邑生傅海也。予既賦絶句詩以贈其歸,而好事者復圖以表焉。

---

❶「崇仁」,原作「臨川」,今據四庫本改。

贊

黄在中遺像贊

藴昂霄之志,負泛駕之材。事業嗟其已矣,山林邈自藏輝。朱顔皓齒,鶴髮桃顋;春風態度,秋月襟懷。昔予拜翁於中壽,雖病革而禮諧。翁謝世之八年,瞻圖像而肅齋。噫!詩卷長留,天地繼述乎?後者宜愈遠而愈佳也。

戴文振遺像贊

緊親仁於齠齓,❶恒信宿於高門。晚接隣於華里,拜遺像於諸孫。

銘

硯　銘

何産之異,何保之良。所瀦涓滴,所濟汪洋。

---

❶「齓」,四庫本作「齡」。

啓

回饒氏議親啓

伏以人歆令聞，金蘭契朱陸之高軒；世篤嘉猷，珠玉際吳虞之逸駕。未獲展門墻之敬，忽枉飛姻好之牋。伏承某人第幾位令嗣房下第幾孫男某茂才，資格英佳，箕裘閑熟，以某幾小女粗諳織紝，未習德容，特蒙略齊鄭之嫌而俾聯秦晉之匹，猥承雅眷，敢不恭依？雖蕭嶺飛甍之偉莫可攀緣，而紫陽覆瓿之期實深屬望。感兹榮幸，倍萬等夷。謹奉狀謝，伏惟照察。謹狀。

孫氏求婚啓

伏以仰止名宗，久篤朱陳之好；不量非偶，復通秦晉之歡。以某男某，器識凡庸，才猷薄劣，伏承令姪敏堂徵士第一小娘子，性質温厚，德容靖嘉，妄意好逑之祈，遽辱於歸之諾，戰越無地，欣幸曷勝！謹齋沐以諏辰，敢肅恭而告吉。

回饒氏議親啓

翺翔槐市，膠漆夙忝於椿庭；問訊花封，絲蘿新好於蘭砌。拜嘉良厚，爲慰實多。伏承令姪某進士第三令嗣茂才，梧竹高標，豈輕匹配？而某第二小女，襪線庸品，偶叶蓍龜。韓朱門墻數仞，誠難於企及；李黄步武異世，固望於同歸。慶荷之私，敷陳罔既。

墓誌銘

孫君墓誌銘

君諱隆，字仲迪，姓孫氏，世爲豐城之敷山人。予距君居限一嶺耳，然未識也。他日，遇於劍水之濱，容儀魁以整，詞氣雅而温。予雖寡合，而心竊奇焉。已而，賓予於其家，敦禮而尚德，名宗故族之翹然者也。正統丙辰正月丁丑，君以疾卒，享年六十有七。將以其年十一月庚申葬於其鄉之某所，❶其内外親戚賓友咸以君嘗辱予，宜託以銘。季子勉將伯兄昂之命來請。予適病，勉意益處不易，❷於是叙次其世而銘之曰：

唐處士諱瑫字伯玉者，宣宗時葬敷山。宋迪功郎監潭州南岳廟諱約之者，於君爲八世祖，始倣歐陽氏法爲之譜。伯玉而下，系次有闕。譜自南唐倉監諱行琰始。行琰生仁耶，仁耶生敬忠，敬忠生餘慶。餘慶

---

❶「某所」，原漫漶不清，今據四庫本補。
❷「處」，原爲墨丁，今據正德本補。

四子：景連、景運、景純、景陽。❶四景以來，胤日益庶，力學爲善，代有令聞。而景純者，乃君之十二世祖也。曾祖諱惠，字和仲。祖諱暠，字從達。父諱某，字友文。

君少孤，凡所以立其家，啓其後者，皆躬辛以致之。而相厥志者，配徐氏也。子四人：昂、勉、操、持。女二人。孫十人：洪、浩、澄、淵、淑、治、温、演、溥、濟。系曰：❷孫居敷山，❸遠自於唐。德門文苑，族世厥芳。爰暨君身，適丁中微。❹惟君奮邁，於祖有輝。既富而壽，亦云福只。慎終刻詞，是謂有子。

牛君墓誌銘

五峯主人牛君將葬，仲子演致其臨終之命曰：「欲銘我，其吴先生乎？」嗚呼！君知我者，惡得不銘？君諱琛，其先由河南官游于薊，因家遵化縣之王家莊。大父諱彦，贈昭信校尉撫州守禦千户所百户。父諱均美，撫州守禦千户所百户致仕。傳子忠，尋陞副千户，封厥考武略將軍副千户，母田氏宜人。既而調贛之會昌。會昌君卒，子暹嗣。暹未有後以卒，夏官以次君當踐會昌，君以微疾讓弟斌。斌卒，君復讓諸

---

❶「景連景運」，四庫本作「景運景福」。

❷「系」，四庫本作「乃銘」。

❸「居」，原作「若」，今據四庫本改。

❹「丁」，四庫本作「于」。

子，夏官竟官君子澄。君爲人端毅疏暢，勤禮而泛愛，尊賢若不及。家庭之間，肅然以和。先府君建博文堂，聘名縉紳以講授。君與仲氏俱讀書通大義，卒克拔等夷爲大家。知我實由於仲氏，而君固一致焉。托門墻僅四十載，豈偶然而已哉？

君生洪武戊申十二月十三日，年八十三。氣體倦勤，内屬家事，外與親交。訣遷正寢之二日，乃曰：「明當去矣。」翌日果然，正統己巳五月二十六日也。君娶黄氏，繼室周氏。子四人：長昱，學於予，諸父甚愛重之，蚤世矣。澄，會昌千户。演、溥與吾兒游。女一人，適撫州正千户夏昶。澄等以景泰冬十一月己酉葬君臨川銀錠塘之先兆。銘曰：

於昭世德，博文有堂。克敬克紹，雝雝鴈行。先兆于歸，銀錠之臧。

孺人黄氏墓誌銘

天順戊寅正月，予以詔命將赴金臺，鰲溪熊、易二生道其所善賓塘謝愈盛上謁天使之舘而通贄於予。既而，二生屬子壻饒循，謂昔日愈盛失所恃，纔逾旬耳，假拜使以登君子之庭，爲丐銘之地，幸夫子矜憐之。予固辭焉。十月，謝病歸田，二生復以屬循，且曰必欲得夫子銘，然後愜於人子之心。辭之數，而請益勤焉。

嗚呼！「民之秉彝，好是懿德。」誰無人子之心哉？生之膝下，喘息呼吸，氣通於親，古今一耳。然愛其親有篤不篤者，存其天有多與寡也。謝氏子於子道不其厚矣哉！雖欲終辭，詎可得邪？竊嘗悲世人子有幸焉、不幸焉，有大幸焉、大不幸焉。幸不幸之中，又萬不齊焉。生而弗及見其親者矣，夙喪親而弗克記憶者矣，生弗克致其養、死弗克致其葬者矣，變故不一，所不忍言，而人子抱無涯之痛者多也。謝氏子其於親也，未嘗違旨甘，家富而親，壽考以終，可謂幸矣。又得吾銘以慰人子報親之忱，予亦大爲之慶焉。於是誌而銘之。誌曰：

孺人生洪武乙卯正月十九日，鰲溪天授鄉麻溪黄叔獻女，寶塘青雲鄉謝永昇婦。歸，弗逮事其舅，而奉姑甚孝，爲謝氏淑人。天順戊寅正月甲子，年八十四以卒。卒之日，慟及臧獲，可以考德矣。十二月癸酉，祔葬本里周坊姑氏兆右。永昂先二十年卒。❶子二人：曰愈堅，早世，孺人撫其孤遺，以教以婚。曰愈盛。孫四人，曾孫五人。銘曰：

寬裕慈惠，壽考是宜。於昭令子，千載銘諸。

邵楚材墓銘

醋兒其名，楚材字，派出河南邵其氏。伊父見育鄭將軍，吾考實維鄭君壻。而父歿時爾年稚，吾家與居已經世。四十四壽女二人，卒於正月歲丁巳。葬爾臨汝石泉山，誌爾墓兮百千祺。

---

❶ 前稱「永昇」，後稱「永昂」，同指一人而異名，當有一誤。弘治本前後均作「昇」，正德本則在文後注曰「昇、昂二字欠考」，四庫本則前後均稱「永昂」。

易孺人墓銘

緊張有母慈且淑，劍水凄涼久埋玉。哀哀孤子遲我銘，圖報昊天難遂欲。寒暑互往歲月遒，出入起處常幽幽。安得特書不一書，晶熒金石寬吾憂。我聞中心怛以惻，紀德述行固其職。母生癸酉卒丙寅，葬惟丁卯湖名墨。妣系熊兮考南維，祖克俊兮氏曰易。十六歸作嘉謨配，代絶有道無亢悔。薰蒸融液家以成，年不足兮衆所矜。我歌不磨千載名，恃此庶以慰冥冥。孤子長跪淚盈盈，生死肉骨惟先生。猗歟孤子其爲誰，曰循千載受予經。

墓　表

黄先生墓表

君諱寬，字浩中。幼孤，弱冠始知學問，中更苦節。慕先正草廬之爲人，號曰「希吴」。與人談，每樂道吴之學。於書無所不讀，而《易》尤深。恬默自守，紛華不少介乎其意。晚歲德益茂，平居恂恂，鄉閭無少長翕然尊師之。雖教授在乎闤闠，而未嘗一履公門。世居縣北君贇橋東，厭其喧囂也，徙近郊之某處，號曰「草庵」。地既幽曠，園池竹樹，日向清雅，而諸子皆克世其業，充乎有以遂其永矢之樂焉。

嗚呼！人咸多君之樂易近人，而其中有介然不可移者存，則恐未盡識也。於其家嗣之請，表其墓轍，❶敘而爲之。詩曰：「温乎其外兮，衆所見也。介乎其中兮，吾所羡也。」

東皐居士墓表

居士姓吴氏，字士奇，號東皐，代爲東平名族，與寒門通家累世。予小子，久獲親炙几杖，故相知爲周。大父從道，篤於教子，遍禮名儒，以爲之師。尊公某，克承家法，故居士於學甚早。少長，遭逢亂離，艱險備歷，故於才甚通。爲人豪邁閒曠。客至，倒屣相迎，款語詩書，忘其朝夕。酒半輒高歌，激烈有蕭洒出塵之想。名居曰「東皐舒嘯之軒」。軒之大書曰「左右圖書」、「古今風月」。先子寄贈詩有「東皐先生英傑人」，又曰「長日襟度温如春」，誠哉是言也。永樂　年　月　卒，葬近地之蜈蚣山。年文於其墓曰：

蜈蚣之脉宛蟠虬，白鷺之水静相繆。層巒疊嶂森連鈎，佳哉形勝雄斯丘。有美一人儒者流，於焉埋玉諧佳謀。高風欲考靡來由，鑱厥金石垂丕休。

孺人羅氏墓表

孺人諱奴娘，處士羅遜卿之女，配胡君環卿。胡氏世蹈朴厚，孺人以貞閒惠恭之質相其夫、子。雖處阨

---

❶「轍」，四庫本作「輒」。

窮，而宜家之道靡渝。胡君之禮孺人，亦猶孺人之尊胡君也。年六十四，永樂七年閏四月十七日以疾卒。葬南坑塘北。又二十六年，諸子立石表墓，而徵文於予。予幼承孺人撫愛之慈，且知德實深，迺序而詩焉。詞曰：

德美以宜其配兮，足承累世之淳龐。雖嗇於其躬兮，後其昌。

蔣節婦墓表

戴生亨慶以祖妣墓未銘，懼夫節義久將堙没不傳也，恒戚於其心，乃咨於其父，請族祖子穎君譔其世與行，丐予文以表焉。

節婦諱滿奴，姓蔣氏，世爲南昌豐城人。曾祖諱鈞，字洪仲。祖諱沐，字叔新。父諱椿，字子莊。母黄氏。節婦年二十餘歸配唐山戴子鼎氏，逾紀而子鼎君卒，有子纔五歲。戴故大家，當是時，孰不欲乘其危以兼其有？節婦介特，愈嚴以勤，卒能完其家，無毫髮喪。教其子以及其孫不少替，君子以爲難。嗚呼！疾風知勁草，不其然乎！姒氏姑、婦亦皆以節終，時號一門三節。冰霜互洌而金玉交輝。盛矣哉！銘曰：

超逸駕兮往哲是程。激薄俗兮壼彝惟馨。玄廬載銘兮永流厥聲。

孺人汪氏墓表

三衢之常山邑庠生徐仕，承尊公希仁命，請其母孺人墓石之文。予與希仁知己，仕舊生，其何辭？

孺人姓汪氏，諱鳳娘，世爲常山士族。高祖諱文璟，登元進士第，仕翰林編脩。曾祖諱紹，柳州教授。孺人年二十七歸。希仁游邑庠，得專經術，爲進士，以孺人綜家也。既而，偕希仁官臨川，歸。希仁調山東，孺人以姑老弗往。希仁厄於詿誤久，三子皆遠省，時鄉里門户甚迫，孺人極力以應，卒無敗事。希仁謝事，自邑徙近地之新溪，凡平生開創與結架之勞，多資賢助焉。孺人生洪武丙辰二月初一日，卒景泰癸酉六月初十日。八月壬申，葬十八都蒙撐橋頭先兆之側。子三人：畊、學、仕。孫　人。曾孫　人。

祭　文

祭外叔祖蘭雪先生

惟公簪纓茂裔，詩禮名閥。行端而固，學富而精。惟仁克壽，存順没寧。嗟予小子，姻忝於甥。贄未迨席，哭不及庭。徘徊軫念，禮負幽明。拜瞻靈幔，怛以中情。一觴敬酹，神其鑒誠。

祭湖山黄先生

稟於天者秀拔，學於己者清勤。三振鐸於芹水，兩考最於成均。屢攝司成之位，譽益著於縉紳。既致政而歸來，儀表重於鄉隣。福已軼乎中壽，佳子姓之振振。忽微疾而奄逝，蓋天厚乎仁人。嗟小子之孱薄，早蒙開導之諄諄。恩未酬於萬一，宜承訃之悲辛。淹疾阻於往哭，何衷曲之能伸。顧頑兒以敬遺，聊菲儀以是陳。嗚呼哀哉，尚饗！

祭外祖母伯氏夫人

嗚呼！夫人育秀大家，配美高門。猗歟二氏，克武克文。惟是夫人，資懿德尊。峩峩偉節，壯氣凌雲。天相眉壽，福祉孔繁。夫人逝矣，不亡者存。嗟我小子，幼沐深恩。曰攜曰抱，曰涼曰温。於師於友，於冠於婚。以長以成，難乎具論。厚德不報，痛徹心魂。幽明永隔，日月其奔。奄及歲除，怛焉如焚。病莫驅走，是遣諸孫。往酹一觴，腸裂聲吞。嗚呼哀哉，尚饗！

祭孫仲迪

嗚呼！昔我與公邂逅於劍江之濱，投分於片言之頃，遂承步暑，同歸仁里，信宿相留。雖再覯止於二三，而愛我不啻平生。方擬春和，杖策攜琴，重來謁公，遍訪名山，以酬舊約，而公棄我以逝矣。嗚呼哀哉！適此卧病，不能往哭，祗遣一觴，永訣終天。尚饗！

劄付

江西等處承宣布政使司：爲表儒先、隆祀典以扶植風教事。禮房准勘合科付：承准禮部准字二千四百二十八號，勘合前事，祠祭清吏司案呈本部，連送該本部題。本司案呈：奉本部送禮科抄出欽差巡撫江西等處地方都察院右副都御史陳　題：據江西按察司呈：准本司清軍副使顧應祥關先該：本職帶管分巡湖東道，巡歷撫州府崇仁縣地方。公務之暇，遵照憲綱事理，詢訪先賢墳墓。據該縣學廩膳生員黄幟等呈，稱本縣肆拾伍都處士吴與弼嫡曾孫吴瑾近年病故，遺有貳子，年幼，流離失所，不能存活。又稱先任提學副使邵寳曾將淫祠壹所改爲吴聘君祠，被火燒燬，迄今無錢脩理，祭祀不能舉行等因，行間隨據崇仁縣知縣王鐸帶同本縣壹都肆圖排年里長余莧爵、吴茂萱等稟，稱本都仙遊山道觀原額田糧捌石叁斗伍升，係遠年拾伍都吴勉等施捨，田少糧多，道徒差役重疊，借債數多，盡將好田寫還債主耆都大户陳曰倫、黄貴榮、吴勝四、張璉九等。産去糧存，本山貱納不過，道徒逃絶，排年被其負累。乞將本山改祀吴與弼，就將田業作爲祭祀之資，養贍遺孤，所遺虚糧清出，歸還得業大户，彼此兩便。本職審係風教重務，隨即率領知縣王鐸、儒學訓導歐文瀚並通學生員黄幟等，出郭貳里，親詣仙遊山看踏，委有廢觀壹所，前後屋宇見存，内塑浮丘、李、郭叁僊等像。隨查《大明會典》，並非應祀之神，就令該縣撤去僊像，迎吴聘君神主入内，暫且安放，具由通行。呈蒙巡撫右副都御史盛　批：此舉足以崇重前脩，激發來學，仰依擬施行。清軍御史陶　批：名儒後裔，正宜存恤，給與道觀田糧事，亦相應依擬處置施行。續據知縣王鐸禀稱，仙遊山道觀田糧，各鄉大户俱各樂從，共清出田壹拾捌畝，該糧玖斗伍升肆合，作爲祭田，給與吴與弼幼孫吴忠、吴恕永遠管業。其餘糧米柒石叁斗玖升陸合，仍歸還得業之人輸納。本職又行親自踏勘相同外，爲照：爲政之道，風化爲先；鼓舞之機，實存乎上。處士吴與弼，學者稱爲康齋先生，性本沉潛，學惟踐履，躬耕隴畝，不求聞達。監察御史涂謙、陳述、山西按察司僉事何自學、撫州府知府王宇屢薦不起，後以忠國公石亨之薦，英廟特遣行人曹隆禮聘至京，授以春坊諭德。不就而還，卒老於家。至今鄉之後進，多有聞其風而興起者，其亦可謂有功於風化者矣。議者或少其無所著述，或議其受知權臣。本職以爲聖人之教，何俟於言語文字之末？石亨之薦，尤足以驗秉彝好德之心。及其屢疏求退，不受官禄，若有逆知亨之必敗，則其見幾明決，尤足多者。夷考康齋之父古崖先生名溥，以禮闈首選，歷任國子司業。今康齋没未百年，而子孫貧無寸土，其家世清白，不事生産，即此一節亦足以廉貪立懦，況其反身踐履，佑啓後人之功，誠不可泯！如此人物而不得專祠於鄉，何以爲勸？今雖將已廢淫祠呈允改爲棲神之所，緣未經奏准，誠恐日後豪强復行侵占，如蒙轉達議處，賜之祠額，俾有司時一祭享，使天下四方咸知爲善之人自有身後之益，未必無補於聖明之治。等因，備關具呈到。臣查得處士吳與弼，❶江西撫州府崇仁縣人，幼有異質，讀書窮理，累辟不就。謂聖賢可學而至，則因淳公之言而發憤；謂師道必尊而立，則守伊川之法以迪人。四方來學之士不納贄見之儀，自食其力，一介不苟於取予，躬行實踐，鄉人化之。天順間，英宗皇帝遣行人曹隆齎敕書束帛造其廬，與弼不受官職，且辭幣帛。至京師，上召吏部，命爲左春坊左諭德，引見文華殿，對云老病不能供職。上謂大學士李賢曰：「此老非迂闊者，務令就職。」與弼終不就，屢辭乃允。復遣行人王惟善送歸，賜詔褒嘉。歸家，進脩不倦，名譽傾一世，雖庸人孺子亦知其賢，正所謂聖世之逸民、儒者之高蹈，相應崇重，以勵士風，以裨世教者也。臣會同巡按御史秦　、清軍御史陶　議照：化民立教，惟在於樹之風聲；而舉祀建祠，正所以昭其德範。方其貴近之薦，固可以見好德之同心；及夫官爵之辭，尤足以驗其先幾之特見。蓋重和之疏於龜山亦無嫌，而明堂之留在漢儒爲多愧。若與弼者，其出處不至於失己，而學術何待於立言？人品如此，所宜表章。今其後嗣淪落於閭閻，而香火寄棲於道觀，上無以存先朝禮聘之美，下無以啓後學仰止之私。副使顧應祥欲清道觀之田以供其祀事，而鄉民余莧爵等欲以祭田之入併恤其遺孤。此可見與弼之賢，非惟儒者欲宗其道，而編氓亦知所嚮慕矣。況其祠宇已經改作，立有神主在內。詢之藩臬諸司及鄉之士大夫，莫不皆以爲宜。臣奉命一方，叨與保釐之責，風教所關，義豈容默？如蒙乞勅禮部查議，奏請賜之祠額，申之祭品，就將前項祭田所出，令有司每年買辦以時致祭，仍賜諭祭文一道，非特可以慰儒先不泯之靈，而亦足以昭皇上崇德

❶「臣查得」，原漫漶不清，今據弘治本補。

禮賢之盛節也。其於風教，豈小補也哉！緣係表儒先、隆祀典以扶植風教事理，未敢擅便，爲此具本，專差承差鄒東昇親齎，謹題請旨等因。題奉聖旨：禮部知道。欽此欽遵。隨該巡按監察御史秦　、陶　等題，同前事，俱奉聖旨。該部看得巡撫江西等處地方都察院右副都御史陳　、巡按監察御史秦　、陶　等題稱，江西撫州府崇仁縣處士吴與弼蒙英宗皇帝禮聘，授以春坊諭德，不就而還，卒老於家。已將本縣仙遊山道觀撤去仙像，迎主入内供祀。清出田畝，該糧玖斗伍升肆合，作爲祭田，給與子孫永遠管業。乞要賜之祠額、祭品、祭文，有司致祭一節，爲照：處士吴與弼乃本朝名儒，後學瞻仰，其於立祠致祭似不爲過，借若勞費於民，卒難興舉。今既該彼處撫按官員議，將神非應祀之觀已改祠宇，民所不耕之田以供祭祀，揆之事理，似亦相應合。無候命下之日，本部行移江西布政司轉行該府縣官裁定祭品，將前項祭田所出買辦祭物，令有司正官以時祭祀，仍行翰林院撰擬祠額祭文，賜給前去。欽此欽遵施行。緣係表儒先、隆祀典以扶植風教，及奉欽依禮部知道事理，未敢擅便。嘉靖四年九月十四日，本部尚書席　等具題。十七日奉聖旨：是吴與弼既係先朝禮聘名儒，准立祠致祭。欽此欽遵，擬合通行。爲此除外，合就連送仰付該司類行江西布政司轉行府縣官，裁定祭品，將前項祭田所出買辦祭物，令有司正官以時致祭，毋得科擾不便。等因，備付。准此，擬合就行。爲此劄仰本府當該官吏照劄備去勘合内事理，轉行該縣掌印官裁定祭品，止將前項祭田所出買辦祭物，令正官以時致祭，毋得因而分外科擾，取罪不便。須至劄付者。

計開：

賜處士吴與弼祠額名「崇儒」。

春秋有司致祭處士吴與弼文：

維嘉靖　年，歲次　月朔　日，江西撫州府崇仁縣某官　欽奉朝命致祭于處士吴公曰：

惟公性本沉潛，學惟踐履，先朝徵士，一代名儒，尚志養高，甄陶後學，禮宜秩祀，用致優崇。兹惟仲春秋，式陳俎豆。明靈如在，尚克鑒歆。

嘉靖伍年貳月貳拾肆日行。

本年叁月拾柒日，又奉布政司劄付，呈奉巡撫衙門詳允批示裁定祭品。

計開：

豬一口　羊一口　果子伍品　黍二升

稷二升　粱二升　時菜伍碟　酒三爵

帛一疋　香一炷　燭一對　稻二升

薦剡

山西按察司僉事臣何自學謹奏：爲舉揚清節事。查得正統六年十一月初一日節該欽奉詔書内一款：民間果有真才實行，堪稱任使，許按察司具實奏舉，以憑試用。欽此。臣聞自古有國家者，必有清節之士，懷抱才德，不輕仕進，如漢之周黨，宋之种放、邵雍、孫復。當時咸加褒贈，以勵風節。訪得江西撫州府崇仁縣儒士吴與弼，係已故國子監司業吴溥男，守素尚義，言行不愧於古人，好古通經，學術足開於後進，待妻子如賓客，視財利若鴻毛，即今年過五十，不求聞達於時，惟開義塾於家，弟子慕義而樂從，鄉人聞風而敬式，真儒林之清節，聖代之逸民。如蒙准奏，乞勅該部起取到京，考察其實，量授文學清職。如不願仕，量乞褒嘉，俾之還家，以遂其志，亦足以敦士風，勵節行。緣係薦舉人材事理，未敢擅便，謹具奏聞。

正統十一年　月　日

雲南道監察御史臣涂謙謹奏：爲薦賢事。臣訪得江西撫州府崇仁縣處士吴與弼，淹貫六經，博通諸史，至於安邦安國之謀，行軍設法之計，無不優長，誠聖代之遺逸，有用之良材。如蒙，乞勅該部起送來京，量加褒擢。緣係薦賢事理，未敢擅便，謹具奏聞。

景泰元年　月　日

山東道監察御史臣陳述謹奏：爲舉保賢才事。伏覩詔書内一款：朝廷治政，務在得人，果有懷材抱德、通今博古、文章超卓、名行相稱之人，許該司府縣正官及風憲官舉保赴京考用，不許濫舉。欽此。臣先差江西清軍，復差審刑，訪得撫州府崇仁縣儒士吴與弼，乃已故國子監司業吴溥之男，賦性端凝，居家孝弟，經史該博，理學貫通，守道安貧，動循矩度。約年六十，心忘仕進，躬耕隴畝，以教其鄉。其教人之法，本之以小學、四書，持之以躬行實踐，益久益勤，人多感化。臣觀宋儒程頤以司馬光薦，由布衣而爲侍講；蘇洵以歐陽脩薦，由布衣而爲主簿；元儒許衡，亦由布衣召，起爲京兆提學，繼爲國子祭酒。若此數儒，有功當時，有功後學。

臣竊以吴與弼德脩於己，行孚於人，學宗程、許，文法歐、蘇，絶跡公門，不求聞達，以道自高，人所推重，真儒者之高蹈，盛世之逸民。養高丘園，蓋亦有年。累次薦舉，不屑就已。仰惟國朝自太祖高皇帝以來，崇儒重教，列聖相繼，垂九十年，文化之盛，超軼前代。皇上中興大業，政宜獎用賢才，以勵風教。如蒙准言，乞勑該部遣使優加禮聘赴闕。或如宋哲宗之用程頤，則以之侍經筵，必有資于聖學；或如元世祖之用許衡，則以之任太學，必有益于後進。緣係舉保賢才事理，未敢擅便，謹具奏聞。

景泰三年　月　日

江西撫州府知府臣王宇謹奏：爲開讀事。臣訪得本府崇仁縣儒士吴與弼，通貫六經，旁該史傳，明聖賢之道，躬踐履之實，隱居教授，自守甚堅，年逾六十之上，不求聞達於時，宦達願交而不應，鄉閭仰德而知欽。其文學才行，可以無愧古人，超越流輩，似此賢才，堪以薦舉。如蒙，乞勑該部行取赴京，量加擢用。緣係薦舉賢才事理，未敢擅便，謹具奏聞。

景泰五年　月　日

忠國公臣石亨謹題：爲徵聘處士事。臣聞自古帝王之治天下，莫不求賢以自輔，若成湯之聘伊尹，高宗之求傅説，漢武帝之迎申公，宋哲宗之徵程頤，有益於君德，有資於治道，載諸經史，耿耿不磨。洪惟我朝，法古爲治，尊賢使能，但天下之廣，山林之下，尚有高蹈遠引之士，懷抱道德，嘉遯丘園，不干仕進，不求聞達者，若非朝廷以禮求訪，何由見用？切聞江西撫州府崇仁縣處士吴與弼，係已故國子監司業吴溥之子，潛心六經，淹貫子史，動遵古禮，行著鄉曲，恬然自守，不求仕進，實儒者之高蹈，士類之矜式，出爲世用，必有可觀。如蒙准奏，伏望皇上以前代帝王求賢之心爲心，特遣行人一員賫奉勅書禮幣，敬造其所，敦聘至京，崇以禄位，俾展嘉猷，不惟增輝聖德，亦且有補名教。緣係徵聘處士事理，未敢擅便，謹具奏聞。

天順元年　月　日

序

贈康齋吴先生還家序

竊惟道在天下，無物不有，無時不然，必聖賢者出，乃能明而行之。苟無聖賢，道固自若，初無一毫之或損也。爲聖賢者，豈有他哉？能不繆於是道而已。若夫衆人，任其自繆，不著不察，惟學者能知斯道之彷彿。奈何擇之弗精，執之弗固，失之多而得之寡，大抵獲十一於千百者也。

豈惟後世爲然？雖聖門高弟，顔、曾之外，未見復有純之者。寥寥千載，迨宋興，則有周、程、張、朱出焉，始見發明而允蹈之。然聖賢世不常有，殆無異於麒麟、鳳凰之稀蹤。今去數賢又若是其久也，間有一二豪傑之士，頗能振作，其於斯道之全體，終有憾焉。嗚呼艱哉！若撫州康齋先生，蓋有得於斯道者也。

余官吏部時，凡自撫來者，必詢動履造詣何如，卒亦未有知其詳者。余嘗致書以伸景慕之私，既而累歲訖無消息，意其引避者宜然，不復計念。後有出於其門及游宦其地者，交章論薦，竟亦不起。天順改元，余始入閣，言及先生學行，總戎石公慨然上疏以薦之。於是朝廷特遣行人賫帛往聘於其廬。既至京師，上喜其來，朝見之日，即拜左春坊左諭德，召至文華殿，從容顧問，寵賚有加。第以衰病不能供職，固辭不就。上堅意不允，留之數月，見其病勢弗已，特允所辭，賜以勑書，賫以銀幣，仍遣行人送還故里，復命有司月給食米，冀有精力脩書傳世。聖心眷望如此其盛，實曠世所未聞也。

昔者范文正公謂嚴子陵與漢光武以道相尚，子陵之志出乎日月之上，光武之量包乎天地之外。微子陵不能成光武之大，微光武不能遂子陵之高，而使貪夫廉，懦夫立，是大有功於名教。以今觀之，皇上之量尤大於光武，先生之志不下於子陵，君德由此而益光，士風於是乎大振，恬退之習自然興起，節義之尚莫不争先。不惟有功名教，而國家元氣將必藉此而益厚矣，豈曰小補之哉？

余與先生既得面接，見其學極高明，動遵古禮，有深造自得之樂，有篤實光輝之美，願留而不可得。告別之際，游其門者乞余言以贈之。

嗟夫，余言烏足軒輊！第敘所由，以寓健羡之意云，於是乎書。凡公卿大夫之贈行者，亦附其名也。

天順二年歲在戊寅秋夷則月之吉，賜進士資善大夫吏部尚書兼翰林學士知制誥南陽李賢書。

行狀

康齋先生行狀

先生姓吴氏，始祖諱兢，汴州人，貫知經史，方直寡言，唐睿宗時累遷諫議大夫。七世孫諱宣，娶蜀主孟昶女，徙居撫州，子孫因家臨川之種湖。高祖諱景南，號南窗，工詩，吴文正公序其集。曾祖諱審，號楚江，博學，詞藻清麗。祖諱涇，號逸愚，徙居崇仁之蓮塘。父諱溥，字德潤，號古崖，國子司業，剛介自守，所爲詩文有《古崖集》。母裴氏。

先生以洪武二十四年十二月十二日亥時生。逸愚夢祖墓一藤盤旋而上，問墓傍一老人此爲何藤，答曰攀轅藤。翌日，生先生，因名夢祥。長諱與弼，字子傅，號康齋。繼母鄭氏。

先生資稟英異，八九歲時已負氣岸，讀書鄉校，嶷然有立。侍親京師，習舉子業，科第可期矣。永樂己丑，年十九，一見《伊洛淵源録》道統之傳，心慨慕焉。及覩明道亦嘗有獵心，乃知聖賢之必可學。遂棄舉業，謝絶人事，獨處小樓之上，日玩四書諸經、洛閩語録，收斂身心，沉潛義理，視世之所尚舉不足爲。其志直欲造乎聖賢之域。其詩曰：「九仞始一簣，千里方跬步。」又曰：「誠當通鬼神，志當貫金石。」蓋不下樓者二年。

辛卯冬，以用工過苦致疾，遂還鄉。遭風，舟幾覆，衆皆驚怖失措，先生獨正襟危坐。舟定，問其故，曰：「吾守正以俟耳。」居鄉，動必以禮。或誚其迂，或哂其僻。先生介特凛然，不少變於俗。蓋其涵養體認之功深，而定力已如此。每省親太學，粗衣弊屨，人莫識其爲司成之子。里閭之人多横逆，弗與校，益厚其德，久而從化。中歲，家益貧，衣食不給，風雨不蔽，躬親稼穡，手足胼胝，非其義一介不以取諸人。好學之篤，不知晝夜寒暑，雖在途，或夜牧，或枕上，亦默誦精思，無一雜念。敬義夾持，明誠兩進，自强不息，日新程課。世利紛華，毁譽欣戚，不一動其心。古之聖賢嘗形諸夢寐，昨非今是，日改月化。門人胡九韶嘆曰：「先生可謂日進無疆者矣。」

先生剛毅疾惡，慕明道之和易，凡遇逆境，必加含容，用力既久，渾然無復圭角之露。然當風頽俗靡之中，壁立萬仞，非剛毅不能也。深慨嗜利者多，師道不立，四方來學者，却其束脩，雖饑寒切身，有所不顧。嘗語學者曰：「吾平生得患難進了學。」九韶曰：「惟先生遇患難能進學，在他人則惰志矣。」嗚呼！天所以困窮拂鬱其身，蓋欲堅志熟仁而勝大任也。

及其工夫貫徹，不怨天，不尤人，動静語默之間，莫非鳶飛魚躍之妙矣。其事親，則致其孝。親心或有不順，負罪引慝，終亦底豫。幼失所恃，事繼母如所生，待異母諸弟友愛兼篤。夫婦之間，未嘗有惰容。接朋友以誠敬，講論義理，每忘寢食。待親賓，隨其所遇，不强其所無。間有寒士欲就學者，克己爲義而館穀之，惟恐人不入於善。歲凶，餓莩相枕，勸諭富民，發廩賑濟，全活者甚衆。里有灌蔭溝池，久堙爲田，率鄉人開墾脩築之，人有所賴。倡明正學，遠近尊信，皆知崇禮義，斥異端，惟恐不遵其教爲耻。

先生於世味淡然。年十九，嘗從楊洗馬學，見先生器識超卓，未嘗以弟子禮相待，情義極厚。洗馬位居保傅，屢寄聲於先生，竟無一字相達。先生道益高，譽益廣，天下仰之，縉紳尚德之士累上章褒薦，俱引疾弗起。

天順元年十月，忠國公石亨上疏論先生學行之高，士類爲之矜式，朝廷宜禮聘至京，崇以禄位，俾展嘉猷。英宗皇帝允其言，遂遣行人曹隆賫詔，仍賜禮幣，往起先生于家。十二月，行人奉詔至小陂，二年三月上道，五月壬寅至京，欽授左春坊左諭德。先生上疏辭職，❶疏載文集。上召入文華殿，從容顧問。尋遣使賜紗羅、羊酒、柴米。續奉聖旨：朝廷久聞高誼，特用徵聘，今惠然遠來，朕深嘉悦。然幣以將誠，官以命德，禮非過也，不允所辭。

士友咸勸先生就職，先生曰：「淺陋之學，衰病之軀，豈堪任使？苟就職，便須屹然風采，動于朝端，方不負天書期待之重。豈敢爲竊禄之官？」甲辰，再疏辭職，奉聖旨：固知本心不干仕進，亦不煩以冗務，特處以宫僚之職，不必再辭。戊申，學士李賢請旨召先生入内閣講《中庸》。己酉，三疏懇辭，奉聖旨：固辭雖得難進之義，揆之中道，無乃過乎？欲觀秘書，可勉就職。丙辰，先生令子瑍赴吏部告疾，部以疾聞。上知先生終不可以强留，略有允辭之意。七月庚寅，四疏，終辭。奉聖旨：既年老有疾，不能供職，准辭。丙申，進封事十策：一曰崇聖志，二曰廣聖學，三曰隆聖德，四曰子庶民，五曰謹命令，六曰敦教化，七曰清百僚，八曰齊庶政，九曰廣言路，十曰君相一德同心。十策載文集。己未，召入文華殿，上眷注無已，丁寧纂脩書籍，

---

❶「上」，原脱，今據正德本補。

賚以銀幣，給以月廩，復遣行人王惟善送歸，仍賜詔褒嘉，以示拳拳之意。先生既辭，上令内臣傳旨，勑行人惟善曰：「天氣近寒，吴與弼年老，一路好生看顧，莫教他費力。」上之眷遇亦云至矣。先生拳拳愛君之誠，豈忍遽去？豈不欲行其所學，以繼二帝三王之治？顧乃懇辭者，蓋有不得已焉耳。

己卯九月，遣門生車泰進謝表。已載文集。辛巳冬，先生適楚，拜舊師楊少傅之墓。壬午春，適閩，拜朱子考亭，以申平生慨慕之懷。己丑十月十七日卯時，以疾卒，享年七十有九。

先生間氣所鍾，挺然獨立，上無所傳，聞道甚早。其爲學也，尊德性以極乎道體之大，道問學以盡乎道體之細。反躬實踐，隱顯一致。其成德也，人欲盡而氣宇和，大本立而達道行，知足以周萬物，道足以濟天下，其心歉然，未嘗自以爲足也。

先生風格高邁，議論英發，善啓迪人，聽其言者，莫不踴躍思奮。恒舉程子之言勵學者曰：言人當以聖爲志，言學當以道爲志，然進脩不可躐等，必先從事於小學以立其基，然後進乎大學以極夫體用之全。讀《論語》則以博文約禮爲要，《孟子》則以求放心、充四端爲本。《中庸》則謹乎存養省察之功，以致中和之極，明《太極》以知性之原，究《西銘》以識仁之體。《易》宗程朱而鄙後學新奇之説。《書》則古文，雖致朱子之疑，或者以爲僞書而删之，先生以爲古文雖平易，而義理亦精深，固不得而去取也。朱子《詩》解已無餘藴，《春秋》則本程子而資胡氏之發明。《三禮》則講而習之，以見聖人品節之精。嘗嘆宋末以來，箋註之繁，率皆支離之説，眩目惑心，非徒無益而反有害焉，故不輕於著述。異端雜説不接於目，俗儒之説一覽而得失瞭然，理明義精也。程朱之言不忍釋手，心契道合，無古今之異也。所爲文，皆積中發外之實，清明峻潔，曲折迂紆，讀之使人自然興起。詩則本乎性情，原於義理，優柔雄渾，有盛唐興致。《日録》紀日新之功，發自得之藴。大小楷得晉體，自成一家而妙造於化。天文、地志、律曆、醫卜，罔不究其説。若先生，可謂全人矣。

嗚呼！紫陽没世，道統無傳，所尚者文詞訓詁、功名利達而已。先生奮乎百世之下，覽前迹而啓其任道之機，遠續洛閩之絶學，誠曠古之豪傑也。平生歷患實多，務學甚苦，竟不獲少試於時，惜哉！

先生永樂壬辰始居石泉，宣德戊申居小陂，正統庚申居種湖祖基，二載而復居小陂。成化八年十月乙酉，葬本邑五十五都羅原岡。娶五峯陳氏。子一人，瑈。女三人，長適豐城胡全，次適同邑饒循，幼承臨川饒恊。

先生没有年矣，瑈以諒受學門下，俾狀先生之行。顧諒之淺陋，何足形容萬一？特述聞見之梗概，以詔後世云。謹狀。

弘治元年六月望日，門生上饒婁諒狀。

祭　文

門人番禺陳獻章祭文

嗚呼！元氣之在天地，猶其在人之身，盛則耳目聰明，四體常春。其在天地，品物咸亨，太和絪緼。先生之生，其當皇明一代元氣之淳乎！其始未知聖人可學而至也，則因淳公之言而發憤；既而謂師道必尊而立也，則守伊川之法以迪人。下學上達，日新又新。啓勿忘勿助之機，則有見乎鳶魚之飛躍；體無聲無臭之妙，則自得乎太極之渾淪。弟子之在門墻者幾人，尚未足以窺其閫域。彼丹青人物者，或未暇深考其故，徒摭其一二近似之跡描畫之，又烏足以盡先生之神！

章也生長東南，摳趨日少，三十而立志，五十而未聞道。兹也欲就而正諸，慨弗及先生之存。先生有知，尚鑒斯文。

《儒藏》精華編選刊
即出書目（二〇二三）

白虎通德論
誠齋集
春秋本義
春秋集傳大全
春秋左氏傳賈服注輯述
春秋左氏傳舊注疏證
春秋左傳讀
道南源委
桴亭先生文集
復初齋文集
廣雅疏證
龜山先生語録
郭店楚墓竹簡十二種校釋
國語正義
涇野先生文集
康齋先生文集
孔子家語　曾子注釋
禮書通故
論語全解
毛詩後箋
毛詩稽古編
孟子正義
孟子注疏
閩中理學淵源考
木鐘集
群經平議

三魚堂文集　外集
上海博物館藏楚竹書十九種校釋
尚書集注音疏
詩本義
詩經世本古義
詩毛氏傳疏
詩三家義集疏
書疑　東坡書傳　尚書表注
書傳大全
四書集編
四書蒙引
四書纂疏
宋名臣言行録
孫明復先生小集　春秋尊王發微
文定集

五峰集　胡子知言
小學集註
孝經注解　温公易説　司馬氏書儀　家範
孯經室集
伊川擊壤集
儀禮圖
儀禮章句
易漢學
游定夫先生集
御選明臣奏議
周易口義　洪範口義
周易姚氏學